Coordenadores:
Eduardo Jordão
Lucas Thevenard
Bernardo Schwaitzer

AGÊNCIAS REGULADORAS ESTADUAIS

Pesquisa empírica sobre sua maturidade institucional

Caio Assumpção – Daniel Pereira
Gustavo Parma – José Vasco
Julia Martel – Soraya Maurity

2025

EDITORA JusPODIVM | MALHEIROS EDITORES
www.editorajuspodivm.com.br

EDITORA JusPODIVM | MALHEIROS EDITORES
www.editorajuspodivm.com.br

Rua Canuto Saraiva, 131 – Mooca – CEP: 03113-010 – São Paulo – São Paulo
Tel: (11) 3582.5757
Contato: www.editorajuspodivm.com.br/central-de-relacionamento

Capa e Diagramação: Maitê Coelho e Cendi Coelho *(cendicoelho@gmail.com)*

A265 Agências Reguladoras Estaduais: Pesquisa Empírica sobre sua Maturidade Institucional / coordenação de Eduardo Jordão, Lucas Thevenard Gomes e Bernardo Schwaitzer – São Paulo: Editora JusPodivm, 2025.

320 p.

Vários autores
ISBN: 978-85-442-5397-7

1. Direito Administrativo. I. Jordão, Eduardo. II. Thevenard, Lucas. III. Schwaitzer, Bernardo. IV. Título.

CDD 341.3

Bibliotecária responsável:
Ana Carolina Ribeiro Mois – CRB7 – RJ 007348/0

1.ª ed., *2.ª tir.:* nov./2024; *3.ª tir.:* dez./2024.

SOBRE OS COORDENADORES

EDUARDO JORDÃO

Professor da FGV Direito Rio e sócio do Portugal Ribeiro & Jordão Advogados. Doutor pelas Universidades de Paris e de Roma. Mestre pela USP e pela LSE. Bacharel pela UFBA. Foi pesquisador visitante em Harvard, Yale, MIT e Institutos Max Planck.

LUCAS THEVENARD

Professor e pesquisador da FGV Direito Rio. Doutorando e Mestre em Direito da Regulação pela FGV Direito Rio. MBA em Relações Internacionais pela FGV CPDOC.

BERNARDO SCHWAITZER

Procurador do Estado e Advogado. Mestre em Direito pela FGV Direito Rio. Mestre em Educação pela PUC-Rio. Bacharel em Direito pela FGV Direito Rio. Bacharel em História pela UFF.

SOBRE OS AUTORES

CAIO ASSUMPÇÃO

Pesquisador da FIPE/USP e da FGV Direito Rio. Doutor e Mestre em Economia pela Universidade de Brasília (UnB). Bacharel em Economia Empresarial e Controladoria pela Universidade de São Paulo (USP).

DANIEL PEREIRA

Mestrando em Direito da Regulação na Fundação Getulio Vargas (FGV). Pós-graduado em Direito Administrativo Empresarial pela Universidade Cândido Mendes (UCAM). Advogado.

GUSTAVO PARMA

Mestre em Direito pela London School of Economics (LSE). Mestrando em Direito pela FGV Direito Rio. Bacharel em Direito pela Universidade Federal do Rio de Janeiro (UFRJ). Advogado.

JOSÉ VASCO

Doutorando em Bens Culturais e Projetos Sociais pela FGV CPDOC. Mestrando em Direito da Regulação na FGV Direito Rio. Mestre em Direito pela UERJ. MBA em Finanças e Mercado de Capitais (FGV-RJ). MBA em Private Equity, Venture Capital e Investimentos em Startup (FGV-RJ). Advogado.

JULIA MARTEL

Mestra em Direito da Regulação pela FGV Direito Rio. Bacharel em Direito pela FGV Direito Rio. Advogada.

SORAYA MAURITY

Doutorando e Mestre em Direito da Regulação pela FGV Direito Rio. Mestre em Direito Público e em Direito Publico Internacional pela Université Jean Moulin Lyon III. Advogada.

APRESENTAÇÃO

Este livro traz informações sobre o desenho e o funcionamento das agências reguladoras estaduais, para que se possa medir e comparar o grau de maturidade institucional[1] dessas entidades. Embora já exista, no Brasil, literatura substancial (e mesmo empírica) sobre as agências reguladoras federais, a produção sobre as suas correspondentes estaduais ainda é escassa. Ainda que essas agências sejam responsáveis por regular diversos setores de impacto sobre a população de seus entes federativos, pouco se sabe sobre o seu funcionamento. A pesquisa que deu origem a este livro foi concebida para preencher essa lacuna.

Para tanto, ela foi dividida em três partes. A Parte 1 examina a organização e a forma de funcionamento das agências reguladoras estaduais a

1. O emprego do conceito de maturidade em contextos institucionais tem sido utilizado para estruturação de modelos capazes de serem empregados para avaliar graus de capacidade e de performance alcançadas por diversas organizações em diferentes áreas de interesse (ex. sustentabilidade, segurança cibernética, saúde ocupacional etc.), tendo como referência o que seriam as melhores práticas no respectivo setor. Mais do que oferecer um diagnóstico pontual de onde se está, a abordagem de maturidade institucional ou organizacional posiciona a entidade comparativamente ao que é considerado a melhor prática e fornece, assim, uma visão das possibilidades de amadurecimento naquela dimensão, o que pode ser medido periodicamente, construindo o registro de uma trajetória no processo de amadurecimento da entidade. Em certas metodologias, esse grau de maturidade pode ser organizado em categorias, em distintos estágios, ou índices objetivos, criando-se métricas que facilitam a comunicação – interna e externa – e comparações, entre países, setores e instituições. A OCDE, por exemplo, utiliza a abordagem de "maturity models" em temas variados, como integridade pública (*Public Integrity Maturity Models*) e taxação. Neste último caso, há modelos para diferentes áreas de interesse para autoridades tributárias nacionais, por exemplo: Digital Transformation Maturity Model, Tax Debt Management Maturity Model etc. Outro exemplo de aplicação global pode ser encontrado na Organização Mundial de Saúde (OMS) que, em sua avaliação de sistemas regulatórios em cada país, incorpora explicitamente o conceito de "maturity level" (https://www.who.int/tools/global-benchmarking-tools).

partir de uma análise formal da normatização correlata. Ou seja, examina-se o desenho estabelecido *nas normas*, sem verificar se essas normas são cumpridas na realidade. Já as Partes 2 e 3 levantam informações sobre elementos da maturidade institucional das agências estaduais que dizem respeito ao seu funcionamento na realidade. Na Parte 2, o foco recai sobre o corpo dirigente das agências desde a sua criação, a fim de analisar indicadores relacionados à sua independência e à qualificação técnica. Na Parte 3, foram analisados dados sobre a alocação e utilização de recursos orçamentários às agências estaduais, de forma a avaliar indicadores relacionados à autonomia financeira.

Em cada uma dessas três partes, os achados da pesquisa são apresentados a partir de três perspectivas diferentes. Num primeiro momento, apresentam-se os resultados agregados, que permitem ao leitor conhecer a realidade média de cada um dos aspectos das agências reguladoras estaduais sob análise. Em seguida, os achados são apresentados de forma comparativa, para que o leitor possa avaliar os resultados de cada agência em perspectiva diante das demais. Finalmente, num terceiro momento, dá-se enfoque aos achados particulares de cada uma das agências pesquisadas.

A pesquisa foi realizada por oito alunos do Programa de Pós-Graduação *Stricto Sensu* (Mestrado e Doutorado) em Direito da Regulação da Escola de Direito do Rio de Janeiro da Fundação Getulio Vargas (FGV Direito Rio), sob a coordenação do professor Eduardo Jordão.[2]

É importante destacar que a pesquisa representou um esforço inicial de elucidar alguns elementos do funcionamento de agências reguladoras pouco estudadas até o momento. Por esse motivo, embora houvesse muito a descobrir acerca dessas entidades, foi necessário fazer algumas escolhas ao delimitar o escopo da pesquisa. Assim, embora o diagnóstico de escassez de literatura que suscitou a realização da pesquisa se aplique também às agências reguladoras municipais, decidiu-se dar enfoque à esfera estadual nesta pesquisa. Além disso, os conjuntos de dados analisados com vistas a medir a maturidade institucional das agências – as normas

2. A maior parte das informações foi colhida ao longo dos dois primeiros trimestres de 2023, sendo que alguns dos dados apresentados nas Partes 2 e 3 foram obtidos ao longo do quarto trimestre do mesmo ano. Desse modo, as conclusões e diagnósticos trazidos pelo livro não consideram atualizações posteriores ao período de coleta, ainda que anteriores à publicação.

legislativas, as informações sobre os dirigentes que cumpriram mandato nas agências e os dados orçamentários – foram selecionados por estarem relacionados a aspectos centrais do modelo teórico das agências reguladoras. Entretanto, em pesquisas futuras, o escopo poderá ser ampliado em ambas essas dimensões – para abranger agências municipais e/ou outros conjuntos de dados sobre as agências –, a fim de prover um retrato mais completo do fenômeno das agências reguladoras no país.

Rio de Janeiro, 20 de julho de 2024.

Eduardo Jordão,
Lucas Thevenard e
Bernardo Schwaitzer

SUMÁRIO

PARTE 2

DADOS SOBRE OS DIRIGENTES DAS AGÊNCIAS REGULADORAS ESTADUAIS 123

ÍNDICE DE FIGURAS

PARTE 1

PARTE 2

PARTE 3

PARTE 1

INDICADORES DE MATURIDADE INSTITUCIONAL DAS AGÊNCIAS ESTADUAIS NA NORMATIZAÇÃO CORRELATA

1. O OBJETIVO E A METODOLOGIA ADOTADA

Esta primeira parte do livro busca avaliar a maturidade institucional das agências reguladoras estaduais exclusivamente *por meio de indicadores encontrados na normatização correlata*, independentemente de sua efetiva materialização na realidade. Embora esse tipo de análise não permita concluir sobre a efetiva maturidade institucional das agências estaduais, ela permite verificar, por exemplo: (i) se é possível identificar, nas estruturas organizacionais e de governança identificadas, um modelo-tipo de agência reguladora estadual no Brasil; (ii) se este modelo difere (e quanto ele difere) do modelo federal; (iii) se há (e quanto há de) discrepâncias entre os modelos adotados em cada estado, entre outras informações. Dito de outro modo, se essa perspectiva normativa-formal não é *suficiente* para a avaliação do estágio de maturidade institucional dessas entidades, ela corresponde a passo relevante e necessário nessa direção.

A pesquisa se iniciou com a identificação das 29 agências reguladoras estaduais e o levantamento da normatização correlata – em específico, das leis que promoveram a criação dessas entidades e suas eventuais alterações, bem como dos seus respectivos decretos regulamentadores. Tais dados foram extraídos dos sítios eletrônicos das próprias agências e dos portais eletrônicos dos respectivos órgãos legislativos estaduais, no período entre 9 e 16 de março de 2023. De forma a evitar falhas no processo de coleta de dados, os membros do Grupo de Pesquisa coordenado pelo Professor Eduardo Jordão foram divididos em subgrupos formados por dois a três pesquisadores. Adotou-se, então, um sistema de revisão cega por pares dos dados obtidos, para testar o grau de confluência das informações colhidas.

Na sequência, procedeu-se à análise da normatização relativa às entidades reguladoras estaduais, para averiguar a presença de indicadores pré-selecionados de maturidade institucional dessas entidades, a partir de um modelo teórico ideal. Tal modelo, apresentado no próximo item, foi erigido com base na experiência nacional de âmbito federal e nas melhores práticas recomendadas pelas organizações internacionais. Partindo-se dele, foram selecionadas três dimensões de análise: (i) autonomia institucional; (ii) governança; e (iii) neutralidade política.

Para proceder à análise da normatização levantada com base nessas três dimensões, os dados identificados foram submetidos a processo de classificação em valores booleanos, sendo atribuída numeração "1" se a característica de interesse estava presente ou "0" se a característica de interesse não estava presente. Novamente, nesta fase, a classificação dos dados adquiridos foi realizada por meio de processo de revisão às cegas das respostas apresentadas. Assim, um mesmo questionamento foi respondido por mais de um pesquisador, para que se pudesse testar o nível de convergência das respostas.

Uma vez verificada a confiabilidade dos dados obtidos e das classificações realizadas, eles foram convertidos em indicador agregado que mediu a pontuação das agências relativas às diferentes dimensões analisadas e o seu grau de dispersão entre as diferentes agências reguladoras estaduais. Por fim, foi também realizada uma análise qualitativa individualizada das distorções relevantes não capturadas pelo modelo de análise anteriormente exposto.

2. O MODELO TEÓRICO IDEAL E AS SUAS TRÊS DIMENSÕES

Para identificar, na normatização relativa às agências estaduais, indicadores de maturidade institucional, a pesquisa adotou o seguinte procedimento. Valendo-se da experiência nacional de âmbito federal e nas melhores práticas recomendadas pelas organizações internacionais, concebeu-se um modelo teórico ideal de agência reguladora. Esse modelo teórico ideal compunha-se de três dimensões: (i) autonomia institucional; (ii) governança; e (iii) neutralidade política. Em cada uma dessas dimensões, atribuíram-se propriedades formais específicas, a elas correspondentes. Na sequência, buscou-se identificar a presença de cada dimensão na normatização relativa a cada agência. A pontuação obtida pelas agências a partir desse procedimento indicaria uma maior ou menor proximidade ao modelo teórico ideal preliminarmente concebido.

2.1. Autonomia institucional

O grau de autonomia das agências reguladoras é um dos indicativos mais relevantes de sua maturidade institucional. Trata-se de elemento fundamental para garantir que essas entidades sejam institucionalmente independentes (e idealmente equidistantes) das diversas partes interessadas na sua atuação, como o poder público, a indústria regulada e os usuários do serviço regulado.

2.1.1. A relevância desta dimensão na experiência internacional e nacional

No cenário internacional, a Organização para a Cooperação e Desenvolvimento Econômico (OCDE) destaca que a boa gestão regulatória, capaz de gerar previsibilidade e segurança jurídica para reduzir riscos e promover a atratividade de investimentos, encontra-se intimamente ligada à criação de uma agência reguladora *independente*.[1] Na União Europeia, as diretivas comunitárias também reconhecem que as autoridades reguladoras devem ser independentes e possuir autonomia orçamentária e técnica para o correto desempenho de suas funções[2].

---

1. Nesse sentido, o seguinte trecho extraído de Recomendação emitida pelo Comitê de Política Regulatória da OCDE sobre Política Regulatória e Governança em escala global: "É importante considerar como arranjos de governança de uma agência reguladora influenciam a confiança do público. A criação de uma agência reguladora independente do governo e daqueles que ela regula pode fornecer maior confiança de que as decisões serão justas e imparciais. Isso pode ser justificado quando as decisões da agência reguladora têm consequências significativas financeiras e de mercado, devendo ser independente do processo político para reduzir o risco regulatório dos investimentos". OCDE. Políticas Melhores para Uma Vida Melhor: Recomendação do Conselho Sobre Política Regulatória e Governança. 2012, p. 28. Disponível em: <https://www.oecd.org/gov/regulatory-policy/Recommendation%20PR%20with%20cover.pdf> Acesso em: 20 jun. 2023.
2. É o que se extrai, por exemplo, da Diretiva nº 2018/1972 do Parlamento Europeu e do Conselho, de 11 de dezembro de 2018, que estabelece o Código de Comunicações

No Brasil, o art. 3º da Lei Geral das Agências – LGA[3], que dispõe sobre a gestão, a organização, o processo decisório e o controle social das agências reguladoras federais, ressalta a importância da autonomia dos entes reguladores como condição essencial para a caracterização de sua natureza especial. Pode ser extraída ainda de diversas passagens desse normativo a menção à conveniência de atribuição de poderes de cunho normativo[4], sancionatório[5] e para a celebração de termo de ajustamento de conduta[6]. Esse mesmo diploma normativo, que serve como principal referencial teórico para a categorização do regime jurídico conferido às agências reguladoras em âmbito nacional, dispõe no §6º de seu artigo 34 que *"a delegação de competências fiscalizatórias, sancionatórias e arbitrais somente poderá ser efetivada em favor de agência reguladora ou órgão de regulação estadual, distrital ou municipal que gozar de autonomia assegurada por regime jurídico compatível com o disposto nesta Lei".*[7]

Eletrônicas, prevendo expressamente que "Os Estados-Membros garantem a independência das autoridades reguladoras nacionais e de outras autoridades competentes, providenciando para que sejam juridicamente distintas e funcionalmente independentes de pessoas singulares ou coletivas que asseguram a oferta de redes, equipamentos ou serviços de comunicações eletrónicas". Disponível em: https://eur-lex.europa.eu/legal-content/PT/TXT/PDF/?uri=CELEX:02018L1972-20181217&from=PT. Acesso em 12 jan. 2024.

3. Lei nº 13.848, de 25 de junho de 2019. Art. 3º A natureza especial conferida à agência reguladora é caracterizada pela ausência de tutela ou de subordinação hierárquica, pela **autonomia funcional, decisória, administrativa e financeira** e pela investidura a termo de seus dirigentes e estabilidade durante os mandatos, bem como pelas demais disposições constantes desta Lei ou de leis específicas voltadas à sua implementação. (Grifamos) Disponível em: https://www.planalto.gov.br/ccivil_03/_ato2019-2022/2019/lei/l13848.htm. Acesso em 12 jan. 2024.

4. Art. 29. No exercício de suas competências definidas em lei, duas ou mais agências reguladoras poderão editar atos normativos conjuntos dispondo sobre matéria cuja disciplina envolva agentes econômicos sujeitos a mais de uma regulação setorial.

5. Art. 4º A agência reguladora deverá observar, em suas atividades, a devida adequação entre meios e fins, vedada a imposição de obrigações, restrições e sanções em medida superior àquela necessária ao atendimento do interesse público.

6. Art. 32. Para o cumprimento do disposto nesta Lei, as agências reguladoras são autorizadas a celebrar, com força de título executivo extrajudicial, termo de ajustamento de conduta com pessoas físicas ou jurídicas sujeitas a sua competência regulatória, aplicando-se os requisitos do art. 4º-A da Lei nº 9.469, de 10 de julho de 1997.

7. A autonomia institucional e os poderes regulatórios conferidos a estes organismos também aparecem como pontos centrais na categorização dessas entidades no âmbito dos trabalhos de diversos autores nacionais que se dedicaram ao estudo das agências reguladoras. Alexandre Santos de Aragão, por exemplo, enfatiza que, à luz do modelo brasileiro, somente podem ser consideradas agências reguladoras independentes *"as autarquias de regime especial, dotadas de considerável autonomia frente à Administração*

2.1.2. Propriedades selecionadas para medir o grau de autonomia das agências estaduais

Na dimensão de autonomia institucional, buscaram-se previsões normativas expressas relativas a: (i) autonomia administrativa; (ii) autonomia financeira; (iii) autonomia técnica; (iv) autonomia patrimonial; (v) taxa de regulação; (vi) competência normativa; e (vii) delegação de atribuições próprias de Poder Concedente. Além disso, buscou-se verificar também o grau de vinculação ou não à Procuradoria Geral do respectivo ente federativo, por meio da identificação de: (i) previsão legal de assessoria jurídica própria; (ii) nomeação de assessores-procuradores; e (iii) presença de algum Procurador do Estado no corpo jurídico da Agência Reguladora. A tabela a seguir mostra a discriminação dos itens que compõem, nesta pesquisa, o indicador da dimensão de autonomia das agências reguladoras estaduais:

Tabela 1. Autonomia institucional

AUTONOMIA INSTITUCIONAL		
A)	**Previsões Expressas de Autonomia**	**0 a 1**
	Autonomia Administrativa	0/1
	Autonomia Financeira	0/1
	Autonomia Patrimonial	0/1
	Autonomia Técnica	0/1
B)	**Previsão de Taxa de Regulação**	**0/1**
C)	**Previsão de Competência Normativa**	**0/1**
D)	**Previsão de Poder Sancionatório**	**0/1**
E)	**Previsão de poder para celebrar TAC**	**0/1**
F)	**Grau de desvinculação à PGE**	**0 a 1**
	Assessoria não vinculada à PGE	0/1
	Assessores não são procuradores	0/1
	Nenhum procurador alocado	0/1
G)	**Não é Poder Concedente**	**0/1**
Valor Final:	**(A + B + C + D + E + F + G) / 7**	**0 a 1**

Fonte: Elaboração Própria

centralizada, incumbidas do exercício de funções regulatórias" (in *Agências reguladoras e a evolução do direito administrativo econômico*. Rio de Janeiro: Forense, 2013, p. 281).

Observe-se que, no modelo teórico ideal construído para a pesquisa, as meras menções às autonomias administrativa, financeira e patrimonial e técnica[8] são relevantes, mas com um grau menor do que algumas circunstâncias que se entenderam como mais indicativas da efetiva consagração formal da autonomia. Assim, a previsão de autonomia administrativa conta pontos, mas menos, por exemplo, do que a efetiva previsão de uma taxa de regulação. Essa escolha metodológica foi realizada porque, embora as agências frequentemente não mantenham todos os recursos arrecadados por intermédio da taxa de regulação, trata-se, ordinariamente, da principal fonte de receitas gerada pelas agências reguladoras. Assim, a escolha desse elemento específico para integrar o modelo de referência da pesquisa se deve ao fato de que a "taxa de regulação", criada pelas leis instituidoras das agências reguladoras, corresponde a fator concretizador da mencionada autonomia financeira dos entes reguladores.

Cada um dos elementos adicionais previstos acima é entendido como potencial contribuinte de uma efetiva autonomia da agência.[9] O exame relativo à existência de poder sancionatório, por exemplo, revela-se importante, uma vez que a sua atribuição aos entes reguladores consiste em condição tanto para a resolução de conflitos no âmbito do setor regulado quanto para a preservação do rol de atribuições que lhes foi legalmente

---

8. Um regime de autonomia administrativa, devidamente desenhado por lei, revela-se como condição necessária para um adequado desenvolvimento da modelagem regulatória de um determinado setor, sem interferência político-partidária e do Executivo. Da mesma forma, a autonomia financeira e orçamentária é um requisito essencial para que a autarquia encarregada do desempenho de atribuição regulatória seja, de fato, autônoma em relação ao ente administrativo central, já que, se esta não dispuser de suas próprias fontes de receitas, não atuará de maneira efetivamente independente na prática. A relevância da autonomia técnica das agências estaduais, por sua vez, decorre do caráter predominantemente técnico das decisões regulatórias proferidas no âmbito dos setores regulados, as quais exigem notável especialização técnica acerca dos assuntos por parte das agências reguladoras. Por fim, garantir a presença de patrimônio próprio se revela um elemento relevante no desenho institucional da Agência, pois, à semelhança do que ocorre com a autonomia financeira, evita que a agência reguladora se torne dependente da administração central.

9. O exame relativo à existência de poder sancionatório, por exemplo, revela-se importante, uma vez que a sua atribuição aos entes reguladores consiste em uma condição tanto para a resolução de conflitos no âmbito do setor regulado quanto para a preservação do rol de atribuições conferido pela lei. Do contrário, o exercício das atribuições regulatórias conferidas a cada uma dessas entidades poderia restar enfraquecido, porque não poderia ser respaldado pela competente punição na hipótese de desobediência ou de descumprimento.

conferido. Do contrário, o exercício das atribuições regulatórias conferidas a cada uma dessas entidades poderia restar enfraquecido, já que não poderia ser respaldado pela competente punição na hipótese de desobediência ou de descumprimento.

Quanto ao grau de desvinculação da agência à Procuradoria Geral do Estado, foram considerados como elementos indicativos seus as menções a que: (i) a assessoria da agência não está diretamente vinculada à Procuradoria Geral do Estado; (ii) não há previsão de que os assessores nomeados para a agência reguladora sejam Procuradores do Estado; e (iii) não há previsão de membro da Procuradoria Geral do Estado alocado à agência.[10]

Por fim, verificou-se ainda se a agência reguladora acumulava suas funções regulatórias com a condição de Poder Concedente. O modelo teórico adotado privilegia a separação entre a condição de Poder Concedente e a de órgão regulador, na medida em que o acúmulo das duas funções pode comprometer a atuação técnica e neutra da entidade reguladora.

A categoria relacionada ao poder de realizar Termo de Ajuste de Conduta, por sua vez, tem previsão menos frequente nas leis de criação das agências reguladoras estaduais, mas constitui também um importante instrumento institucional a serviço da efetividade das funções regulatórias desempenhadas por esses órgãos. Assim sendo, a escolha dessa categoria levou em consideração que o Termo de Ajustamento de Condutas frequentemente se revela uma ferramenta adequada para a obtenção de melhorias nos resultados regulatórios, em complementação à atuação meramente sancionatória. O exercício do poder de celebrar Termo de Ajuste de Conduta como uma das atribuições tipicamente inerentes às atividades desenvolvidas pelas agências reguladoras restou expressamente reconhecido em diversos dispositivos da Lei nº 13.848/2019, que dispõe sobre a gestão, a organização, o processo decisório e o controle social das agências reguladoras federais, em especial o art. 32 desse texto legal, o qual determina que "para o cumprimento do disposto nesta Lei, as agências reguladoras são autorizadas a celebrar, com força de título executivo extrajudicial, termo de ajustamento de conduta com pessoas físicas ou jurídicas sujeitas a sua competência regulatória".

10. Sobre o tema, v., por exemplo, Mauricio Portugal Ribeiro e Eduardo Jordão, **"Agências reguladoras independentes, só com procuradorias independentes"**, Agência Infra, 11 de fevereiro de 2021, disponível em https://agenciainfra.com/blog/infradebate-a-gencias-reguladoras-independentes-so-com-procuradorias-independentes/.

2.2. Governança

A qualidade da governança é outro relevante indicativo de maturidade institucional das agências reguladoras. Trata-se de preocupação com o bom funcionamento cotidiano da entidade, decorrente da adoção de procedimentos adequados e de boas práticas largamente recomendadas pela literatura e pela experiência internacional e nacional.

2.2.1. A relevância desta dimensão na experiência internacional e nacional

Reformas recentes do regime regulatório brasileiro em nível federal ilustram a preocupação crescente com a governança regulatória.[11] Em parte, isso se deve a uma tendência de procedimentalização dos processos decisórios dos órgãos reguladores, aliada à complexificação das interações entre órgãos reguladores e sociedade. A LGA[12], por exemplo, estabeleceu a obrigatoriedade de elaboração de Análise de Impacto Regulatório (AIR) e de realização de consulta pública[13] para adoção ou alteração de atos normativos de interesse geral dos agentes econômicos, com o intuito de ampliar a transparência do processo decisório das agências reguladoras federais.[14] O Decreto nº 10.139, de 28 de novembro de 2019, passou a exigir que os órgãos da Administração Pública federal direta, autárquica e fundacional revisassem e consolidassem os seus respectivos estoques regulatórios, revogando expressamente normas em desuso ou que tivessem sido revogadas apenas tacitamente, de forma a simplificar seus sistemas normativos.

11. OCDE. **Better Regulation Practices across the European Union**. Paris: OECD Publishing, 2019, p. 5-8. Disponível em: <https://www.oecd-ilibrary.org/governance/better-regulation-practices-across-the-european-union_9789264311732-en>. Acesso em: 15 ago. 2020.

12. Lei nº 13.848, de 25 de junho de 2019. Disponível em: https://www.planalto.gov.br/ccivil_03/_ato2019-2022/2019/lei/l13848.htm. Acesso em: 12 jan. 2024.

13. Embora a maior parte das agências reguladoras federais já realizasse regularmente consultas e audiências públicas, a nova Lei estabeleceu uma previsão geral para todos os atos normativos de "interesse geral dos agentes econômicos", definindo também procedimentos mínimos a serem seguidos pelas agências.

14. A Lei de Liberdade Econômica (Lei nº 13.874, de 20 de setembro de 2019) expandiu a obrigatoriedade de realização de AIR para todos os órgãos ou entidades da administração pública federal, incluídas as autarquias e as fundações públicas. Disponível em: https://www.planalto.gov.br/ccivil_03/_ato2019-2022/2019/lei/l13874.htm. Acesso em: 12 jan. 2024.

A OCDE, por sua vez, produz estudos comparativos acerca de diversos temas de governança pública, incluindo a política de reforma regulatória[15], e possui um conjunto de recomendações aos Estados nacionais[16]. A proposta da OCDE está centrada em torno da necessidade de engajamento dos atores sociais interessados na regulação (participação social) e da fundamentação das escolhas regulatórias em evidências empíricas e acompanhamento de resultados (análise de impactos regulatórios). A entidade realiza, periodicamente, análises da evolução da agenda de reforma regulatória nos países membros, avaliando temas de governança e melhoria regulatória. Em 2022, foi realizado o primeiro estudo oficial da OCDE sobre a reforma regulatória no Brasil, consequência do avanço do processo de admissão do país como membro da Organização[17].

A implementação da reforma regulatória por entes subnacionais foi objeto de capítulo próprio no relatório produzido pela OCDE sobre o Brasil, do qual resultaram 4 recomendações específicas para o país no que tange à governança e melhoria das práticas regulatórias em nível subnacional: (i) incorporar a coerência regulatória como um pilar fundamental da política regulatória do país; (ii) adotar uma abordagem gradual para promover melhores práticas regulatórias nos estados e municípios; (iii) estimular o envolvimento das administrações subnacionais nas decisões de nível nacional, desenvolvendo mecanismos de notificação quando as regulamentações em fase de elaboração têm impactos relevantes nos estados e/ou municípios; e (iv) promover a troca de lições aprendidas e boas práticas entre o governo federal e os governos subnacionais, bem como entre as entidades subnacionais. O relatório da OCDE identifica, portanto, que a institucionalização em nível subnacional dos mecanismos de melhoria regulatória que vem sendo desenvolvidos em âmbito federal é uma das mais relevantes fronteiras do desenvolvimento da regulação no Brasil.

15. Esses estudos podem ser acessados em: https://www.oecd.org/governance/. Acesso em: 15 jun. 2023.

16. OCDE. **Recommendation of the Council on Regulatory Policy and Governance**. Paris: OECD Publishing, 2012. Disponível em: <https://www.oecd-ilibrary.org/governance/recommendation-of-the-council-on-regulatory-policy-and-governance_9789264209022-en>. Acesso em: 31 jan. 2021.

17. OCDE. **Regulatory Reform in Brazil**. Paris: OECD Publishing, 2022. Disponível em: <https://www.oecd.org/gov/regulatory-policy/regulatory-reform-in-brazil-d81c15d7-en.htm>. Acesso em: 10 jun. 2023.

2.2.2. Propriedades selecionadas para medir a qualidade da governança das agências estaduais

Na dimensão relativa à governança, o modelo teórico ideal concebido para esta pesquisa compõe-se de cinco elementos: (i) ouvidoria, (ii) programa de integridade, (iii) participação social, (iv) agenda regulatória e (v) análise de impacto regulatório. Previsões relativas a cada um deles foram buscadas nas normas relativas às agências estaduais. A tabela a seguir mostra a discriminação dos itens que compõem o indicador da dimensão governança nesta pesquisa:

Tabela 2: Governança

GOVERNANÇA		
A)	**Ouvidoria**	**0 a 1**
	Possui ouvidoria	0/1
	Ouvidor tem mandato fixo	0/1
B)	**Previsão de Programa de Integridade (*Compliance*)**	**0/1**
C)	**Previsão de Participação Social**	**0/1**
D)	**Previsão de Agenda Regulatória**	**0/1**
E)	**Previsão de AIR**	**0/1**
Valor Final:	**(A + B + C + D + E) / 5**	**0 a 1**

Fonte: Elaboração Própria

O primeiro destes itens subdividiu-se em duas análises: primeiro, verificou-se se a lei ou o decreto de criação da agência previa uma ouvidoria; em seguida, verificou-se se o eventual ouvidor possuiria mandato fixo. Criadas com o propósito de fomentar a participação dos indivíduos e fortalecer a supervisão pública sobre as entidades governamentais, as ouvidorias públicas estimulam e salvaguardam direitos de cidadania, por meio da prestação de contas e do diálogo com a sociedade. Desempenhando o papel de mediadora de opiniões, queixas e denúncias, a ouvidoria atua na resolução de conflitos entre os cidadãos e as agências, com o objetivo de aumentar a responsividade desses órgãos públicos às demandas de cidadãos e agentes regulados e fomentar preceitos de moralidade, confidencialidade, boa-fé, entre outros. Daí a sua importância para a governança das agências reguladoras.

O segundo elemento que compõe o indicador da dimensão de governança é a existência de um programa de integridade (*compliance*) da agência reguladora ou de um departamento específico na agência para temas correlatos. Tais instrumentos, que vêm se tornando cada vez mais comuns no âmbito da Administração Pública desde a edição da Lei nº 12.846/2013 (Lei Anticorrupção), têm por objetivo estabelecer diretrizes e práticas que visam prevenir e combater atos de corrupção, favorecimentos indevidos e irregularidades, assegurando a integridade das instituições governamentais. Alguns estados, como Goiás[18], já estabeleceram programas amplos de *compliance*, administrados por suas respectivas controladorias, que abarcam toda a administração pública estadual e geram deveres específicos para os órgãos que a compõem. Ainda assim, programas de *compliance* público ainda são pouco comuns, o que torna esta categoria de análise uma boa *proxy* para a atenção dada a questões de governança pelo legislador estadual no momento de conformação do modelo institucional da agência. Em outras palavras, quando a legislação ou decreto que estabelece a agência menciona explicitamente a existência de um programa de integridade, considera-se que há uma indicação clara de que o modelo institucional adotado para a agência reflete uma preocupação com questões de governança regulatória.

O terceiro elemento buscado foi a previsão normativa de mecanismos de participação social (consultas públicas, audiências públicas ou tomadas de subsídios) nas agências reguladoras estaduais. Como mencionado, a participação social é um dos eixos principais da agenda de reforma regulatória que vem sendo recomendada pela OCDE e adotada de forma ampla em diversos países, inclusive no Brasil. A participação social é uma prática já consolidada em nível federal. A propósito, mecanismos de consulta e audiência pública estão expressamente previstos nas legislações que criaram as agências federais[19]. Atualmente, a LGA estabelece a necessidade de realização de consulta pública previamente à edição de atos normativos

18. Trata-se do Programa de Compliance Público do Poder Executivo do Estado de Goiás (PCP), criado por meio do Decreto Estadual (GO) nº 9.406, de 18 de fevereiro de 2019. Para mais informações, consultar: https://www.controladoria.go.gov.br/projetos-e-programs/programa-de-compliance-p%C3%BAblico-do-governo-de-goi%C3%A1s.html.

19. São exemplos: o art. 4º, § 3º da Lei nº 9.427/1996 (Aneel); os arts. 42 e 89, II da Lei nº 9.472/1997 (Anatel); o art. 19 da Lei nº 9.478/1997 (ANP); os arts. 68 e 34-A, § 1º da Lei nº 10.233/2001 (ANTT e Antaq); o art. 27 da Lei nº 11.182/2005 (Anac); e o art. 12 da Lei nº 13.575/2017 (ANM).

"de interesse geral dos agentes econômicos, consumidores ou usuários dos serviços prestados" (art. 9º). Há também uma ampla literatura acadêmica sobre o tema, tanto brasileira como estrangeira, que aponta para os possíveis benefícios gerados pela participação social para o incremento da transparência, da legitimidade e da qualidade dos processos decisórios de órgãos reguladores[20].

O quarto elemento buscado foi a previsão normativa de elaboração periódica de agendas regulatórias. Assim como a participação social, a agenda regulatória já é uma realidade nas agências reguladoras federais, sendo também contemplada pela LGA. Trata-se de instrumento de planejamento da atividade normativa do órgão regulador cujo objetivo é servir tanto como ferramenta de gestão e organização interna dos processos decisórios do regulador, quanto como meio de comunicação social que sinaliza para a sociedade as prioridades do regulador em cada ciclo regulatório e permite que os atores sociais interessados (*stakeholders*) se engajem com a produção regulatória. Ao reunir em um só lugar informações cruciais acerca dos assuntos e dos processos de decisão que serão desenvolvidos pelo regulador em cada ciclo, a agenda aumenta a previsibilidade de sua atuação e permite que os interessados se preparem para participar de suas decisões[21].

Por fim, o quinto item que compôs o modelo teórico ideal na dimensão de governança foi a realização de análise de impacto regulatório (AIR). Trata-se de elemento central das recomendações de boas práticas divulgadas pela OCDE e mecanismo previsto na legislação federal, tanto pela LGA, que estabelece a obrigação de realização de AIR para 11 órgãos reguladores independentes, como pela Lei de Liberdade Econômica, que estendeu essa obrigação para toda a Administração Pública

---

20. Ver, a esse respeito: THEVENARD GOMES, Lucas. Fundamentos teóricos da participação social no âmbito das agências reguladoras independentes. In: GUERRA, Sergio (Ed.). **Teoria do Estado Regulador**. Curitiba: Juruá Editora, 2022, v. V, p. 384.

21. Para uma ampla revisão da literatura estrangeira sobre o tema, acompanhado de um levantamento empírico das agendas elaboradas pelas agências federais brasileiras, ver: OLIVEIRA, Luiz Figueiredo Cintra de. **Planejamento da produção normativa das agências reguladoras: uma análise empírica sobre a utilização das agendas regulatórias**. Dissertação de Mestrado apresentada ao Programa de Pós-Graduação da FGV Direito-Rio. Rio de Janeiro, FGV, 2022. Disponível em: https://bibliotecadigital.fgv.br/dspace/handle/10438/31919?show=full. Acesso em 16 jun. 2023.

federal. A AIR busca garantir que os procedimentos decisórios dos órgãos reguladores estejam pautados por objetivos claros e concretos, que considerem alternativas de forma a buscar a solução mais eficiente para o enfrentamento do problema regulatório e levem em conta fatores específicos, como os meios de implementação e fiscalização das medidas adotadas. Ao considerar aspectos como custos, benefícios, efeitos sobre a concorrência, inovação, segurança e bem-estar da sociedade, a AIR pode contribuir para aprimorar a qualidade das regulamentações produzidas pelas agências estaduais, minimizando efeitos indesejados. Consequentemente, a previsão do instrumento pelas agências estaduais sinaliza uma preocupação em fundamentar as atividades desses órgãos em boas práticas regulatórias.

2.3. Neutralidade política

A última dimensão objeto de análise nesta parte da pesquisa sobre as agências reguladoras estaduais diz respeito ao seu isolamento da arena política. Esta circunstância está voltada a facilitar a atuação técnica e politicamente neutra dessas entidades (ainda que essa situação ideal possa não se consumar na prática por diversas razões). Trata-se de elemento relevante na literatura sobre maturidade institucional das agências reguladoras: elas são tanto mais maduras quanto mais distantes do jogo político. Trata-se, ainda, de preocupação constante na experiência nacional e internacional sobre essas entidades.

2.3.1. A relevância desta dimensão na experiência internacional e nacional

A teoria da escolha pública, campo da economia política que examina como agentes governamentais tomam decisões em determinados ambientes políticos, enfatiza a importância de entender como os interesses pessoais dos tomadores de decisão podem influenciar as escolhas regulatórias. Assim, o objetivo de garantir que as decisões do regulador sejam pautadas por argumentos técnicos e atendam de forma imparcial ao interesse da coletividade pode ser dificultado pela existência de interesses privados com alto poder de influência política. Nos termos colocados pelo famoso trabalho de Stigler sobre o tema, a indústria "compra a regulação", com o objetivo de aumentar seus rendimentos ou restringir a competição do mercado.[22] A existência desses interesses criaria condições de captura das decisões do regulador por interesses particulares, seja mediante a submissão da regulação à influência de grupos políticos que os representam, seja mediante a influência direta dos agentes regulados sobre os dirigentes dos órgãos reguladores, por meio de mecanismos como o das "portas giratórias"[23].

Nesse contexto, a independência dos diretores de agências reguladoras torna-se uma consideração fundamental para aumentar a probabilidade de que as decisões regulatórias sejam tomadas de forma neutra e estejam alinhadas com os objetivos de longo prazo de cada setor. Essa preocupação pode ser notada, por exemplo, no regime jurídico estabelecido na LGA para as agências reguladoras federais, que prevê a autonomia do conselho diretor ou da diretoria colegiada da agência reguladora, conferindo-lhes garantias suficientes para preservá-los de pressões políticas externas e permitir o exercício técnico de suas atribuições de regulação setorial.[24]

Essa visão pode ser percebida, também, no âmbito das boas práticas recomendadas pela OCDE, as quais reforçam a importância de mecanismos capazes de dotar os dirigentes das agências de garantias que assegurem uma atuação isenta do contexto político, preservando a natureza essencialmente técnica das funções desempenhadas por essas entidades.[25]

---

22. STIGLER, George J. "The theory of economic regulation", **Bell Journal of Economics and Management Science**, 2/1 (Spring 1971).

23. O problema das "portas giratórias" surge quando indivíduos ocupam cargos em agências reguladoras e, posteriormente, deixam esses cargos para trabalhar no setor privado, muitas vezes em empresas reguladas pela mesma agência na qual antes atuavam. Isso pode levantar preocupações significativas, pois esses indivíduos podem ser tentados a tomar decisões regulatórias que beneficiem seus futuros empregadores privados em detrimento do interesse público. Essa dinâmica coloca em risco a integridade do processo regulatório e mina a confiança do público nas instituições reguladoras. Para um debate aprofundado sobre as relações entre o fenômeno das portas giratórias e a captura regulatória, ver: MAKKAI, Toni; BRAITHWAITE, John. In and out of the Revolving Door: Making Sense of Regulatory Capture. **Journal of Public Policy**, v. 12, n. 1, p. 61–78, 1992.

24. Um exemplo dessa afirmação é o constante do art. 3º da referida lei, o qual determina que "A natureza especial conferida à agência reguladora é caracterizada pela ausência de tutela ou de subordinação hierárquica, pela autonomia funcional, decisória, administrativa e financeira e pela investidura a termo de seus dirigentes e estabilidade durante os mandatos, bem como pelas demais disposições constantes desta Lei ou de leis específicas voltadas à sua implementação".

25. OCDE. Regulatory Management Indicator: Brazil, 2011. Disponível em: <https://www.oecd.org/gov/regulatory-policy/47827159.pdf>. Acesso em: 08 jul. 2023.

2.3.2. Propriedades selecionadas para medir a neutralidade política das agências estaduais

Nesta pesquisa, a propensão normativo-formal à neutralidade política foi medida principalmente em função de características relativas ao seu corpo diretivo. Tendo isso em vista, foram eleitas três categorias para compor o modelo teórico ideal: (i) Requisitos/Impedimentos dos Dirigentes; (ii) Processo de Nomeação dos Dirigentes; e (iii) Garantias Funcionais dos Dirigentes. Essas categorias foram subdivididas em múltiplos elementos a elas relativas.

Tabela 3. Neutralidade Política

NEUTRALIDADE POLÍTICA		
A)	**Requisitos/Impedimentos dos Dirigentes**	**0 a 1**
	Impedimento por atuação no setor	0/1
	Impedimento por ocupar cargo político	0/1
	Vedação de filiação partidária	0/1
	Exigência de experiência prévia	0/1
	Previsão de quarentena após mandato	0/1
B)	**Processo de Nomeação dos Dirigentes**	**0 a 1**
	Sabatina prévia da Assembleia Legislativa	0/1
	Aprovação prévia da Assembleia Legislativa	0/1
	Eleição interna do Diretor-Presidente	0/1
	Não prevê indicação livre para mandatos provisórios	0/1
C)	**Garantias Funcionais dos Dirigentes**	**0 a 1**
	Mandato por prazo determinado	0/1
	Mandatos não-coincidentes entre diretores	0/1
	Mandatos não-coincidentes com o Governador	0/1
	Exoneração sob hipóteses pré-determinadas	0/1
	Procedimento expresso de exoneração	0/1
Valor Final:	**(A + B + C) / 3**	**0 a 1**

Fonte: Elaboração Própria

A categoria referente aos Requisitos/Impedimentos dos Dirigentes foi composta pelos seguintes elementos: (i) a existência de algum impedimento expresso em relação à nomeação de agentes que ocupavam cargos no setor regulado antes do início do seu mandato, ainda que por tempo determinado; (ii) a existência de alguma vedação específica à nomeação de agentes ocupantes de cargos políticos antes da assunção mandato, anda que por tempo pré-estabelecido; (iii) a existência de vedação à filiação partidária dos dirigentes da agência; (iv) a exigência de experiência prévia na área objeto da regulação por parte dos diretores nomeados; e, por fim, (v) a previsão de período de quarentena após o término do mandato.

A existência de algum impedimento expresso em relação à nomeação de agentes que ocupavam cargos no setor regulado ou cargos políticos antes do início do seu mandato, ainda que por tempo determinado, volta-se a resguardar uma atuação isenta por parte do regulador. Essa mesma lógica estaria presente na hipótese de vedação à filiação partidária dos dirigentes da agência. Por sua vez, a exigência de experiência prévia na área objeto da regulação por parte dos diretores nomeados se manifestaria como um elemento indicativo da expertise (e propensão à tomada de decisões técnicas) dos agentes nomeados.[26] A previsão de período de quarentena após o término do mandato dos dirigentes é igualmente relevante para favorecer a neutralidade de sua atuação, reduzindo os potenciais efeitos nocivos do já mencionado fenômeno das "portas giratórias".

Por sua vez, a categoria referente aos Processo de Nomeação dos Dirigentes foi composta pelos seguintes elementos, considerados como mecanismos neutralizadores de influência política específica: (i) a realização de sabatina prévia pela respectiva Assembleia Legislativa; (ii) a exigência de aprovação prévia pela respectiva Assembleia Legislativa; (iii) a previsão de procedimento de eleição interna do diretor-presidente por meio de votação realizada pelos demais diretores; e (iv) a inexistência de previsão expressa quanto à possibilidade de livre indicação de agentes para a ocupação de mandatos provisórios no corpo diretor da entidade reguladora.

26. Para uma análise acerca da importância da experiência profissional prévia e conhecimento técnico no campo de saber relacionado à área de atuação da agência, vide: VIEIRA, Alexandre Sérgio Alves. Agências reguladoras independentes: especialização e captura nas trajetórias de carreira dos reguladores federais brasileiros. Dissertação de Mestrado Profissional em Administração Pública – FGV – Fundação Getulio Vargas, Rio de Janeiro, 2015.

A sujeição prévia à sabatina e aprovação pelo Poder Legislativo da indicação feita pelo Chefe do Executivo foram considerados manifestação do sistema de freios e contrapesos dos poderes.[27] De modo semelhante, a capacidade de eleição pelos próprios diretores da entidade reguladora de seu diretor-presidente por meio de votação interna reflete uma maior autonomia da agência reguladora e de seu corpo diretivo em comparação ao modelo alternativo de nomeação direta do diretor-presidente pelo Chefe do Executivo, considerando a maior propensão à influência política que se observa nesse último caso. A inexistência de previsão expressa quanto à possibilidade de livre indicação de agentes para a ocupação de mandatos provisórios no corpo diretor da entidade reguladora foi considerada fator relevante para evitar que mandatos provisórios sejam utilizados estrategicamente por agentes políticos para contornar o processo formal de nomeação dos dirigentes.

Por fim, a categoria referente às Garantias Funcionais dos Dirigentes foi composta pelos seguintes elementos: (i) a fixação de prazo definido de mandato para os diretores; (ii) a previsão de regra expressa estabelecendo que os diretores da agência possuem mandatos não coincidentes entre si; (iii) a previsão de regra indicativa de que os diretores possuem mandatos não coincidentes com o mandato do governador; (iv) a previsão de hipóteses específicas nas quais poderá haver a exoneração dos dirigentes das agências; e (v) a previsão expressa de procedimento para a exoneração dos dirigentes nas hipóteses previstas.

Tais indicadores foram definidos como característicos da estabilidade dos mandatos dos dirigentes de estabilidade nos mandatos conferidos aos dirigentes das agências reguladoras, os quais, além de nomeados por prazo certo, somente podem perder seus cargos em hipóteses legalmente especificadas e mediante procedimento de exoneração previamente estabelecido. Isso evita que venham a ser retirados de seus cargos em função da adoção de medidas politicamente sensíveis.

27. SALAMA, Bruno Meyerhof; BARRIONUEVO FILHO, Arthur; PALMA, Juliana Bonacorsi de; DUTRA, Pedro. Processo de nomeação de dirigentes de agências reguladoras: uma análise descritiva. FGV Direito SP. 2016. (Apresentação de Trabalho/Seminário). Disponível em: <https://bibliotecadigital.fgv.br/dspace/handle/10438/24882>. Acesso em: 08 jul. 2023.

3. OS RESULTADOS GERAIS POR CADA DIMENSÃO

A seguir se apresentam os resultados gerais das agências reguladoras estaduais no Brasil para cada uma das três dimensões desta primeira parte da pesquisa. Na sequência, apresentam-se os resultados gerais agregados, relativos às três dimensões tomadas conjuntamente.

3.1. Resultados gerais sobre a autonomia das agências estaduais no Brasil

Os indicadores investigados para a dimensão "autonomia institucional" foram aqueles para as quais as agências obtiveram, em geral, os melhores resultados. Dito de outro modo, ao menos no que concerne às previsões normativas, a autonomia é a dimensão em que as agências mais se aproximam do modelo teórico ideal utilizado nesta pesquisa. A média obtida pelas agências para esse indicador foi de 0,76 e a mediana foi de 0,77.

O gráfico da **Figura 1**, a seguir, mostra o histograma dos valores encontrados para essa dimensão. O indicador segue o perfil de uma distribuição normal, com a maior parte das agências reguladoras estaduais (cerca de 70%) concentradas em valores entre 0,65 e 0,85. Dentre as subcategorias que compõem esta dimensão, as que apresentaram resultados menos uniformes foram aquelas relativas à previsão de poderes para celebrar Termo de Ajustamento de Conduta – TAC e ao nível de vinculação formal da agência perante a Procuradoria Geral do Estado – PGE. Isso significa que essas são as categorias que constituem a maior oportunidade de fortalecimento da autonomia das agências reguladoras estaduais. Diversas agências estaduais ainda não possuem previsão formal de poderes para celebrar TAC e seguem mantendo vínculos formais com as respectivas PGE.

Figura 1. Dispersão do indicador de autonomia institucional

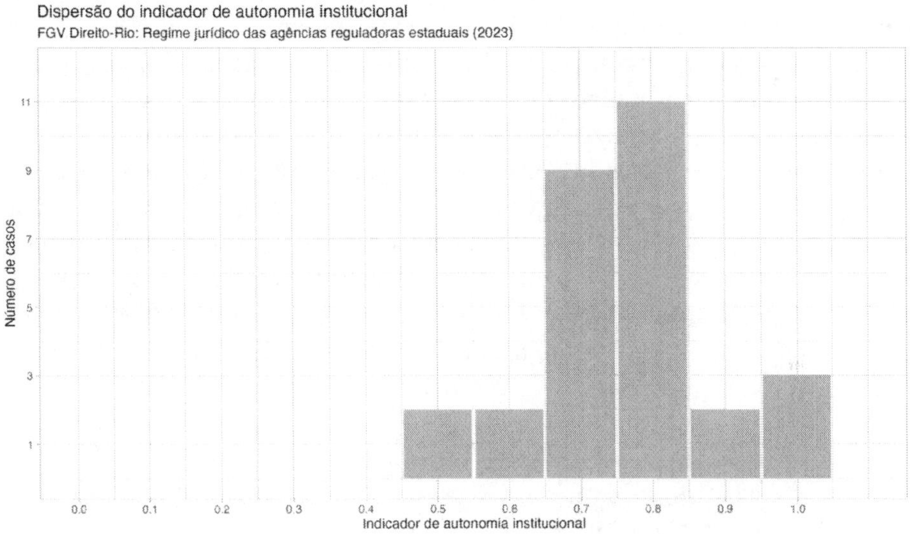

3.2. Resultados gerais sobre a governança das agências estaduais no Brasil

Já a dimensão governança foi aquela na qual as agências obtiveram os menores níveis de convergência com o modelo teórico ideal concebido para esta pesquisa. A média obtida pelas agências para esse indicador foi de 0,39 e a mediana foi de 0,3. Isso mostra que instrumentos importantes da promoção da boa governança e melhoria regulatória, como programas de integridade, mecanismos de participação social, agendas regulatórias e análises de impacto regulatório, frequentemente não estavam previstos nas leis e decretos de criação dos órgãos reguladores estaduais estudados[28] – circunstância que indica oportunidade de reforma.

28. Importante enfatizar o fato de que a análise empreendida aqui diz respeito apenas ao modelo institucional dos órgãos avaliados. Destaca-se que, ainda que não estivessem positivados, em alguns casos foi encontrado o uso de alguns destes instrumentos no dia a dia da agência. É, por exemplo, o caso da Agência Reguladora de Águas, Energia e Saneamento do Distrito Federal (ADASA), que não tem o dever legal de realizar AIR, mas eventualmente adota essa prática. Todavia, conforme já explicado, a pesquisa se ateu às fontes formais que regem cada agência, de modo que neste caso estas práticas não

O gráfico da **Figura 2**, a seguir, mostra o histograma dos valores encontrados para essa dimensão. O indicador evidencia um perfil concentrado, com alta proporção de casos contida em torno de 0,3. Dentre as subcategorias que compõem esta dimensão, destaca-se que a maior parte das agências possuem ouvidorias e ouvidores com mandato fixo, e também preveem a realização de mecanismos de participação social. Os demais elementos buscados, por outro lado, estiveram pouco presentes nas normas relativas às agências estaduais. Em poucos casos, foi possível encontrar previsões na legislação acerca de programas de integridade (*compliance*), de realização de análises de impacto regulatório ou de elaboração de agendas regulatórias. Trata-se de elementos que ainda não foram plenamente assimilados pelos modelos institucionais estabelecidos pelas normas que criaram as agências reguladoras estaduais.

Figura 2. Dispersão do indicador de governança

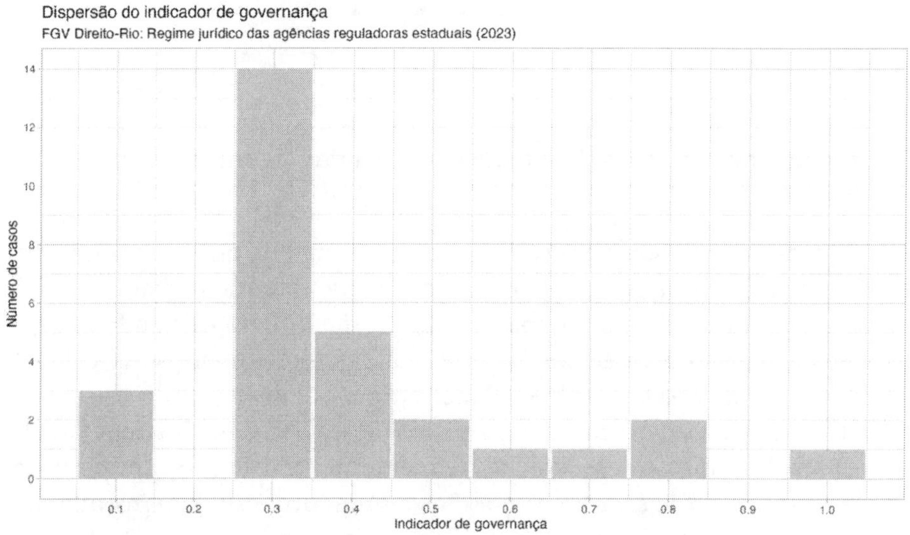

foram contabilizadas. Conforme disponível no próprio site da Agência: "Assim como em outras áreas técnicas da Adasa [...], a Superintendência de Abastecimento de Água e Esgoto vem incorporando técnicas de AIR para elaboração e revisão de suas normas." Disponível em: <https://www.adasa.df.gov.br/regulacao-sae/estudos-tecnicos-sae>.

3.3. Resultados gerais sobre a neutralidade política das agências estaduais no Brasil

Como explicamos anteriormente, a dimensão de neutralidade política é mais complexa, sendo formada pelo maior número de elementos de análise. Esses elementos foram agrupados em 3 categorias: (i) garantias funcionais dos dirigentes, (ii) processo de nomeação dos dirigentes e (iii) requisitos e impedimentos dos dirigentes.

A média obtida pelas agências para esse indicador foi de 0,52 e a mediana foi de 0,55. O gráfico da **Figura 3**, a seguir, mostra o histograma dos valores encontrados para essa dimensão. O indicador evidencia o perfil bem delineado de uma distribuição normal. Isso evidencia diferenças significativas entre os modelos institucionais das agências estaduais no que tange às categorias analisadas.

Figura 3. Dispersão do indicador de neutralidade política

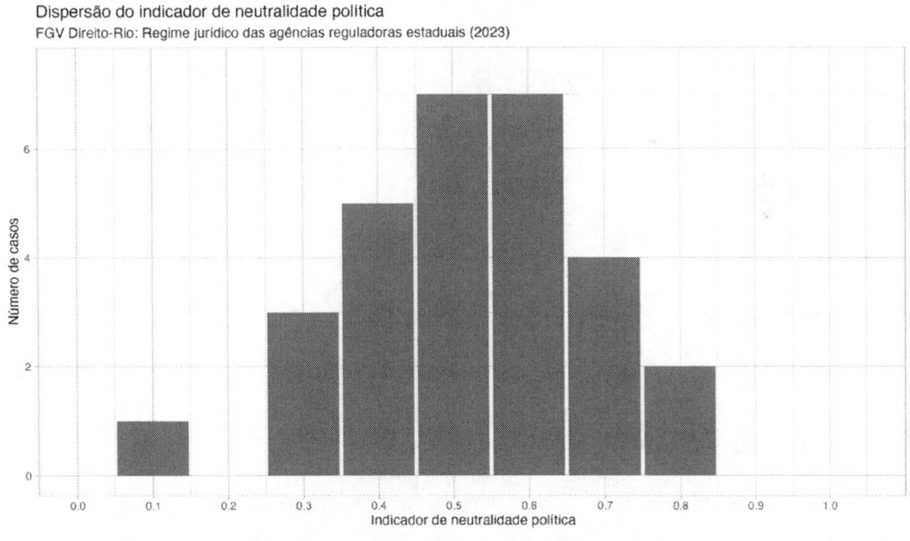

Quanto às distribuições dos indicadores das três subdimensões, observa-se que a subdimensão cuja mediana indica o maior nível de convergência geral das agências estaduais com o modelo adotado foi aquela referente às garantias funcionais dos dirigentes, seguida do processo de nomeação e, por fim, dos requisitos e impedimentos (Figura 4). Sendo assim, as leis das agências estaduais, com maior frequência, previam mandatos definidos e não coincidentes para os diretores das agências e definiam casos de exoneração e procedimentos para tanto. Por outro lado, em menos casos, previam regras de sabatina, restringiam as condições de indicação dos mandatos provisórios ou estabeleciam mecanismo de eleição interna do presidente. Por fim, em um número ainda menor de casos, previam restrições relacionadas à nomeação de agentes advindos diretamente do setor regulado, ou estabeleciam critérios de experiência prévia e quarentena.

Figura 4. Dispersão das subdimensões de neutralidade política

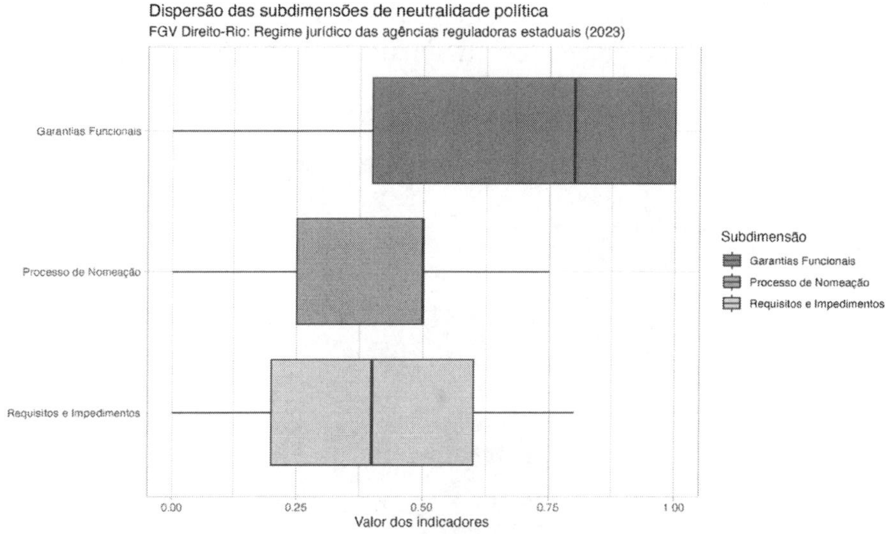

3.4. Resultados gerais agregados

O resultado agregado é dado pela soma simples desses três indicadores. Como cada indicador que o compõe varia entre 0 e 1, o resultado agregado varia entre 0 e 3. Como visto anteriormente, a média das agências estaduais na dimensão de autonomia institucional foi de 0,76, na dimensão de governança foi de 0,39 e na dimensão de neutralidade política foi de 0,52. Sendo assim, o resultado agregado médio para todas as dimensões de análise foi de 1,68, o que corresponde a 56% de convergência com o modelo teórico adotado pela pesquisa, nas três dimensões de análise[29]. O valor agregado mínimo (agência com a menor pontuação) foi de 0,86 e o máximo (agência com a maior pontuação) foi de 2,6[30].

Os dados agregados revelam diferenças significativas entre as dimensões de análise estudadas. A **Figura 5** mostra gráficos *boxplot* com as distribuições dos indicadores de cada dimensão, evidenciando que as agências em geral obtiveram, como visto, indicadores mais altos para a dimensão de autonomia institucional, seguida da dimensão de neutralidade política, sendo a dimensão de governança aquela em que se verificou os indicadores mais baixos. Uma maior dispersão de resultados, por sua vez, foi verificada na dimensão de neutralidade política.

Figura 5. Dispersão dos indicadores de cada dimensão de análise

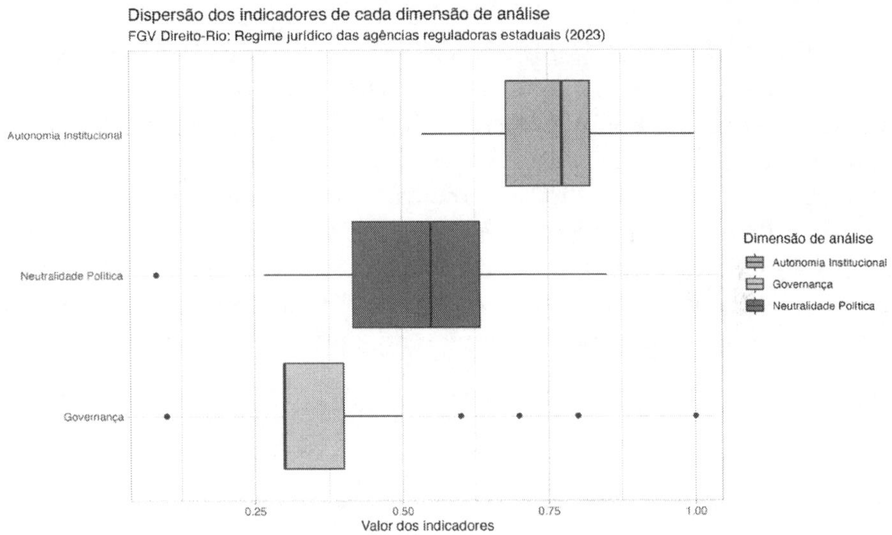

29. Vale destacar que isso não representa 56% de convergência direta em todos os itens avaliados na pesquisa, uma vez que as dimensões têm participação equitativa na composição do valor agregado, embora possuam números distintos de itens que as compõem, como explicado anteriormente.
30. A mediana do valor agregado foi de 1,61, com um desvio padrão de 0,37.

4. OS RESULTADOS COMPARATIVOS POR CADA DIMENSÃO

Tendo sido apresentados os resultados gerais da pesquisa para as 3 dimensões de análise que compõem o modelo teórico adotado, analisam-se a seguir os resultados comparativos, que evidenciam as diferenças entre as agências estaduais que compuseram a pesquisa. Tomadas duas a duas, as dimensões de análise estudadas não apresentam fortes níveis de correlação positiva entre si[31], o que indica que um alto nível de convergência de uma agência em uma dimensão nem sempre significou alta convergência nas demais dimensões. Esta seção explora essas diferenças de resultados das agências em cada dimensão.

4.1. Resultados comparativos sobre a autonomia das agências estaduais no Brasil

A Figura 6 mostra os resultados comparativos da dimensão de autonomia institucional. A Agência Reguladora de Serviços Públicos de Santa Catarina (ARESC) apresentou 100% de convergência com o modelo adotado (indicador igual a 1). Verificaram-se também níveis altos de convergência (acima de 90%) em quatro outras agências: a Agência Estadual de Regulação dos Serviços Públicos Delegados do Rio Grande do Sul (AGERGS), a Agência de Regulação do Estado da Paraíba (ARPB), a Agência de Regulação de Pernambuco (ARPE) e a Agência Reguladora de Serviços Públicos Delegados do Estado do Amapá (ARSAP).

31. Pelo método de Pearson, os coeficientes de correlação entre as dimensões de análise foram os seguintes: aproximadamente 0,02 entre as dimensões de autonomia institucional e governança, aproximadamente 0,40 entre as dimensões de autonomia institucional e neutralidade política, e 0,46 entre as dimensões de governança e neutralidade política. Sendo assim, embora se verifique que em todos os casos a correlação é positiva, não há nível forte de correlação entre as dimensões.

Figura 6. Comparação entre as agências: indicador de autonomia institucional

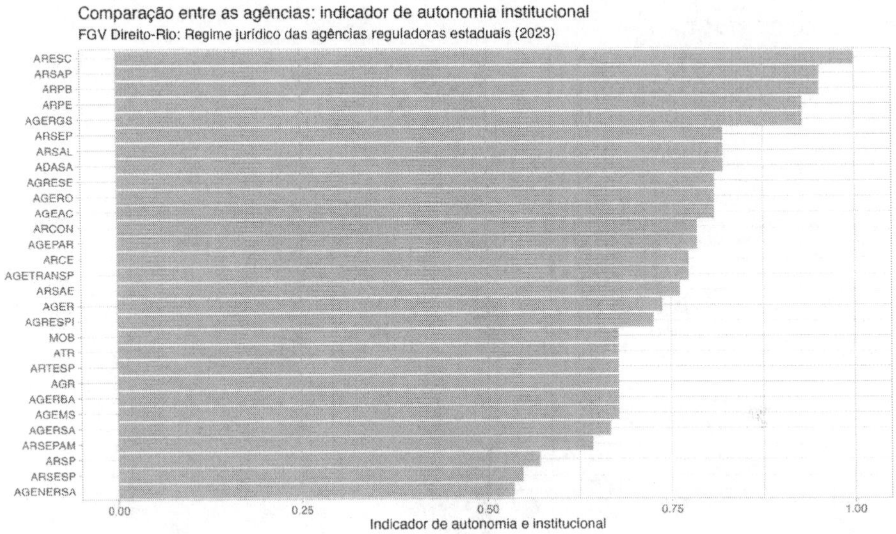

As agências que pontuaram menos nesta dimensão (abaixo de 60%) foram: a Agência Reguladora de Energia e Saneamento Básico do Estado do Rio de Janeiro (AGENERSA), a Agência Reguladora de Serviços Públicos do Estado de São Paulo (ARSESP) e a Agência de Regulação de Serviços Públicos do Espírito Santo (ARSP).

4.2. Resultados comparativos sobre a governança das agências estaduais no Brasil

A despeito do baixo desempenho geral relativo à dimensão de governança reportado anteriormente, três agências obtiveram resultados acima de 75%: a Agência Reguladora do Paraná (AGEPAR), a Agência Reguladora de Serviços Públicos Delegados do Estado do Amapá (ARSAP) e a Agência de Regulação dos Serviços Públicos Delegados do Estado de Mato Grosso (AGER). A AGEPAR, em particular, obteve nível de convergência de 100% nesta dimensão.

Em contrapartida, 3 agências obtiveram 0,1 (10% de convergência, apenas) nessa dimensão: a Agência Estadual de Regulação dos Serviços Públicos Delegados do Rio Grande do Sul (AGERGS), a Agência de Regulação e Controle de Serviços Públicos do Estado do Pará (ARCON) e a Agência Estadual de Mobilidade Urbana e Serviços Públicos do Maranhão (MOB).

Nelas, o único elemento de governança encontrado foi a previsão de uma Ouvidoria, embora não tenha sido estabelecido um mandato fixo para o cargo de ouvidor.

Figura 7. Comparação entre as agências: indicador de governança

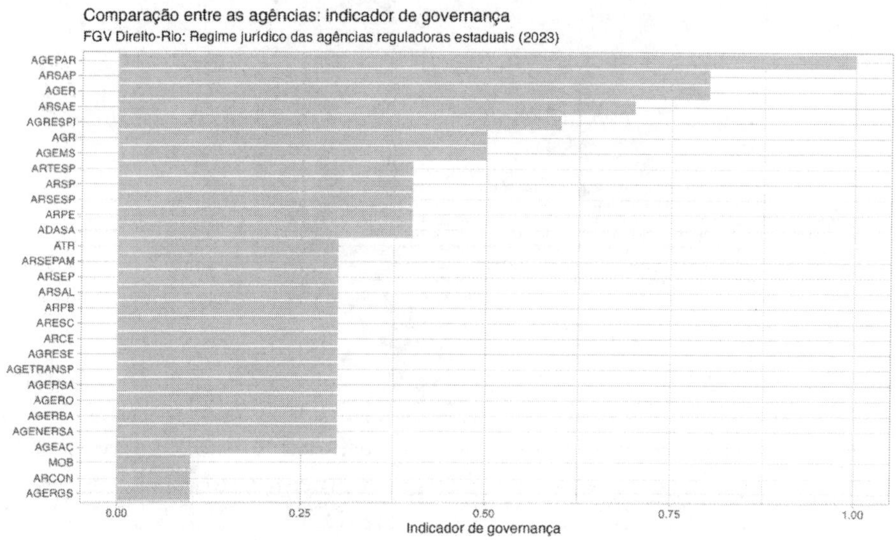

4.3. Resultados comparativos sobre a neutralidade política das agências estaduais no Brasil

Três agências obtiveram níveis de convergência de 70% ou mais no que tange à dimensão de neutralidade política: a Agência Reguladora do Paraná (AGEPAR), a Agência Reguladora de Águas, Energia e Saneamento Básico do Distrito Federal (ADASA) e a Agência Reguladora de Serviços Públicos do Estado de Alagoas (ARSAL). Em contrapartida, quatro agências apresentaram um nível de convergência inferior a 30%: a Agência Reguladora dos Serviços Públicos Delegados e Contratados do Estado do Amazonas (ARSEPAM), a Agência Reguladora de Saneamento Básico do Estado da Bahia (AGERSA), a Agência de Regulação de Serviços Públicos do Espírito Santo (ARSP) e a Agência Estadual de Mobilidade Urbana e Serviços Públicos do Maranhão (MOB). A MOB, em especial, obteve um índice de convergência, nessa categoria, de apenas 8% (0,08).

Figura 8. Comparação entre as agências: indicador de neutralidade política

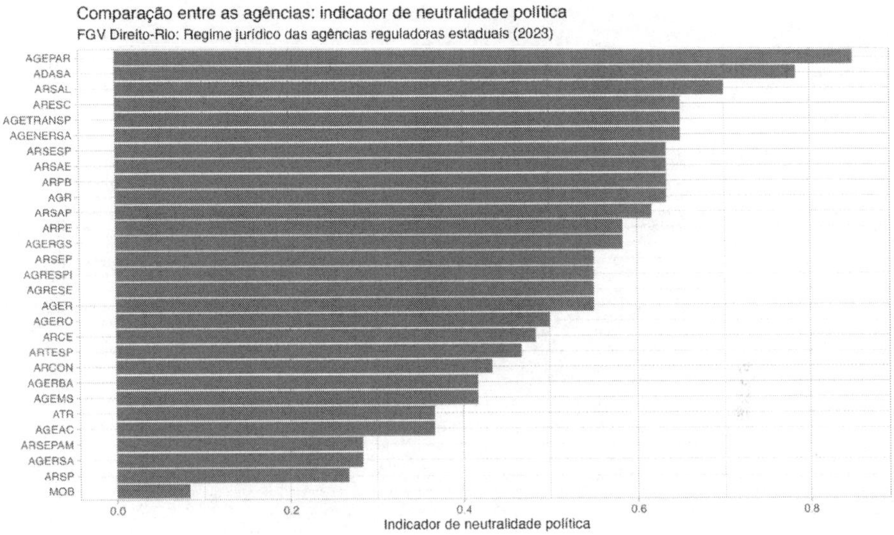

Para melhor compreender os resultados dessa dimensão, podemos decompor o resultado entre as suas subdimensões e investigar as características dos casos de agências que apresentaram maior ou menor convergência com o modelo institucional aqui estudado.

A **Figura 9** a seguir mostra os valores da dimensão de neutralidade política de todas as agências, decompostos em suas subdimensões. Os dados revelam, em primeiro lugar, que as agências que atingiram os níveis de convergência mais baixos em relação ao modelo analisado foram aquelas cujas leis de criação não estabeleciam regras ou critérios para uma das dimensões analisadas. Assim, essas agências obtiveram nível de convergência igual a zero em alguma subdimensão de análise. No caso da Agência Reguladora de Saneamento Básico do Estado da Bahia (AGERSA), isso se deu com a subdimensão de garantias funcionais; no caso da Agência de Regulação de Serviços Públicos do Espírito Santo (ARSP) o mesmo ocorreu em relação à subdimensão de processo de nomeação; e, por fim, a Agência Estadual de Mobilidade Urbana e Serviços Públicos do Maranhão (MOB) obteve índice baixo na subdimensão de processo de nomeação, e índice zero nas demais subdimensões.

Figura 9. Decomposição do indicador de neutralidade política em subdimensões

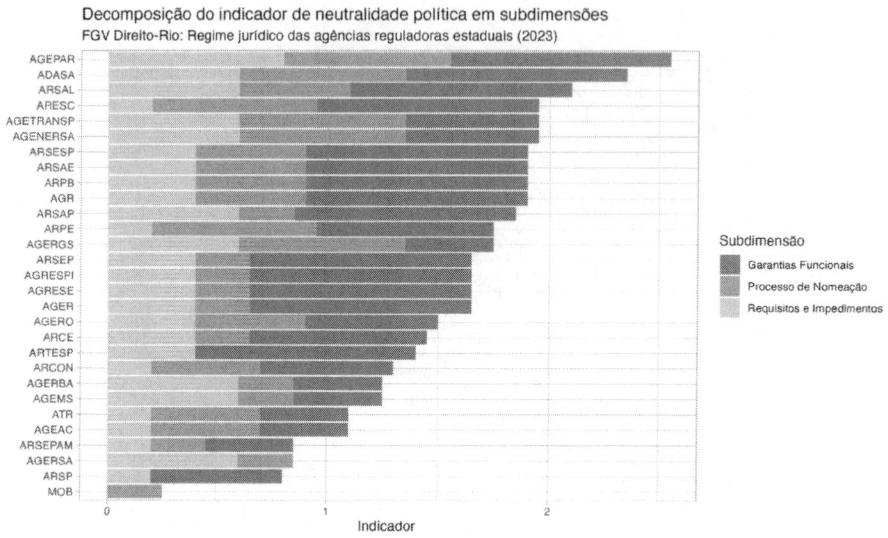

4.4. Resultados comparativos agregados

O gráfico da **Figura 10** mostra o resultado agregado[32] obtido pelas 29 instituições reguladoras estudadas na pesquisa. A agência que obteve o maior resultado agregado (2,64), indicando um elevado nível de convergência com o modelo institucional ideal adotado pela pesquisa, foi a Agência Reguladora do Paraná (AGEPAR), ao passo que a agência que demonstrou o menor resultado (0,86) foi a Agência Estadual de Mobilidade Urbana e Serviços Públicos do Maranhão (MOB).

É interessante observar que as características institucionais da AGEPAR que embasaram esses resultados não estão presentes desde a criação da agência. Entre 2015 e 2021, a autarquia passou por diferentes modificações produzidas por, ao menos, oito Leis Complementares que alteraram a Lei Complementar Estadual nº 94/2002. Além disso, houve substituição do Decreto Estadual nº 6.432/2012, que regulamenta o funcionamento da agência, pelo Decreto Estadual nº 4.694/2016. Essas alterações produziram

32. Como explicado anteriormente, o resultado agregado é dado pela soma simples dos indicadores das três dimensões de análise. Como cada indicador que o compõe varia entre 0 e 1, o resultado agregado varia entre 0 e 3.

mudanças profundas na AGEPAR, desde suas competências até seus quadros funcionais.

Já MOB se destaca negativamente em diversos aspectos: seja por ter tido suas atribuições estabelecidas por uma lei relativamente enxuta – com apenas 13 artigos –, ou por ter uma estrutura similar a de um órgão da Administração Direta. Trata-se de uma das poucas agências analisadas que não possui um mandato fixo para seus dirigentes, por exemplo.

Figura 10. Indicador agregado das agências estaduais nas 3 dimensões de análise

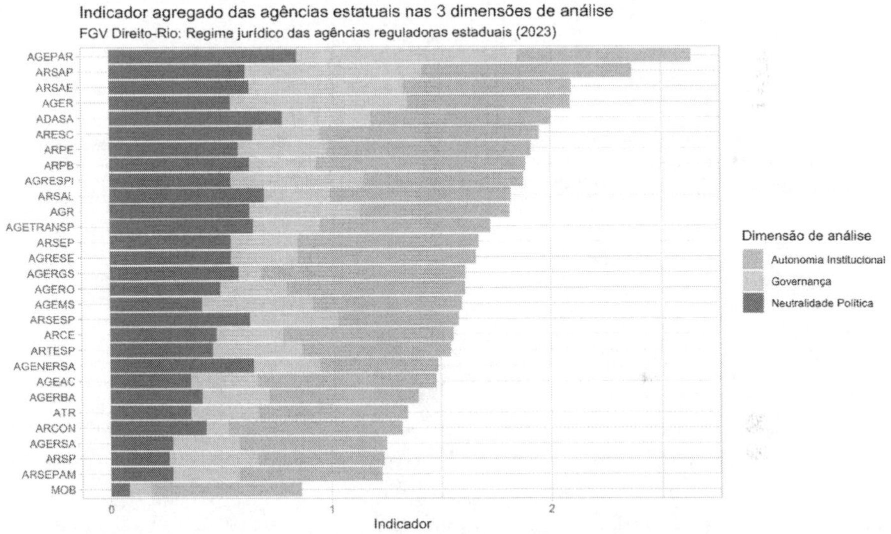

A investigação inicial dos resultados mostra certo desequilíbrio entre regiões brasileiras. As 6 agências estaduais da região norte obtiveram[33] um resultado agregado mais baixo (média de 1,56 e mediana de 1,41) do que os de outras regiões. A Agência Reguladora de Serviços Públicos Delegados do Estado do Amapá (ARSAP) se destaca entre as agências dos estados da

33. São elas: a Agência Reguladora dos Serviços Públicos do Estado do Acre (AGEAC), a Agência Reguladora dos Serviços Públicos Delegados e Contratados do Estado do Amazonas (ARSEPAM), a Agência Reguladora de Serviços Públicos Delegados do Estado do Amapá (ARSAP), a Agência de Regulação e Controle de Serviços Públicos do Estado do Pará (ARCON), a Agência de Regulação dos Serviços Públicos de Rondônia (AGERO) e a Agência Tocantinense de Regulação, Controle e Fiscalização de Serviços Públicos (ATR).

região norte, com resultado significativamente mais alto do que as demais (2,37), o segundo maior verificado entre todas as agências estaduais analisadas. As três agências da região sul[34], em contrapartida, foram as que obtiveram os maiores resultados agregados (média de 2,07, mediana de 1,95) quando comparadas às demais regiões. Para evidenciar esse fato, a figura a seguir mostra um mapa de calor dos estados brasileiros, evidenciando os resultados de cada agência estadual no índice de maturidade institucional agregado, calculado para as 3 dimensões de análise. Nos estados em que havia mais de uma agência reguladora, foi utilizada a média dos indicadores das agências reguladoras que compõem o estado.

Figura 11. Mapa de calor do indicador de maturidade institucional das agências reguladoras estaduais, por Unidade da Federação

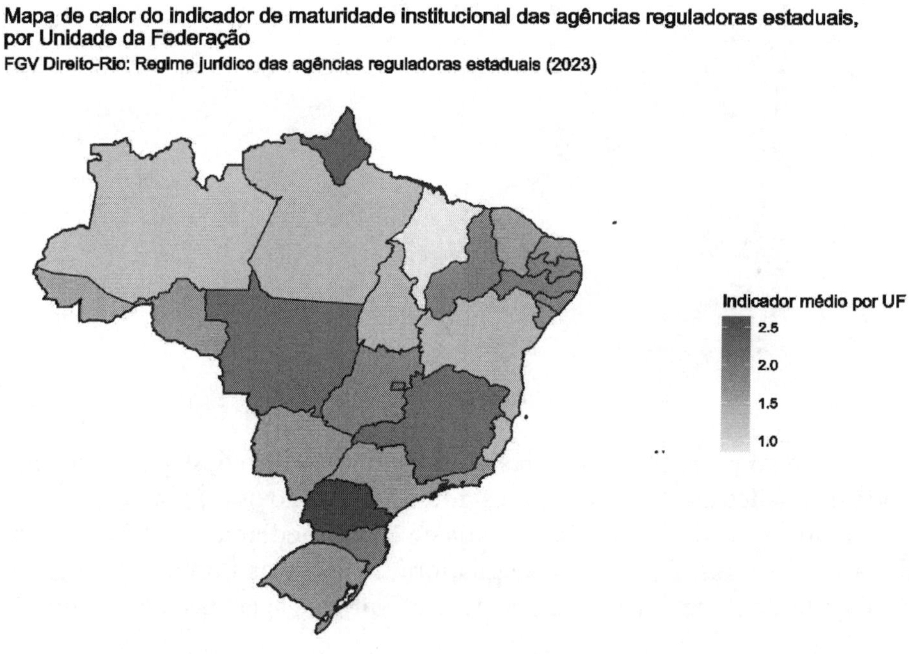

34. São elas: a Agência Reguladora do Paraná (AGEPAR), a Agência Estadual de Regulação dos Serviços Públicos Delegados do Rio Grande do Sul (AGERGS) e a Agência Reguladora de Serviços Públicos de Santa Catarina (ARESC).

5. OS RESULTADOS POR AGÊNCIAS

Este tópico apresenta dados específicos de cada agência reguladora estadual, coletados ao longo da realização da pesquisa. Ele inclui, ainda, eventuais curiosidades que foram levantadas acerca do desenho institucional das agências.

As seções relativas a cada agência estadual estudada incluem também tabelas com os dados primários gerados pela pesquisa para cada entidade reguladora. Como apresentado na seção 2 deste trabalho, cada dimensão de análise é formada por um conjunto de elementos formais que foram ou não encontrados nos atos normativos das agências estaduais (variáveis booleanas). Assim, quando presente nos documentos analisados, a categoria recebia o valor 1, ao passo que recebia o valor zero quando não estava refletida nos atos normativos analisados. O valor final de cada dimensão, assim como os valores atribuídos às categorias agrupadas, foi sempre dado pela média dos valores booleanos de seus componentes. Essa média corresponde ao percentual de casos em que as subcategorias componentes foram preenchidas com o valor 1, ou seja, estavam presentes nos documentos analisados. As estruturas das tabelas a seguir explicitam a estrutura dos indicadores de cada dimensão. As regras de cálculo desses indicadores podem também ser encontradas nas seções 2.1.2, 2.2.2 e 2.3.2 deste trabalho.

5.1. ADASA

A ADASA – a Agência Reguladora de Águas e Saneamento do Distrito Federal foi criada em 2004 pela Lei nº 3.365/2004 como autarquia, dotada de autonomia patrimonial, administrativa e financeira, e teve suas competências ampliadas pela Lei nº 4.285/2008. Atua nos setores hídrico, de energia e saneamento básico, bem como na distribuição de gás canalizado, do petróleo e dos seus derivados (biocombustíveis, álcool combustível, gás veicular e lubrificante). Por delegação da União, a energia elétrica, o petróleo e os seus derivados são fiscalizados por convênio com as agências reguladoras federais.

A ADASA tem um quadro de pessoal composto tanto por efetivos quanto por comissionados, conforme estabelece o art. 37 da Lei Estadual nº 4.285/2008. Além disso, a mesma lei, em seu art. 36, prevê que a agência pode contar com o apoio de empresas prestadoras de serviços gerais e de serviço de apoio administrativo e informatização. Estas empresas devem ser contratadas em conformidade com a legislação vigente, permitindo, assim, a presença de pessoal terceirizado no âmbito da ADASA. Os resultados da agência na pesquisa mostram um nível de convergência particularmente alto, em comparação às demais agências, na dimensão de neutralidade política.

A ADASA foi a 5ª agência com o maior nível de convergência com o modelo teórico adotado na pesquisa, obtendo um valor agregado de 2,00 (67% dos pontos totais). A agência ficou na 6ª colocação (empatada com a ARSAL e a ARSEP) na dimensão de autonomia institucional, na 8ª colocação (ao lado da ARTESP, da ARSP, da ARPE e da ATR) na dimensão de governança e na 2ª colocação na dimensão de neutralidade política.

ADASA – AGÊNCIA REGULADORA DE ÁGUAS, ENERGIA E SANEAMENTO BÁSICO DO DISTRITO FEDERAL	
Autonomia institucional	**82,1%**
Previsões Expressas de Autonomia	**0,75**
Autonomia Administrativa	1
Autonomia Financeira	1
Autonomia Patrimonial	1
Autonomia Técnica	0
Previsão de Taxa de Regulação	**1**
Previsão de Competência Normativa	**1**
Previsão de Poder Sancionatório	**1**
Previsão de poder para celebrar TAC	**1**
Grau de vinculação à PGE	**0**
Assessoria não vinculada à PGE	0
Assessores não são procuradores	0
Nenhum procurador alocado	0
Não é Poder Concedente	**1**
Governança	**40,0%**
Ouvidoria	**1**
Possui ouvidoria	1
Ouvidor tem mandato fixo	1

ADASA – AGÊNCIA REGULADORA DE ÁGUAS, ENERGIA E SANEAMENTO BÁSICO DO DISTRITO FEDERAL	
Previsão de Programa de Integridade (Compliance)	**0**
Previsão de Participação Social	**1**
Previsão de Agenda Regulatória	**0**
Previsão de AIR	**0**
Neutralidade política	**78,3%**
Requisitos/Impedimentos dos Dirigentes	**0,60**
Impedimento por atuação no setor	0
Impedimento por ocupar cargo político	0
Vedação de filiação partidária	1
Exigência de experiência prévia	1
Previsão de quarentena após mandato	1
Processo de Nomeação dos Dirigentes	**0,75**
Sabatina prévia da Assembleia Legislativa	1
Aprovação prévia da Assembleia Legislativa	1
Eleição interna do Diretor-Presidente	0
Não prevê indicação livre para mandatos provisórios	1
Garantias Funcionais dos Dirigentes	**1**
Mandato por prazo determinado	1
Mandatos não-coincidentes entre diretores	1
Mandatos não-coincidentes com o Governador	1
Exoneração sob hipóteses pré-determinadas	1
Procedimento expresso de exoneração	1

5.2. AGEAC

A AGEAC – Agência Reguladora dos Serviços Públicos do Estado do Acre, foi instituída pela Lei Complementar Estadual nº 278/2014, sendo uma entidade autárquica dotada de autonomia financeira, funcional e administrativa, decisória e patrimonial, revestida de poder de polícia, atuante nos setores de energia elétrica, saneamento básico e transporte intermunicipal de passageiros. Mas consta no art. 3º da Lei Complementar

Estadual nº 278/2014 também a previsão de competência para regular outros setores, tais como telecomunicações; combustíveis derivados do petróleo e fontes renováveis de energia; gás canalizado e outros serviços que venham a ser delegados pelo poder concedente, mediante disposição legal ou contratual.

A despeito dessa previsão legal, tais competências regulatórias não parecem estar sendo exercidas pela agência, que restringe seu âmbito de atuação aos setores de energia elétrica, saneamento básico e transporte intermunicipal de passageiros, à luz do que consta em seu site institucional[35].

A AGEAC ficou na 22ª colocação quanto ao nível de convergência com o modelo teórico adotado na pesquisa, obtendo um valor agregado de 1,48 (49% dos pontos totais). Esse resultado se deve, em grande medida, ao baixo valor obtido pela agência no indicador da dimensão de neutralidade política. A AGEAC ficou na 9ª colocação (ao lado da AGERO e da AGRESE) na dimensão de autonomia institucional, na 13ª colocação (juntamente com 13 outras agências) na dimensão de governança e na 26ª colocação (empatada com a ARSEPAM) na dimensão de neutralidade política.

AGEAC – AGÊNCIA REGULADORA DOS SERVIÇOS PÚBLICOS DO ESTADO DO ACRE	
Autonomia institucional	**81,0%**
Previsões Expressas de Autonomia	**1**
Autonomia Administrativa	1
Autonomia Financeira	1
Autonomia Patrimonial	1
Autonomia Técnica	1
Previsão de Taxa de Regulação	**1**
Previsão de Competência Normativa	**1**
Previsão de Poder Sancionatório	**1**
Previsão de poder para celebrar TAC	**0**

35. O site institucional da AGEAC está disponível em: <http://ageac.acre.gov.br/>. Acesso em 04 set. 2023.

AGEAC – AGÊNCIA REGULADORA DOS SERVIÇOS PÚBLICOS DO ESTADO DO ACRE	
Grau de vinculação à PGE	**0,67**
Assessoria não vinculada à PGE	0
Assessores não são procuradores	1
Nenhum procurador alocado	1
Não é Poder Concedente	**1**
Governança	**30,0%**
Ouvidoria	**0,5**
Possui ouvidoria	1
Ouvidor tem mandato fixo	0
Previsão de Programa de Integridade (*Compliance*)	**0**
Previsão de Participação Social	**1**
Previsão de Agenda Regulatória	**0**
Previsão de AIR	**0**
Neutralidade política	**36,7%**
Requisitos/Impedimentos dos Dirigentes	**0,2**
Impedimento por atuação no setor	0
Impedimento por ocupar cargo político	0
Vedação de filiação partidária	0
Exigência de experiência prévia	0
Previsão de quarentena após mandato	1
Processo de Nomeação dos Dirigentes	**0,5**
Sabatina prévia da Assembleia Legislativa	0
Aprovação prévia da Assembleia Legislativa	1
Eleição interna do Diretor-Presidente	0
Não prevê indicação livre para mandatos provisórios	1
Garantias Funcionais dos Dirigentes	**0,4**
Mandato por prazo determinado	1
Mandatos não-coincidentes entre diretores	0
Mandatos não-coincidentes com o Governador	0
Exoneração sob hipóteses pré-determinadas	1
Procedimento expresso de exoneração	0

5.3. AGEMS

A AGEMS - Agência Estadual de Regulação de Serviços Públicos de Mato Grosso do Sul, é uma autarquia criada pela Lei nº 2.363/2001, vinculada à Secretaria de Estado de Governo e Gestão Estratégica. Originalmente, a agência era denominada AGEPAN, mas, com a publicação da Lei nº 5.800/2022, foi adotada a nova sigla. A AGEMS conta com área de atuação nos seguintes setores: energia elétrica (atuando por delegação da ANEEL - Agência Nacional de Energia Elétrica); transporte rodoviário intermunicipal de passageiros, gás canalizado, saneamento básico (atuando por delegação dos municípios), rodovias concedidas e inspeção de segurança veicular (atuando em convênio com o Detran/MS). Além disso, consta no art. 4º da Lei nº 2.363/2001 que a AGEMS também pode atuar em ferrovias e travessias fluviais, terminais de cargas, telecomunicações, infovias, aeroportos, dutovias, mineração, outras atividades que caracterizem a prestação de serviço em regime de delegação. É interessante notar que alguns desses serviços são de competência exclusiva da União.

A AGEMS apresenta a especificidade de possuir uma estrutura que inclui cargos em comissão ao lado de agentes que fazem parte do quadro permanente da agência. Essa disposição está prevista no Anexo V da Lei Estadual nº 5.305/2018. No entanto, o detalhamento do quadro de pessoal é efetuado pelo Decreto Estadual nº 15.796/2021, e não pela lei que criou a agência. Além disso, a Lei nº 2.363/2001, que estabeleceu a criação da AGEMS, também instituiu o Conselho Estadual de Serviços Públicos. Esse conselho tem como objetivo fomentar a participação social no processo regulatório.

A AGEMS está na 17ª colocação quanto ao nível de convergência com o modelo teórico adotado na pesquisa, obtendo um valor agregado de 1,60 (53% dos pontos totais). Trata-se, portanto, de agência que apresentou um nível mediano de convergência, com um resultado acima da média das demais agências na dimensão de governança, mas abaixo da média na dimensão de neutralidade política. A AGEMS ficou na 19ª colocação (juntamente com 5 outras agências) na dimensão de autonomia institucional, na 6ª colocação (ao lado da AGR) na dimensão de governança e na 22ª colocação (empatada com a AGERBA) na dimensão de neutralidade política.

AGEMS - AGÊNCIA ESTADUAL DE REGULAÇÃO DE SERVIÇOS PÚBLICOS DE MATO GROSSO DO SUL	
Autonomia institucional	**67,9%**
Previsões Expressas de Autonomia	**0,75**
Autonomia Administrativa	1
Autonomia Financeira	1
Autonomia Patrimonial	0
Autonomia Técnica	1
Previsão de Taxa de Regulação	**1**
Previsão de Competência Normativa	**1**
Previsão de Poder Sancionatório	**1**
Previsão de poder para celebrar TAC	**0**
Grau de vinculação à PGE	**0**
Assessoria não vinculada à PGE	0
Assessores não são procuradores	0
Nenhum procurador alocado	0
Não é Poder Concedente	**1**
Governança	**50,0%**
Ouvidoria	**0,5**
Possui ouvidoria	1
Ouvidor tem mandato fixo	0
Previsão de Programa de Integridade (*Compliance*)	**0**
Previsão de Participação Social	**1**
Previsão de Agenda Regulatória	**1**
Previsão de AIR	**0**
Neutralidade política	**41,7%**
Requisitos/Impedimentos dos Dirigentes	**0,6**
Impedimento por atuação no setor	0
Impedimento por ocupar cargo político	0
Vedação de filiação partidária	1
Exigência de experiência prévia	1
Previsão de quarentena após mandato	1

AGEMS - AGÊNCIA ESTADUAL DE REGULAÇÃO DE SERVIÇOS PÚBLICOS DE MATO GROSSO DO SUL	
Processo de Nomeação dos Dirigentes	**0,25**
Sabatina prévia da Assembleia Legislativa	0
Aprovação prévia da Assembleia Legislativa	1
Eleição interna do Diretor-Presidente	0
Não prevê indicação livre para mandatos provisórios	0
Garantias Funcionais dos Dirigentes	**0,4**
Mandato por prazo determinado	1
Mandatos não-coincidentes entre diretores	0
Mandatos não-coincidentes com o Governador	0
Exoneração sob hipóteses pré-determinadas	1
Procedimento expresso de exoneração	0

5.4. AGENERSA

A AGENERSA - Agência Reguladora de Energia e Saneamento Básico do Estado do Rio de Janeiro consiste em uma autarquia especial, dotada de autonomia administrativa, técnica e financeira, criada por meio da Lei Estadual nº 4.556/2005 e regulamentada pelos Decretos Estaduais nº 38.618/2005 e nº 44.217/2013, exercendo atividade regulatória nas áreas de energia e saneamento básico, excetuada a energia elétrica, conforme previsão expressa na Lei Estadual nº 8.638/2019 (que alterou a redação da Lei Estadual nº 4.556/2005). A AGENERSA é responsável pela regulação e fiscalização das concessões dos serviços públicos de distribuição de gás canalizado no Estado do Rio, de abastecimento de água, coleta e tratamento de esgotos e pela regulação dos Consórcios Públicos para Gestão de Resíduos Sólidos.

A AGENERSA está na 21ª colocação quanto ao nível de convergência com o modelo teórico adotado na pesquisa, obtendo um valor agregado de 1,49 (50% dos pontos totais). Trata-se, portanto, de agência que apresentou um nível mediano de convergência, mas no caso da AGENERSA esse resultado apresenta-se mediante uma forte disparidade entre as dimensões de análise. A agência obteve o menor nível de convergência (29ª colocação) na dimensão de autonomia institucional. Em contrapartida, na dimensão de neutralidade política, o nível de convergência formal com o modelo teórico estudado foi alto, na medida em que a agência ficou na 4ª colocação (ao lado da AGETRANSP e da ARESC). Por fim, na dimensão de governança a agência fico na 13ª colocação (juntamente com 13 outras agências).

AGENERSA - AGÊNCIA REGULADORA DE ENERGIA E SANEAMENTO BÁSICO DO ESTADO DO RIO DE JANEIRO	
Autonomia institucional	**53,6%**
Previsões Expressas de Autonomia	**0,75**
Autonomia Administrativa	1
Autonomia Financeira	1
Autonomia Patrimonial	0
Autonomia Técnica	1
Previsão de Taxa de Regulação	**1**
Previsão de Competência Normativa	**0**
Previsão de Poder Sancionatório	**1**
Previsão de poder para celebrar TAC	**0**
Grau de vinculação à PGE	**0**
Assessoria não vinculada à PGE	0
Assessores não são procuradores	0
Nenhum procurador alocado	0
Não é Poder Concedente	**1**
Governança	**30,0%**
Ouvidoria	**0,5**
Possui ouvidoria	1
Ouvidor tem mandato fixo	0
Previsão de Programa de Integridade (*Compliance*)	**0**
Previsão de Participação Social	**1**
Previsão de Agenda Regulatória	**0**
Previsão de AIR	**0**

AGENERSA - AGÊNCIA REGULADORA DE ENERGIA E SANEAMENTO BÁSICO DO ESTADO DO RIO DE JANEIRO	
Neutralidade política	**65,0%**
Requisitos/Impedimentos dos Dirigentes	**0,6**
Impedimento por atuação no setor	0
Impedimento por ocupar cargo político	0
Vedação de filiação partidária	1
Exigência de experiência prévia	1
Previsão de quarentena após mandato	1
Processo de Nomeação dos Dirigentes	**0,75**
Sabatina prévia da Assembleia Legislativa	1
Aprovação prévia da Assembleia Legislativa	1
Eleição interna do Diretor-Presidente	0
Não prevê indicação livre para mandatos provisórios	1
Garantias Funcionais dos Dirigentes	**0,6**
Mandato por prazo determinado	1
Mandatos não-coincidentes entre diretores	0
Mandatos não-coincidentes com o Governador	0
Exoneração sob hipóteses pré-determinadas	1
Procedimento expresso de exoneração	1

5.5. AGEPAR

A AGEPAR – Agência Reguladora de Serviços Públicos Delegados do Paraná foi criada pela Lei Complementar nº 94/2002 e implementada em 21 de novembro de 2012, com a incumbência de exercer a regulação e fiscalização dos contratos das rodovias do Anel de Integração do Paraná, concedidas à iniciativa privada, além de regular o transporte rodoviário coletivo intermunicipal de passageiros e das travessias marítimas, fluviais e lacustres.

Posteriormente, por meio da Lei Complementar Estadual nº 202/2016, a AGEPAR ampliou suas atribuições para incluir a regulação, normatização, mediação e fiscalização dos serviços de abastecimento de água potável, esgotamento sanitário, limpeza urbana, manejo de resíduos sólidos e drenagem e manejo de águas pluviais urbanas. Em seguida, a Lei Complementar Estadual nº 205/2017 acrescentou a responsabilidade de regular, normatizar, controlar, medir e fiscalizar o serviço de distribuição e comercialização de gás canalizado.

Por fim, a maior expansão das competências regulatórias da AGEPAR ocorreu com a promulgação da Lei Complementar nº 222/2020. A partir dessa lei, a agência passou a abranger áreas como ferrovias, terminais de transportes, exploração da faixa de domínio da malha viária, inspeção de segurança veicular, centros prisionais, parques estaduais, bem como outros serviços de infraestrutura de transporte delegados.

Como mencionado, essas alterações normativas produziram mudanças profundas na AGEPAR, incluindo mudança de seus quadros funcionais, previsão de mecanismos de promoção da governança e de boas práticas regulatórias, entre outros. Essas mudanças foram, em grande medida, responsáveis pelo resultado obtido pela AGEPAR na pesquisa.

Como dito anteriormente, a AGEPAR foi a agência com o maior nível de convergência com o modelo teórico adotado na pesquisa (1ª colocação), obtendo um valor agregado de 2,64 (88% dos pontos totais). A agência obteve os maiores níveis de convergência (1ª colocação) também em 2 das 3 dimensões analisadas: governança e neutralidade política. Curiosamente, na dimensão de autonomia institucional o nível de convergência obtido não foi tão alto em comparação às demais agências, uma vez que a AGEPAR ficou na 12ª colocação (juntamente a ARCON).

AGEPAR – AGÊNCIA REGULADORA DE SERVIÇOS PÚBLICOS DELEGADOS DO PARANÁ	
Autonomia institucional	**78,6%**
Previsões Expressas de Autonomia	**0,5**
Autonomia Administrativa	1
Autonomia Financeira	1
Autonomia Patrimonial	0
Autonomia Técnica	0
Previsão de Taxa de Regulação	**1**
Previsão de Competência Normativa	**1**
Previsão de Poder Sancionatório	**1**
Previsão de poder para celebrar TAC	**1**

AGEPAR - AGÊNCIA REGULADORA DE SERVIÇOS PÚBLICOS DELEGADOS DO PARANÁ	
Grau de vinculação à PGE	**0**
Assessoria não vinculada à PGE	0
Assessores não são procuradores	0
Nenhum procurador alocado	0
Não é Poder Concedente	**1**
Governança	**100,0%**
Ouvidoria	**1**
Possui ouvidoria	1
Ouvidor tem mandato fixo	1
Previsão de Programa de Integridade (*Compliance*)	**1**
Previsão de Participação Social	**1**
Previsão de Agenda Regulatória	**1**
Previsão de AIR	**1**
Neutralidade política	**85,0%**
Requisitos/Impedimentos dos Dirigentes	**0,8**
Impedimento por atuação no setor	1
Impedimento por ocupar cargo político	1
Vedação de filiação partidária	0
Exigência de experiência prévia	1
Previsão de quarentena após mandato	1
Processo de Nomeação dos Dirigentes	**0,75**
Sabatina prévia da Assembleia Legislativa	1
Aprovação prévia da Assembleia Legislativa	1
Eleição interna do Diretor-Presidente	0
Não prevê indicação livre para mandatos provisórios	1
Garantias Funcionais dos Dirigentes	**1**
Mandato por prazo determinado	1
Mandatos não-coincidentes entre diretores	1
Mandatos não-coincidentes com o Governador	1
Exoneração sob hipóteses pré-determinadas	1
Procedimento expresso de exoneração	1

5.6. AGER

A AGER – Agência de Regulação dos Serviços Públicos Delegados do Estado de Mato Grosso, é uma entidade autárquica, dotada de autonomia financeira, funcional e administrativa, que foi criada pela Lei nº 7.101/1999 e alterada pela Lei Complementar nº 66/1999. De acordo com a Lei Complementar nº 685/2021, a AGER possui a competência de regular, normatizar, controlar e fiscalizar os serviços públicos e suas respectivas tarifas, referentes a: saneamento, rodovias, portos e hidrovias, transporte coletivo intermunicipal de passageiros e seus terminais rodoviários, distribuição de gás canalizado, energia elétrica, telecomunicações e transporte ferroviário de bens e passageiros.

A AGER ficou na 4ª colocação quanto ao nível de convergência com o modelo teórico adotado na pesquisa, obtendo um valor agregado de 2,09 (70% dos pontos totais). Esse resultado se deve, em grande medida, ao bom desempenho da agência no indicador com maior variabilidade nos dados: a dimensão de governança. Nessa dimensão, a agência obteve a 2ª colocação (ao lado a ARSAP). Em contrapartida, a agência ficou na 17ª colocação na dimensão de autonomia institucional e na 14ª colocação (empatada com 4 outras agências) na dimensão de neutralidade política.

AGER – AGÊNCIA ESTADUAL DE REGULAÇÃO DOS SERVIÇOS PÚBLICOS DELEGADOS DO ESTADO DO MATO GROSSO	
Autonomia institucional	**73,9%**
Previsões Expressas de Autonomia	**0,5**
Autonomia Administrativa	1
Autonomia Financeira	1
Autonomia Patrimonial	0
Autonomia Técnica	0
Previsão de Taxa de Regulação	**1**
Previsão de Competência Normativa	**1**
Previsão de Poder Sancionatório	**1**
Previsão de poder para celebrar TAC	**0**
Grau de vinculação à PGE	**0,67**
Assessoria não vinculada à PGE	0
Assessores não são procuradores	1
Nenhum procurador alocado	1
Não é Poder Concedente	**1**

AGER – AGÊNCIA ESTADUAL DE REGULAÇÃO DOS SERVIÇOS PÚBLICOS DELEGADOS DO ESTADO DO MATO GROSSO	
Governança	**80,0%**
Ouvidoria	**1**
Possui ouvidoria	1
Ouvidor tem mandato fixo	1
Previsão de Programa de Integridade (*Compliance*)	**0**
Previsão de Participação Social	**1**
Previsão de Agenda Regulatória	**1**
Previsão de AIR	**1**
Neutralidade política	**55,0%**
Requisitos/Impedimentos dos Dirigentes	**0,4**
Impedimento por atuação no setor	0
Impedimento por ocupar cargo político	1
Vedação de filiação partidária	0
Exigência de experiência prévia	0
Previsão de quarentena após mandato	1
Processo de Nomeação dos Dirigentes	**0,25**
Sabatina prévia da Assembleia Legislativa	0
Aprovação prévia da Assembleia Legislativa	1
Eleição interna do Diretor-Presidente	0
Não prevê indicação livre para mandatos provisórios	0
Garantias Funcionais dos Dirigentes	**1**
Mandato por prazo determinado	1
Mandatos não-coincidentes entre diretores	1
Mandatos não-coincidentes com o Governador	1
Exoneração sob hipóteses pré-determinadas	1
Procedimento expresso de exoneração	1

5.7. AGERBA

A AGERBA – Agência Estadual de Regulação de Serviços Públicos de Energia, Transportes e Comunicações da Bahia consiste em autarquia em regime especial, que foi criada pela Lei nº 7.314/1998 e regulamentada pelo Decreto nº 7.426/1998, sendo vinculada à Secretaria de Infraestrutura do Estado da Bahia. Segundo consta no site institucional da agência[36], a AGERBA atua na regulação dos seguintes setores: energia elétrica e gás natural, bem como transporte rodoviário, hidroviário e aeroviário. Contudo, de acordo com o art. 1º da Lei nº 7.314/1998, há previsão legal de que a AGERBA também pode atuar nos setores de petróleo e seus derivados, álcool combustível, transportes intermunicipais de passageiros e comunicações. A despeito dessa disposição legal, tais competências regulatórias não aparentam estar sendo exercidas pela agência.

A AGERBA possui, de acordo com o art. 1º da Lei nº 9.835/2005, a prerrogativa de atuar como Poder Concedente. Isso significa que a agência é dotada de poder para celebrar contratos de concessão. Essa característica pode levantar questões sobre a imparcialidade da agência em sua atuação reguladora, uma vez que ela é tanto responsável por conceder os serviços quanto por regulá-los.

A AGERBA ficou na 23ª colocação quanto ao nível de convergência com o modelo teórico adotado na pesquisa, obtendo um valor agregado de 1,40 (47% dos pontos totais). A agência ficou na 19ª colocação (ao lado de 5 outras agências) na dimensão de autonomia institucional, na 13ª colocação (juntamente com 13 outras agências) na dimensão de governança e na 22ª colocação (empatada com a AGEMS) na dimensão de neutralidade política.

A AGERBA conta com uma peculiaridade importante, que revela os limites de uma pesquisa formal, tal como a que realizamos nesta primeira parte. O art. 17 da lei de criação da AGERBA dá a entender que os seus dirigentes teriam mandatos fixos, na medida em que "o Diretor Executivo e os Diretores Gerais somente perderão o cargo antes do término do seu mandato em virtude de renúncia, ou em quaisquer das seguintes hipóteses, isolada ou cumulativamente". Na prática, no entanto, os dirigentes

36. O site institucional da AGERBA está disponível em: <http://www.agerba.ba.gov.br/>. Acesso em 07 set. 2023.

não têm mandato. A menção formal a mandatos ou a proteção contra a perda de cargo – captada nesta primeira parte da pesquisa –, pode em alguns casos não ser indicativa de autonomia efetiva e concreta.

AGERBA - AGÊNCIA ESTADUAL DE REGULAÇÃO DE SERVIÇOS PÚBLICOS DE ENERGIA, TRANSPORTES E COMUNICAÇÕES DA BAHIA	
Autonomia institucional	**67,9%**
Previsões Expressas de Autonomia	**0,75**
Autonomia Administrativa	1
Autonomia Financeira	1
Autonomia Patrimonial	1
Autonomia Técnica	0
Previsão de Taxa de Regulação	**1**
Previsão de Competência Normativa	**1**
Previsão de Poder Sancionatório	**1**
Previsão de poder para celebrar TAC	**0**
Grau de vinculação à PGE	**1**
Assessoria não vinculada à PGE	1
Assessores não são procuradores	1
Nenhum procurador alocado	1
Não é Poder Concedente	**0**
Governança	**30,0%**
Ouvidoria	**0,5**
Possui ouvidoria	1
Ouvidor tem mandato fixo	0
Previsão de Programa de Integridade (*Compliance*)	**0**
Previsão de Participação Social	**1**
Previsão de Agenda Regulatória	**0**
Previsão de AIR	**0**

AGERBA - AGÊNCIA ESTADUAL DE REGULAÇÃO DE SERVIÇOS PÚBLICOS DE ENERGIA, TRANSPORTES E COMUNICAÇÕES DA BAHIA	
Neutralidade política	**41,7%**
Requisitos/Impedimentos dos Dirigentes	**0,6**
Impedimento por atuação no setor	0
Impedimento por ocupar cargo político	0
Vedação de filiação partidária	1
Exigência de experiência prévia	1
Previsão de quarentena após mandato	1
Processo de Nomeação dos Dirigentes	**0,25**
Sabatina prévia da Assembleia Legislativa	0
Aprovação prévia da Assembleia Legislativa	0
Eleição interna do Diretor-Presidente	0
Não prevê indicação livre para mandatos provisórios	1
Garantias Funcionais dos Dirigentes	**0,4**
Mandato por prazo determinado	1
Mandatos não-coincidentes entre diretores	0
Mandatos não-coincidentes com o Governador	0
Exoneração sob hipóteses pré-determinadas	1
Procedimento expresso de exoneração	0

5.8. AGERGS

A AGERGS – Agência Estadual de Regulação dos Serviços Públicos Delegados do Rio Grande do Sul é uma autarquia criada a partir da Lei nº 10.931/1997, dotada de autonomia financeira, funcional e administrativa. Nos termos do art. 3º da Lei nº 10.931/1997, depreende-se que a agência possui competência para atuar nos setores de telecomunicações, portos, aeroportos e inspeção de segurança veicular. Entretanto, segundo o site institucional da AGERGS[37], tais competências não parecem estar sendo exercidas pela agência, que restringe sua atuação à regulação das áreas

37. O site institucional da AGERGS está disponível em: <www.agergs.rs.gov.br>. Acesso em 07 set. 2023.

de saneamento, gás canalizado, energia elétrica, concessões rodoviárias, hidrovias, irrigação, transportes intermunicipais de passageiros e estações rodoviárias.

A AGERGS possui uma estrutura de governança bem definida, conforme estabelecido pelo art. 6º da Lei nº 10.931/1997. De acordo com essa lei, o Conselho Superior da AGERGS será composto por sete membros com origens diversas. Esses membros incluem três indivíduos de livre indicação pelo Governador do Estado; um representante do quadro funcional da AGERGS, também indicado pelo Governador, mas a partir de uma lista tríplice elaborada em eleição secreta entre os servidores efetivos; dois representantes dos consumidores; e um representante dos concessionários, permissionários e autorizatários de serviços públicos no Estado do Rio Grande do Sul. Além disso, o art. 8º da mesma lei, estabelece que os Conselheiros somente podem ser destituídos durante seus mandatos por decisão da Assembleia Legislativa do Estado. Desta forma, o modelo adotado reforça a autonomia da instituição perante o Executivo, de um lado, mas aumenta sua dependência do Poder Legislativo.

A AGERGS ficou na 15ª colocação quanto ao nível de convergência com o modelo teórico adotado na pesquisa, obtendo um valor agregado de 1,61 (54% dos pontos totais). A agência atingiu um alto nível de convergência na dimensão de autonomia institucional, na qual ficou na 4ª colocação (empatada com a ARPE). Em contrapartida, foi uma das agências (ao lado da ARCON e da MOB) com o nível mais baixo de convergência na dimensão de governança. Já na dimensão de neutralidade política, a agência ficou na 12ª colocação (juntamente com a ARPE).

AGERGS – AGÊNCIA ESTADUAL DE REGULAÇÃO DOS SERVIÇOS PÚBLICOS DELEGADOS DO RIO GRANDE DO SUL	
Autonomia institucional	**92,9%**
Previsões Expressas de Autonomia	**0,5**
Autonomia Administrativa	1
Autonomia Financeira	1
Autonomia Patrimonial	0
Autonomia Técnica	0
Previsão de Taxa de Regulação	**1**
Previsão de Competência Normativa	**1**
Previsão de Poder Sancionatório	**1**

AGERGS – AGÊNCIA ESTADUAL DE REGULAÇÃO DOS SERVIÇOS PÚBLICOS DELEGADOS DO RIO GRANDE DO SUL	
Previsão de poder para celebrar TAC	**1**
Grau de vinculação à PGE	**1**
Assessoria não vinculada à PGE	1
Assessores não são procuradores	1
Nenhum procurador alocado	1
Não é Poder Concedente	**1**
Governança	**10,0%**
Ouvidoria	**0,5**
Possui ouvidoria	1
Ouvidor tem mandato fixo	0
Previsão de Programa de Integridade (*Compliance*)	**0**
Previsão de Participação Social	**0**
Previsão de Agenda Regulatória	**0**
Previsão de AIR	**0**
Neutralidade política	**58,3%**
Requisitos/Impedimentos dos Dirigentes	**0,6**
Impedimento por atuação no setor	0
Impedimento por ocupar cargo político	1
Vedação de filiação partidária	0
Exigência de experiência prévia	1
Previsão de quarentena após mandato	1
Processo de Nomeação dos Dirigentes	**0,75**
Sabatina prévia da Assembleia Legislativa	0
Aprovação prévia da Assembleia Legislativa	1
Eleição interna do Diretor-Presidente	1
Não prevê indicação livre para mandatos provisórios	1
Garantias Funcionais dos Dirigentes	**0,4**
Mandato por prazo determinado	1
Mandatos não-coincidentes entre diretores	0
Mandatos não-coincidentes com o Governador	0
Exoneração sob hipóteses pré-determinadas	0
Procedimento expresso de exoneração	1

5.9. AGERO

Ao seu turno, a AGERO – Agência de Regulação de Serviços Públicos Delegados do Estado de Rondônia é uma autarquia sob regime especial, criada pela Lei Complementar nº 559/2010. Originalmente, era denominada ASPER (Agência de Regulação de Serviços Públicos do Estado de Rondônia), mas teve seu nome alterado para AGERO a partir da edição da Lei Complementar nº 826/2015. De acordo com a referida norma, compete à AGERO atuar nas áreas de energia elétrica; gás natural, petróleo e seus derivados e álcool combustível; saneamento; comunicações; transporte intermunicipal de passageiros e terminais de cargas e passageiros; e outras atividades que caracterizem a prestação de serviços em regime de delegação. Além disso, as competências regulatórias da AGERO foram ampliadas pela Lei Complementar nº 930/2017, passando a abranger também os setores de portos, mineração e transportes hidroviários e aeroviários.

Uma peculiaridade da AGERO é possuir, de acordo com as normas acima, competência para a regulação de uma ampla gama de serviços públicos. No entanto, diversas das competências da agência invadem a esfera de atribuição privativa da União, a exemplo do que ocorre com as competências para regular os setores de portos e mineração.

A AGERO está na 21ª colocação quanto ao nível de convergência com o modelo teórico adotado na pesquisa, obtendo um valor agregado de 1,61 (54% dos pontos totais). Trata-se, portanto, de agência que apresentou um nível mediano de convergência, já que ficou na 9ª colocação (empatada com a AGEAC e a AGRESE) na dimensão de autonomia institucional, na 13ª colocação (juntamente com 13 outras agências) na dimensão de governança e na 18ª colocação na dimensão de neutralidade política.

AGERO – AGÊNCIA DE REGULAÇÃO DOS SERVIÇOS PÚBLICOS DE RONDÔNIA	
Autonomia institucional	**81,0%**
Previsões Expressas de Autonomia	**1**
Autonomia Administrativa	1
Autonomia Financeira	1
Autonomia Patrimonial	1
Autonomia Técnica	1
Previsão de Taxa de Regulação	**1**
Previsão de Competência Normativa	**1**
Previsão de Poder Sancionatório	**1**

AGERO - AGÊNCIA DE REGULAÇÃO DOS SERVIÇOS PÚBLICOS DE RONDÔNIA	
Previsão de poder para celebrar TAC	**0**
Grau de vinculação à PGE	**0,67**
Assessoria não vinculada à PGE	1
Assessores não são procuradores	1
Nenhum procurador alocado	0
Não é Poder Concedente	**1**
Governança	**30,0%**
Ouvidoria	**0,5**
Possui ouvidoria	1
Ouvidor tem mandato fixo	0
Previsão de Programa de Integridade (*Compliance*)	**0**
Previsão de Participação Social	**1**
Previsão de Agenda Regulatória	**0**
Previsão de AIR	**0**
Neutralidade política	**50,0%**
Requisitos/Impedimentos dos Dirigentes	**0,4**
Impedimento por atuação no setor	1
Impedimento por ocupar cargo político	0
Vedação de filiação partidária	0
Exigência de experiência prévia	1
Previsão de quarentena após mandato	0
Processo de Nomeação dos Dirigentes	**0,5**
Sabatina prévia da Assembleia Legislativa	1
Aprovação prévia da Assembleia Legislativa	1
Eleição interna do Diretor-Presidente	0
Não prevê indicação livre para mandatos provisórios	0
Garantias Funcionais dos Dirigentes	**0,6**
Mandato por prazo determinado	1
Mandatos não-coincidentes entre diretores	0
Mandatos não-coincidentes com o Governador	1
Exoneração sob hipóteses pré-determinadas	1
Procedimento expresso de exoneração	0

5.10. AGERSA

A AGERSA - Agência Reguladora de Saneamento Básico do Estado da Bahia é uma autarquia em regime especial, criada pela da Lei nº 12.602/2012 e vinculada à Secretaria de Infraestrutura Hídrica e Saneamento - SIHS. A AGERSA possui competência para exercer as atividades de regulação e fiscalização dos serviços públicos de saneamento básico.

A agência obteve um nível baixo de convergência com o modelo teórico adotado na pesquisa, dado que ficou na 26ª colocação, com um valor agregado de 1,25 (42% dos pontos totais). A agência ficou na 25ª colocação na dimensão de autonomia institucional, na 13ª colocação (juntamente com 13 outras agências) na dimensão de governança e na 26ª colocação (empatada com a ARSEPAM) na dimensão de neutralidade política.

AGERSA - AGÊNCIA REGULADORA DE SANEAMENTO BÁSICO DO ESTADO DA BAHIA	
Autonomia institucional	**66,7%**
Previsões Expressas de Autonomia	**0**
Autonomia Administrativa	0
Autonomia Financeira	0
Autonomia Patrimonial	0
Autonomia Técnica	0
Previsão de Taxa de Regulação	**0**
Previsão de Competência Normativa	**1**
Previsão de Poder Sancionatório	**1**
Previsão de poder para celebrar TAC	**1**
Grau de vinculação à PGE	**0,67**
Assessoria não vinculada à PGE	0
Assessores não são procuradores	1
Nenhum procurador alocado	1
Não é Poder Concedente	**1**
Governança	**30,0%**
Ouvidoria	**0,5**
Possui ouvidoria	1
Ouvidor tem mandato fixo	0

AGERSA – AGÊNCIA REGULADORA DE SANEAMENTO BÁSICO DO ESTADO DA BAHIA	
Previsão de Programa de Integridade (*Compliance*)	**0**
Previsão de Participação Social	**1**
Previsão de Agenda Regulatória	**0**
Previsão de AIR	**0**
Neutralidade política	**28,3%**
Requisitos/Impedimentos dos Dirigentes	**0,6**
Impedimento por atuação no setor	1
Impedimento por ocupar cargo político	0
Vedação de filiação partidária	0
Exigência de experiência prévia	1
Previsão de quarentena após mandato	1
Processo de Nomeação dos Dirigentes	**0,25**
Sabatina prévia da Assembleia Legislativa	0
Aprovação prévia da Assembleia Legislativa	0
Eleição interna do Diretor-Presidente	0
Não prevê indicação livre para mandatos provisórios	1
Garantias Funcionais dos Dirigentes	**0**
Mandato por prazo determinado	0
Mandatos não-coincidentes entre diretores	0
Mandatos não-coincidentes com o Governador	0
Exoneração sob hipóteses pré-determinadas	0
Procedimento expresso de exoneração	0

5.11. AGETRANSP

Por sua vez, a AGETRANSP – Agência Reguladora de Serviços Públicos Concedidos de Transportes Aquaviários, Ferroviários, Metroviários e de Rodovias do Estado do Rio de Janeiro foi criada pela Lei Estadual nº 4.555/2005, que extinguiu a ASEP-RJ (Agência Reguladora de Serviços Públicos Concedidos do Estado do Rio de Janeiro) e consiste em autarquia especial, com autonomia administrativa, técnica e financeira nas atribuições estabelecidas em leis, decretos, contratos ou convênios.

A agência tem por finalidade exercer o poder regulatório por meio de acompanhamento, controle e fiscalização das concessões e permissões de serviços públicos concedidos de transportes aquaviário, ferroviário, metroviário e de rodovias no Estado do Rio de Janeiro.

A AGETRANSP está na 12ª colocação quanto ao nível de convergência com o modelo teórico adotado na pesquisa, obtendo um valor agregado de 1,72 (57% dos pontos totais). A agência obteve a 14ª posição na dimensão de autonomia institucional (ao lado da ARCE), a 13ª posição na dimensão de governança (juntamente com 13 outras agências) e a 4ª posição na dimensão de neutralidade política (ao lado da AGENERSA e da ARESC).

AGETRANSP – AGÊNCIA REGULADORA DE SERVIÇOS PÚBLICOS CONCEDIDOS DE TRANSPORTES AQUAVIÁRIOS, FERROVIÁRIOS, METROVIÁRIOS E DE RODOVIAS DO ESTADO DO RIO DE JANEIRO	
Autonomia institucional	**77,4%**
Previsões Expressas de Autonomia	**0,75**
Autonomia Administrativa	1
Autonomia Financeira	1
Autonomia Patrimonial	0
Autonomia Técnica	1
Previsão de Taxa de Regulação	**1**
Previsão de Competência Normativa	**1**
Previsão de Poder Sancionatório	**1**
Previsão de poder para celebrar TAC	**0**
Grau de vinculação à PGE	**0,67**
Assessoria não vinculada à PGE	0
Assessores não são procuradores	1
Nenhum procurador alocado	1
Não é Poder Concedente	**1**
Governança	**30,0%**

AGETRANSP – AGÊNCIA REGULADORA DE SERVIÇOS PÚBLICOS CONCEDIDOS DE TRANSPORTES AQUAVIÁRIOS, FERROVIÁRIOS, METROVIÁRIOS E DE RODOVIAS DO ESTADO DO RIO DE JANEIRO	
Ouvidoria	**0,5**
Possui ouvidoria	1
Ouvidor tem mandato fixo	0
Previsão de Programa de Integridade (*Compliance*)	**0**
Previsão de Participação Social	**1**
Previsão de Agenda Regulatória	**0**
Previsão de AIR	**0**
Neutralidade política	**65,0%**
Requisitos/Impedimentos dos Dirigentes	**0,6**
Impedimento por atuação no setor	0
Impedimento por ocupar cargo político	0
Vedação de filiação partidária	1
Exigência de experiência prévia	1
Previsão de quarentena após mandato	1
Processo de Nomeação dos Dirigentes	**0,75**
Sabatina prévia da Assembleia Legislativa	1
Aprovação prévia da Assembleia Legislativa	1
Eleição interna do Diretor-Presidente	0
Não prevê indicação livre para mandatos provisórios	1
Garantias Funcionais dos Dirigentes	**0,6**
Mandato por prazo determinado	1
Mandatos não-coincidentes entre diretores	0
Mandatos não-coincidentes com o Governador	0
Exoneração sob hipóteses pré-determinadas	1
Procedimento expresso de exoneração	1

5.12. AGR

A AGR – Agência Goiana de Regulação, Controle e Fiscalização de Serviços Públicos é uma autarquia sob regime especial, criada pela Lei nº 13.569/1999, revestida de autonomia funcional, administrativa, financeira e patrimonial, dotada de poder de polícia e vinculada à Secretaria de Estado de Administração. A AGR é responsável por regular, controlar e fiscalizar variados setores, abrangendo o transporte rodoviário intermunicipal de passageiros, saneamento básico, bem como contratos ou parcerias estabelecidos com organizações como OS's e OSCIP's. Além disso, desempenha papel fundamental na supervisão de outros serviços e bens desestatizados que, embora pertencentes ao Estado, têm sua gestão repassada a terceiros, a exemplo de terminais rodoviários. A AGR também exerce fiscalização sobre os serviços de energia elétrica por meio de convênio com a ANEEL. Nos termos do art. 1º, §2º, da Lei nº 13.569/1999, a AGR conta com uma vasta gama de competências regulatórias, incluindo esporte e lazer; saúde; comunicações, inclusive telecomunicações; turismo; cultura; abastecimento de produtos agropecuários; habitação; centros prisionais; geração, transmissão e distribuição de energia elétrica; petróleo, combustíveis, lubrificantes e gás, inclusive canalizado; meio ambiente; irrigação; e assistência social.

Segundo o art. 1º, §2º da Lei nº 13.569/1999, a AGR detém uma abrangente competência para regular uma variedade de atividades e setores, que vai desde transporte e infraestrutura a áreas como esporte, lazer, habitação, meio ambiente e até assistência social. Vale ressaltar que, de acordo com o §3º do mesmo artigo, as atividades que são de competência da União e dos Municípios só serão reguladas pela AGR mediante convênios específicos com o Estado de Goiás.

A partir de 2011, o art. 23 da Lei Estadual nº 13.569/1999 passou a prever a obrigação de realização de Análises de Impacto Regulatório em certas circunstâncias[38]. Contudo, essa previsão foi revogada pela Lei Estadual

38. Redação dada pela Lei Estadual nº 17.268/2011: "Art. 23. O processo decisório da AGR que implicar afetação de direitos ou interesses do Estado de Goiás, dos usuários e das empresas ou entidades (OS e OSCIP) mediante iniciativas de normas e regulamentos gerais ou específicos relativos aos serviços públicos ou atividades econômicas objeto de regulação, controle e fiscalização, será precedido de Análise de Impacto Regulatório -AIR-, nos termos do regulamento.".

nº 18.101/2013, que passou a prever somente a obrigação de realização de consulta ou audiência pública[39].

Quanto à nomeação dos conselheiros da agência, o art. 12, §2º da Lei nº 13.569/1999 estabelece que, embora o Governador do Estado possa nomeá-los livremente, a Assembleia Legislativa tem o poder de rejeitar essas nomeações. No entanto, a Assembleia Legislativa só poderá rejeitar as indicações feitas pelo Executivo até três vezes. Da quarta em diante, o Governador poderá nomear os membros de Conselho Regulador sem necessidade de referendo[40]. Uma regra semelhante foi encontrada no âmbito da Agência de Regulação e Controle de Serviços Públicos do Estado do Pará (ARCON) [41].

A AGR está na 11ª colocação quanto ao nível de convergência com o modelo teórico adotado na pesquisa, obtendo um valor agregado de 1,81 (60% dos pontos totais). Trata-se, portanto, de agência que apresentou um nível mediano de convergência. A agência obteve a 19ª posição na dimensão de autonomia institucional (juntamente com 5 outras agências), a 6ª posição na dimensão de governança (ao lado da AGEMS) e a 7ª posição na dimensão de neutralidade política (ao lado a ARPB, ARSAE, ARSESP).

39. Redação dada pela Lei Estadual nº 18.101/2013: "Art. 23. O processo decisório da AGR que implicar afetação de direitos ou interesses do Estado de Goiás, dos usuários e das empresas ou entidades (OS e OSCIP) mediante iniciativas de normas e regulamentos gerais ou específicos relativos aos serviços públicos ou atividades econômicas objeto de regulação, controle e fiscalização, será precedido de consulta pública ou audiência pública.".

40. Conforme redação dada pela Lei Estadual nº 17.268/2011: "Art. 12 [...] § 2º O Poder Legislativo poderá rejeitar, até o máximo de 3 (três) vezes, as indicações do Poder Executivo, caso em que o Governador poderá nomear os conselheiros do Conselho Regulador da AGR sem necessidade de referendo.".

41. Lei Estadual nº 6.099/1997: "Art. 18 [...] § 2º O Legislativo poderá rejeitar até um máximo de 3(três) vezes as indicações do Poder Executivo, caso em que o Governador poderá nomear os diretores diretamente e sem necessidade de referendo.".

AGR – AGÊNCIA GOIANA DE REGULAÇÃO, CONTROLE E FISCALIZAÇÃO DE SERVIÇOS PÚBLICOS	
Autonomia institucional	**67,9%**
Previsões Expressas de Autonomia	**0,75**
Autonomia Administrativa	1
Autonomia Financeira	1
Autonomia Patrimonial	1
Autonomia Técnica	0
Previsão de Taxa de Regulação	**1**
Previsão de Competência Normativa	**1**
Previsão de Poder Sancionatório	**1**
Previsão de poder para celebrar TAC	**1**
Grau de vinculação à PGE	**0**
Assessoria não vinculada à PGE	0
Assessores não são procuradores	0
Nenhum procurador alocado	0
Não é Poder Concedente	**0**
Governança	**50,0%**
Ouvidoria	**0,5**
Possui ouvidoria	1
Ouvidor tem mandato fixo	0
Previsão de Programa de Integridade (*Compliance*)	**1**
Previsão de Participação Social	**1**
Previsão de Agenda Regulatória	**0**
Previsão de AIR	**0**
Neutralidade política	**63,3%**
Requisitos/Impedimentos dos Dirigentes	**0,4**
Impedimento por atuação no setor	1
Impedimento por ocupar cargo político	0
Vedação de filiação partidária	0
Exigência de experiência prévia	1
Previsão de quarentena após mandato	0

AGR - AGÊNCIA GOIANA DE REGULAÇÃO, CONTROLE E FISCALIZAÇÃO DE SERVIÇOS PÚBLICOS	
Processo de Nomeação dos Dirigentes	**0,5**
Sabatina prévia da Assembleia Legislativa	0
Aprovação prévia da Assembleia Legislativa	1
Eleição interna do Diretor-Presidente	0
Não prevê indicação livre para mandatos provisórios	1
Garantias Funcionais dos Dirigentes	**1**
Mandato por prazo determinado	1
Mandatos não-coincidentes entre diretores	1
Mandatos não-coincidentes com o Governador	1
Exoneração sob hipóteses pré-determinadas	1
Procedimento expresso de exoneração	1

5.13. AGRESE

A AGRESE - Agência Reguladora de Serviços Públicos do Estado de Sergipe é uma autarquia especial, vinculada à Secretaria de Estado da Casa Civil - SECC, criada pela Lei Estadual nº 6.661/2009 e regulamentada pela Lei nº 8.442/2018. A AGRESE goza de personalidade jurídica de direito público, autonomia técnica, funcional, decisória, administrativa e financeira, bem como é dotada de patrimônio e receitas próprias. Nos termos do art. 4º da Lei Estadual nº 6.661/2009, a agência exerce atividade regulatória nos setores de saneamento, energia elétrica, rodovias, telecomunicações, portos e hidrovias, irrigação, transportes intermunicipais de passageiros, combustíveis, distribuição de gás canalizado, inspeção de segurança veicular, coleta e tratamento de resíduos sólidos, além outras atribuições genéricas, resultantes de delegação do poder público.

Um elemento notável do regime legal aplicável à AGRESE é a possibilidade de exoneração de ofício dos seus diretores nos primeiros quatro meses de mandato, conforme estipulado pelo art. 12 da Lei nº 6.661/2009. Após este prazo, o diretor só poderá perder seu mandato em caso de renúncia, condenação judicial transitada em julgado ou decisão definitiva em processo administrativo disciplinar. Essa disposição, que possui paralelo semelhante no âmbito da Agência Reguladora de Serviços de

Abastecimento de Água e de Esgotamento Sanitário do Estado de Minas Gerais (ARSAE)[42], pode trazer implicações importantes para a estabilidade e continuidade das políticas da agência, uma vez que cria um maior nível de vinculação dos dirigentes ao Poder Executivo nos primeiros meses do mandato.

O art. 4º, parágrafo único, da Lei nº 6.661/2009, define a competência regulatória da AGRESE, que abrange uma ampla gama de setores. Alguns desses setores parecem não ter uma relação direta entre si, o que levanta questões sobre a eficácia e a especialização da agência. Além disso, a lista inclui setores cuja competência é, de fato, privativa da União, como energia elétrica e telecomunicações. Os setores sob a alçada da AGRESE incluem saneamento, energia elétrica, rodovias, telecomunicações, portos e hidrovias, irrigação, transportes intermunicipais de passageiros, combustíveis, distribuição de gás canalizado e inspeção de segurança veicular. A agência também tem competência sobre quaisquer outros serviços cujo Poder Concedente seja o Estado de Sergipe, seja por disposição legal ou por delegação.

A AGRESE está na 14ª colocação quanto ao nível de convergência com o modelo teórico adotado na pesquisa, obtendo um valor agregado de 1,66 (55% dos pontos totais). A agência ficou na 9ª posição da dimensão de autonomia institucional (junto com a AGEAC e a AGERO), na 13ª posição na dimensão de governança (juntamente com 13 outras agências) e na 14ª posição na dimensão de neutralidade política (ao lado de AGER, AGRESPI e ARSEP).

AGRESE – AGÊNCIA REGULADORA DE SERVIÇOS PÚBLICOS DO ESTADO DE SERGIPE	
Autonomia institucional	**81,0%**
Previsões Expressas de Autonomia	**1**
Autonomia Administrativa	1
Autonomia Financeira	1
Autonomia Patrimonial	1
Autonomia Técnica	1
Previsão de Taxa de Regulação	**1**
Previsão de Competência Normativa	**1**

42. Lei Estadual nº 18.309/2009: "Art. 16. A exoneração imotivada de membros da Diretoria da ARSAE-MG somente poderá ocorrer nos quatro meses iniciais dos respectivos mandatos.".

AGRESE – AGÊNCIA REGULADORA DE SERVIÇOS PÚBLICOS DO ESTADO DE SERGIPE	
Previsão de Poder Sancionatório	**1**
Previsão de poder para celebrar TAC	**0**
Grau de vinculação à PGE	**0,67**
Assessoria não vinculada à PGE	0
Assessores não são procuradores	1
Nenhum procurador alocado	1
Não é Poder Concedente	**1**
Governança	**30,0%**
Ouvidoria	**0,5**
Possui ouvidoria	1
Ouvidor tem mandato fixo	0
Previsão de Programa de Integridade (*Compliance*)	**0**
Previsão de Participação Social	**1**
Previsão de Agenda Regulatória	**0**
Previsão de AIR	**0**
Neutralidade política	**55,0%**
Requisitos/Impedimentos dos Dirigentes	**0,4**
Impedimento por atuação no setor	0
Impedimento por ocupar cargo político	0
Vedação de filiação partidária	1
Exigência de experiência prévia	0
Previsão de quarentena após mandato	1
Processo de Nomeação dos Dirigentes	**0,25**
Sabatina prévia da Assembleia Legislativa	0
Aprovação prévia da Assembleia Legislativa	0
Eleição interna do Diretor-Presidente	0
Não prevê indicação livre para mandatos provisórios	1
Garantias Funcionais dos Dirigentes	**1**
Mandato por prazo determinado	1
Mandatos não-coincidentes entre diretores	1
Mandatos não-coincidentes com o Governador	1
Exoneração sob hipóteses pré-determinadas	1
Procedimento expresso de exoneração	1

5.14. AGRESPI

A AGRESPI – Agência Reguladora dos Serviços Públicos Delegados do Estado do Piauí é uma autarquia sob regime especial, criada pela Lei Estadual nº 7.049/2017, vinculada diretamente ao chefe do Poder Executivo Estadual, dotada de autonomia administrativa, orçamentária e financeira. A AGRESPI exerce atividade regulatória e fiscalização dos serviços de saneamento básico, transportes, gás canalizado e infraestrutura geral e demais serviços públicos delegados do Estado do Piauí. Além disso, de acordo com a Lei Estadual nº 7.763/2022, houve ampliação das competências regulatórias, passando a abarcar também parques estaduais, serviços públicos na área de trânsito, inspeção de segurança veicular, dentre outros, além de atribuições genéricas que vierem a ser definidas por lei específica.

A AGRESPI está na 9ª colocação quanto ao nível de convergência com o modelo teórico adotado na pesquisa, obtendo um valor agregado de 1,88 (63% dos pontos totais). A agência conquistou um alto nível de convergência, comparado às demais agências, na dimensão de governança, atingindo a 5ª colocação. Na dimensão de autonomia institucional, a agência obteve a 18ª posição na dimensão de autonomia e na dimensão de neutralidade política a 14ª posição (juntamente com AGER, AGRESE e ARSEP).

AGRESPI - AGÊNCIA REGULADORA DO SERVIÇOS PÚBLICOS DELEGADOS DO ESTADO DO PIAUÍ	
Autonomia institucional	**72,6%**
Previsões Expressas de Autonomia	**0,75**
Autonomia Administrativa	1
Autonomia Financeira	1
Autonomia Patrimonial	0
Autonomia Técnica	1
Previsão de Taxa de Regulação	**1**
Previsão de Competência Normativa	**1**
Previsão de Poder Sancionatório	**1**
Previsão de poder para celebrar TAC	**0**
Grau de vinculação à PGE	**0,33**
Assessoria não vinculada à PGE	0
Assessores não são procuradores	1
Nenhum procurador alocado	0

AGRESPI – AGÊNCIA REGULADORA DO SERVIÇOS PÚBLICOS DELEGADOS DO ESTADO DO PIAUÍ	
Não é Poder Concedente	**1**
Governança	**60,0%**
Ouvidoria	**1**
Possui ouvidoria	1
Ouvidor tem mandato fixo	1
Previsão de Programa de Integridade (*Compliance*)	**0**
Previsão de Participação Social	**1**
Previsão de Agenda Regulatória	**1**
Previsão de AIR	**0**
Neutralidade política	**55,0%**
Requisitos/Impedimentos dos Dirigentes	**0,4**
Impedimento por atuação no setor	1
Impedimento por ocupar cargo político	0
Vedação de filiação partidária	0
Exigência de experiência prévia	0
Previsão de quarentena após mandato	1
Processo de Nomeação dos Dirigentes	**0,25**
Sabatina prévia da Assembleia Legislativa	0
Aprovação prévia da Assembleia Legislativa	1
Eleição interna do Diretor-Presidente	0
Não prevê indicação livre para mandatos provisórios	0
Garantias Funcionais dos Dirigentes	**1**
Mandato por prazo determinado	1
Mandatos não-coincidentes entre diretores	1
Mandatos não-coincidentes com o Governador	1
Exoneração sob hipóteses pré-determinadas	1
Procedimento expresso de exoneração	1

5.15. ARCE

Por sua vez, a ARCE – Agência Reguladora de Serviços Públicos Delegados do Estado do Ceará foi criada por meio da Lei nº 12.786/1997, tratando-se de uma autarquia especial, dotada de autonomia orçamentária, financeira, funcional e administrativa. Compete à ARCE exercer regulação e fiscalização sobre serviços públicos de saneamento, transporte rodoviário intermunicipal de passageiros, energia elétrica – mediante convênio com a ANEEL –, e gás canalizado, nos termos das Lei Estadual nº 14.394/2009 e Lei Estadual nº 13.094/2001. Com a promulgação da Lei Estadual nº 16.710/2018, as funções de Poder Concedente e de Gestão dos Serviços foram transferidas do Detran/CE para a ARCE. Em consequência desse ajuste, a agência, além de regular e fiscalizar a prestação de serviços concernentes ao transporte rodoviário intermunicipal de passageiros, bem como as atividades relacionadas aos terminais rodoviários, passou também a promover os procedimentos licitatórios pertinentes às concessões e permissões inerentes ao setor, além de criar, permitir, modificar, disciplinar, regulamentar, fiscalizar e controlar as linhas e itinerários relativos ao transporte rodoviário intermunicipal de passageiros do estado do Ceará.

A ARCE tem um conjunto de diretrizes bastante específicas para a tomada de decisões, especialmente aquelas que impactam diretamente os usuários de serviços públicos e as estruturas tarifárias. Segundo o Decreto nº 25.059/1998, que foi posteriormente alterado pelo Decreto nº 29.944/2009, o art. 3º, §2º, determina que o Conselho Diretor da ARCE deve promover uma audiência pública antes de tomar decisões em diversos contextos. Esses contextos incluem o estabelecimento e revisão de tarifas ou estruturas tarifárias, o estabelecimento de normas que possam afetar os direitos dos usuários e o início de procedimentos licitatórios relativos à outorga de concessões e permissões de serviços públicos.

Uma especificidade da legislação da agência está no campo das vedações aos dirigentes. A lei de criação da ARCE não impede que os membros do Conselho Diretor sejam provenientes de empresas do setor regulado. Todavia, há vedação explícita de que um conselheiro seja "cônjuge, companheiro ou ter qualquer grau de parentesco por consanguinidade ou afinidade, em linha reta ou colateral até o terceiro grau, com dirigente, administrador ou conselheiro de qualquer entidade regulada ou com pessoa que detenha mais de 1% (um por cento) do capital social dessas entidades"[43].

A ARCE ficou na 17ª colocação quanto ao nível de convergência com o modelo teórico adotado na pesquisa, obtendo um valor agregado de 1,56 (52% dos pontos totais). A agência apresentou um nível mediano de convergência, quando comparada às demais agências estaduais estudadas. A ARCE obteve a 14ª posição na dimensão de autonomia institucional (ao lado da AGETRANSP), a 13ª posição na dimensão governança (juntamente com 13 outras agências) e a 19ª posição na dimensão neutralidade política.

ARCE – AGÊNCIA REGULADORA DE SERVIÇOS PÚBLICOS DELEGADOS DO ESTADO DO CEARÁ	
Autonomia institucional	**77,4%**
Previsões Expressas de Autonomia	**0,75**
Autonomia Administrativa	1
Autonomia Financeira	1
Autonomia Patrimonial	1
Autonomia Técnica	0
Previsão de Taxa de Regulação	**1**
Previsão de Competência Normativa	**1**
Previsão de Poder Sancionatório	**1**
Previsão de poder para celebrar TAC	**0**
Grau de vinculação à PGE	**0,67**
Assessoria não vinculada à PGE	0
Assessores não são procuradores	1
Nenhum procurador alocado	1
Não é Poder Concedente	**1**

43. Conforme Lei Estadual nº 12.786/1997: "Art. 12 [...] **Parágrafo único.** O indicado para o cargo de Conselheiro não poderá ser cônjuge, companheiro ou ter qualquer grau de parentesco por consanguinidade ou afinidade, em linha reta ou colateral até o terceiro grau, com dirigente, administrador ou conselheiro de qualquer entidade regulada ou com pessoa que detenha mais de 1% (um por cento) do capital social dessas entidades.".

ARCE - AGÊNCIA REGULADORA DE SERVIÇOS PÚBLICOS DELEGADOS DO ESTADO DO CEARÁ	
Governança	**30,0%**
Ouvidoria	**0,5**
Possui ouvidoria	1
Ouvidor tem mandato fixo	0
Previsão de Programa de Integridade (*Compliance*)	**0**
Previsão de Participação Social	**1**
Previsão de Agenda Regulatória	**0**
Previsão de AIR	**0**
Neutralidade política	**48,3%**
Requisitos/Impedimentos dos Dirigentes	**0,4**
Impedimento por atuação no setor	0
Impedimento por ocupar cargo político	0
Vedação de filiação partidária	0
Exigência de experiência prévia	1
Previsão de quarentena após mandato	1
Processo de Nomeação dos Dirigentes	**0,25**
Sabatina prévia da Assembleia Legislativa	0
Aprovação prévia da Assembleia Legislativa	1
Eleição interna do Diretor-Presidente	0
Não prevê indicação livre para mandatos provisórios	0
Garantias Funcionais dos Dirigentes	**0,8**
Mandato por prazo determinado	1
Mandatos não-coincidentes entre diretores	0
Mandatos não-coincidentes com o Governador	1
Exoneração sob hipóteses pré-determinadas	1
Procedimento expresso de exoneração	1

5.16. ARCON

A ARCON – Agência de Regulação e Controle de Serviços Públicos do Estado do Pará foi criada pela Lei Estadual nº 6.099/1997, consistindo em uma autarquia especial, dotada de autonomia administrativa e financeira, revestida de poder de polícia, com a finalidade de regular, controlar e fiscalizar a prestação dos serviços públicos de energia, saneamento e transporte público intermunicipal.

A ARCON possui regras específicas relacionadas à nomeação e pós-mandato de seus diretores, conforme estabelecido na Lei nº 6.099/1997. De acordo com o art. 18, §2º, dessa lei, o Legislativo tem a autoridade de rejeitar até três vezes as indicações do Poder Executivo para os cargos de diretores da ARCON. Se isso ocorrer, o Governador terá o poder de nomear os diretores diretamente, sem necessidade de aprovação legislativa[44]. Como mencionado anteriormente, uma regra semelhante existe no âmbito da Agência Goiana de Regulação, Controle e Fiscalização de Serviços Públicos (AGR)[45].

Além disso, a lei aborda a situação dos diretores após o término de seus mandatos ou caso se afastem por qualquer motivo. O art. 5º estabelece uma quarentena de um ano durante a qual os ex-diretores não podem exercer funções em empresas reguladas pela ARCON. O §1º do mesmo artigo oferece uma solução para os ex-diretores durante esse período de quarentena: eles podem permanecer vinculados à ARCON, mas prestando serviços a outro órgão da administração pública estadual. Essa relocação deve ser em uma área compatível com a formação e qualificação profissional do ex-diretor e com remuneração equivalente ao cargo que ocupava anteriormente na ARCON.

A ARCON está na 25ª colocação quanto ao nível de convergência com o modelo teórico adotado na pesquisa, obtendo um valor agregado de 1,32 (44% dos pontos totais). Esse resultado pode ser atribuído ao baixo valor

---

44. Lei Estadual nº 6.099/1997: "Art. 18 [...] § 2º O Legislativo poderá rejeitar até um máximo de 3(três) vezes as indicações do Poder Executivo, caso em que o Governador poderá nomear os diretores diretamente e sem necessidade de referendo.".

45. Conforme redação dada pela Lei Estadual nº 17.268/2011: "Art. 12 [...] § 2º O Poder Legislativo poderá rejeitar, até o máximo de 3 (três) vezes, as indicações do Poder Executivo, caso em que o Governador poderá nomear os conselheiros do Conselho Regulador da AGR sem necessidade de referendo.".

obtido pela agência na dimensão de governança, na qual a agência ficou na última posição (juntamente com a AGERGS e a MOB). A agência obteve a 12ª posição na dimensão autonomia institucional (ao lado da AGEPAR) e a 21ª posição na dimensão neutralidade política.

ARCON - AGÊNCIA DE REGULAÇÃO E CONTROLE DE SERVIÇOS PÚBLICOS DO ESTADO DO PARÁ	
Autonomia institucional	**78,6%**
Previsões Expressas de Autonomia	**0,5**
Autonomia Administrativa	1
Autonomia Financeira	1
Autonomia Patrimonial	0
Autonomia Técnica	0
Previsão de Taxa de Regulação	**1**
Previsão de Competência Normativa	**1**
Previsão de Poder Sancionatório	**1**
Previsão de poder para celebrar TAC	**0**
Grau de vinculação à PGE	**1**
Assessoria não vinculada à PGE	1
Assessores não são procuradores	1
Nenhum procurador alocado	1
Não é Poder Concedente	**1**
Governança	**10,0%**
Ouvidoria	**0,5**
Possui ouvidoria	1
Ouvidor tem mandato fixo	0
Previsão de Programa de Integridade (*Compliance*)	**0**
Previsão de Participação Social	**0**
Previsão de Agenda Regulatória	**0**
Previsão de AIR	**0**

ARCON – AGÊNCIA DE REGULAÇÃO E CONTROLE DE SERVIÇOS PÚBLICOS DO ESTADO DO PARÁ	
Neutralidade política	**43,3%**
Requisitos/Impedimentos dos Dirigentes	**0,2**
Impedimento por atuação no setor	0
Impedimento por ocupar cargo político	0
Vedação de filiação partidária	0
Exigência de experiência prévia	0
Previsão de quarentena após mandato	1
Processo de Nomeação dos Dirigentes	**0,5**
Sabatina prévia da Assembleia Legislativa	0
Aprovação prévia da Assembleia Legislativa	1
Eleição interna do Diretor-Presidente	0
Não prevê indicação livre para mandatos provisórios	1
Garantias Funcionais dos Dirigentes	**0,6**
Mandato por prazo determinado	1
Mandatos não-coincidentes entre diretores	0
Mandatos não-coincidentes com o Governador	1
Exoneração sob hipóteses pré-determinadas	1
Procedimento expresso de exoneração	0

5.17. ARESC

A ARESC – Agência de Regulação de Serviços Públicos de Santa Catarina, é uma autarquia especial instituída pela Lei nº 16.673/2015, dotada de autonomia administrativa, financeira, técnica e patrimonial, com a finalidade de fiscalizar e orientar a prestação dos serviços públicos concedidos, bem como editar normas técnicas, econômicas e sociais para a sua regulação, atuando nos setores de energia elétrica, gás canalizado, transporte, recursos minerais e saneamento básico. Não obstante a atuação nesses setores, segundo consta no art. 5º, da Lei nº 16.673/2015, também compete à ARESC a atuação regulatória nos serviços públicos concernentes aos recursos hídricos, além constar atribuições genéricas resultantes de delegação do poder público. É interessante observar que a ARESC é resultante da fusão da Agência Reguladora de Serviços Públicos de Santa Catarina (AGESC) com a Agência Reguladora de Serviços de Saneamento Básico do Estado de Santa Catarina (AGESAN).

A ARESC possui um modelo de governança complexo e diversificado, como descrito na Lei Ordinária nº 16.673/2015. O art. 13 da referida lei prevê a existência de um Conselho Consultivo na estrutura da ARESC, além da Diretoria Colegiada. Esse conselho é formado por até 13 membros, incluindo representantes dos municípios, entidades de defesa do consumidor, usuários e prestadores de serviços públicos. Apesar de exigir que os membros do conselho tenham "reputação ilibada", essa exigência não se aplica ao Presidente da ARESC, que também preside o Conselho Consultivo.

O art. 5º e o art. 13, §1º, da mesma lei, estabelecem as competências regulatórias da ARESC, que abrangem uma variedade de setores, incluindo alguns cuja competência é tipicamente privativa da União, como geração, transmissão e distribuição de energia elétrica e recursos hídricos. Isso poderia implicar em potenciais conflitos jurisdicionais ou sobreposições de responsabilidades regulatórias, dependendo de como essas competências são efetivamente exercidas e se há acordos ou convênios específicos com a União, Estados e Municípios para tais fins.

A ARESC está na 6ª colocação quanto ao nível de convergência com o modelo teórico adotado na pesquisa, obtendo um valor agregado de 1,95 (65% dos pontos totais). Trata-se da agência com o maior nível de convergência na dimensão autonomia institucional, atingindo 100% dessa dimensão. Na dimensão de governança, a agência está na 13ª posição (juntamente com 13 outras agências) e na 4ª posição na dimensão de neutralidade política (ao lado da AGENERSA e da AGETRANSP).

ARESC – AGÊNCIA DE REGULAÇÃO DOS SERVIÇOS PÚBLICOS DE SANTA CATARINA	
Autonomia institucional	**100,0%**
Previsões Expressas de Autonomia	**1**
Autonomia Administrativa	1
Autonomia Financeira	1
Autonomia Patrimonial	1
Autonomia Técnica	1
Previsão de Taxa de Regulação	**1**
Previsão de Competência Normativa	**1**

ARESC - AGÊNCIA DE REGULAÇÃO DOS SERVIÇOS PÚBLICOS DE SANTA CATARINA	
Previsão de Poder Sancionatório	**1**
Previsão de poder para celebrar TAC	**1**
Grau de vinculação à PGE	**1**
Assessoria não vinculada à PGE	1
Assessores não são procuradores	1
Nenhum procurador alocado	1
Não é Poder Concedente	**1**
Governança	**30,0%**
Ouvidoria	**0,5**
Possui ouvidoria	1
Ouvidor tem mandato fixo	0
Previsão de Programa de Integridade (*Compliance*)	**0**
Previsão de Participação Social	**1**
Previsão de Agenda Regulatória	**0**
Previsão de AIR	**0**
Neutralidade política	**65,0%**
Requisitos/Impedimentos dos Dirigentes	**0,2**
Impedimento por atuação no setor	0
Impedimento por ocupar cargo político	0
Vedação de filiação partidária	0
Exigência de experiência prévia	0
Previsão de quarentena após mandato	1
Processo de Nomeação dos Dirigentes	**0,75**
Sabatina prévia da Assembleia Legislativa	1
Aprovação prévia da Assembleia Legislativa	1
Eleição interna do Diretor-Presidente	0
Não prevê indicação livre para mandatos provisórios	1
Garantias Funcionais dos Dirigentes	**1**
Mandato por prazo determinado	1
Mandatos não-coincidentes entre diretores	1
Mandatos não-coincidentes com o Governador	1
Exoneração sob hipóteses pré-determinadas	1
Procedimento expresso de exoneração	1

5.18. ARPB

A ARPB – Agência de Regulação do Estado da Paraíba é uma autarquia de regime especial, instituída por meio da Lei Estadual nº 7.843/2005 e regulamentada pelo Decreto Lei nº 26.884/2006. Compete à agência regular, controlar e fiscalizar o serviço público de fornecimento de energia elétrica – mediante convênio com a ANEEL –, distribuição de gás canalizado, saneamento, além de outros serviços públicos de competência do Estado da Paraíba, cuja regulação, controle e fiscalização lhe sejam atribuídos pelo Poder Executivo.

A ARPB apresenta particularidades em seu regime legal, conforme definido pela Lei Estadual nº 7.843/2005. O art. 19 da lei estipula que o Conselheiro perderá o mandato caso se manifeste publicamente sobre qualquer assunto que esteja sob a regulação da ARPB ou que possa vir a ser objeto de sua apreciação. Essa cláusula parece ter a intenção de manter a imparcialidade e a objetividade da agência, mas também poderia ser vista como uma restrição à liberdade de expressão dos Conselheiros, potencialmente limitando o debate público sobre questões importantes. Além disso, a legislação estabelece como uma das causas para a remoção dos seus diretores a inobservância das "políticas estabelecidas para o setor pelos Poderes Executivo e Legislativo"[46], circunstância que à primeira vista tem o potencial de colocar em xeque a sua independência.

A ARPB está na 8ª colocação quanto ao nível de convergência com o modelo teórico adotado na pesquisa, obtendo um valor agregado de 1,89 (63% dos pontos totais). A agência atingiu a 2ª colocação na dimensão autonomia institucional (empatada com a ARSAP), a 13ª posição na dimensão governança (ao lado de 13 outras agências) e a 7ª posição na dimensão neutralidade política (junto com AGR, ARSAE e ARSESP).

---

46. Lei Estadual nº 7.843/2005, conforme redação dada pela Lei Estadual nº 10.695/2016: "Art. 8º [...] 8 4º Sem prejuízo do que preveem as leis penal e de improbidade administrativa, será causa da perda do mandato a inobservância, pelo diretor dos deveres e proibições inerentes ao cargo, inclusive no que se refere ao cumprimento das políticas estabelecidas para o setor pelos Poderes Executivo e Legislativo.".

ARPB – AGÊNCIA DE REGULAÇÃO DO ESTADO DA PARAÍBA	
Autonomia institucional	**95,3%**
Previsões Expressas de Autonomia	**1**
Autonomia Administrativa	1
Autonomia Financeira	1
Autonomia Patrimonial	1
Autonomia Técnica	1
Previsão de Taxa de Regulação	**1**
Previsão de Competência Normativa	**1**
Previsão de Poder Sancionatório	**1**
Previsão de poder para celebrar TAC	**1**
Grau de vinculação à PGE	**0,67**
Assessoria não vinculada à PGE	0
Assessores não são procuradores	1
Nenhum procurador alocado	1
Não é Poder Concedente	**1**
Governança	**30,0%**
Ouvidoria	**0,5**
Possui ouvidoria	1
Ouvidor tem mandato fixo	0
Previsão de Programa de Integridade (*Compliance*)	**0**
Previsão de Participação Social	**1**
Previsão de Agenda Regulatória	**0**
Previsão de AIR	**0**
Neutralidade política	**63,3%**
Requisitos/Impedimentos dos Dirigentes	**0,4**
Impedimento por atuação no setor	0
Impedimento por ocupar cargo político	0
Vedação de filiação partidária	0
Exigência de experiência prévia	1
Previsão de quarentena após mandato	1

ARPB – AGÊNCIA DE REGULAÇÃO DO ESTADO DA PARAÍBA	
Processo de Nomeação dos Dirigentes	**0,5**
Sabatina prévia da Assembleia Legislativa	0
Aprovação prévia da Assembleia Legislativa	1
Eleição interna do Diretor-Presidente	0
Não prevê indicação livre para mandatos provisórios	1
Garantias Funcionais dos Dirigentes	**1**
Mandato por prazo determinado	1
Mandatos não-coincidentes entre diretores	1
Mandatos não-coincidentes com o Governador	1
Exoneração sob hipóteses pré-determinadas	1
Procedimento expresso de exoneração	1

5.19. ARPE

Por seu turno, a ARPE – Agência de Regulação de Pernambuco, criada pela Lei nº 11.742/2020, é uma autarquia especial, vinculada ao Gabinete do Governador, dotada de autonomia financeira, orçamentária, funcional e administrativa, responsável por regular e fiscalizar a prestação dos serviços públicos de energia elétrica, água e esgoto, gás natural canalizado e transportes. Entretanto, de acordo com o art. 3º, §1º, da Lei Estadual nº 12.524/2003, também compete à ARPE a atuação regulatória nas áreas de rodovias; telecomunicações; inspeção e segurança veicular; atividades lotéricas e outras modalidades de concurso de prognósticos; além constar atribuições genéricas resultantes de delegação do poder público.

Conforme já mencionado acima, a ARPE possui um escopo de atuação surpreendentemente amplo, conforme estabelecido no art. 3º, parágrafo 1º, da Lei nº 12.524/2003. A agência é responsável pela regulação de uma variedade de setores que, à primeira vista, parecem não ter qualquer relação direta entre si. Alguns dos setores até parecem aleatórios em sua inclusão. Estes incluem saneamento, energia elétrica, rodovias, telecomunicações, transportes, distribuição de gás canalizado, inspeção e segurança veicular, coleta e tratamento de resíduos sólidos, atividades lotéricas e outras modalidades de concurso de prognósticos. Além disso, vale ressaltar que alguns dos setores mencionados são de competência privativa da União, o que poderia levantar questões jurisdicionais e de competência.

A ARPE está na 7ª colocação quanto ao nível de convergência com o modelo teórico adotado na pesquisa, obtendo um valor agregado de 1,91 (64% dos pontos totais). Trata-se de agência que apresentou um nível alto de convergência, com resultados equilibrados e acima da média em todas as dimensões. A agência obteve a 4ª posição na dimensão autonomia institucional (junto com a AGERGS), a 8ª posição na dimensão governança (ao lado a ADASA, ARSESP, ASP e ARTESP) e a 12ª colocação na dimensão neutralidade política.

ARPE – AGÊNCIA DE REGULAÇÃO DOS SERVIÇOS PÚBLICOS DELEGADOS DO ESTADO DE PERNAMBUCO	
Autonomia institucional	**92,9%**
Previsões Expressas de Autonomia	**0,5**
Autonomia Administrativa	1
Autonomia Financeira	1
Autonomia Patrimonial	0
Autonomia Técnica	0
Previsão de Taxa de Regulação	**1**
Previsão de Competência Normativa	**1**
Previsão de Poder Sancionatório	**1**
Previsão de poder para celebrar TAC	**1**
Grau de vinculação à PGE	**1**
Assessoria não vinculada à PGE	1
Assessores não são procuradores	1
Nenhum procurador alocado	1
Não é Poder Concedente	**1**
Governança	**40,0%**
Ouvidoria	**1**
Possui ouvidoria	1
Ouvidor tem mandato fixo	1
Previsão de Programa de Integridade (*Compliance*)	**0**

ARPE – AGÊNCIA DE REGULAÇÃO DOS SERVIÇOS PÚBLICOS DELEGADOS DO ESTADO DE PERNAMBUCO	
Previsão de Participação Social	**1**
Previsão de Agenda Regulatória	**0**
Previsão de AIR	**0**
Neutralidade política	**58,3%**
Requisitos/Impedimentos dos Dirigentes	**0,2**
Impedimento por atuação no setor	0
Impedimento por ocupar cargo político	0
Vedação de filiação partidária	0
Exigência de experiência prévia	0
Previsão de quarentena após mandato	1
Processo de Nomeação dos Dirigentes	**0,75**
Sabatina prévia da Assembleia Legislativa	1
Aprovação prévia da Assembleia Legislativa	1
Eleição interna do Diretor-Presidente	0
Não prevê indicação livre para mandatos provisórios	1
Garantias Funcionais dos Dirigentes	**0,8**
Mandato por prazo determinado	1
Mandatos não-coincidentes entre diretores	1
Mandatos não-coincidentes com o Governador	1
Exoneração sob hipóteses pré-determinadas	1
Procedimento expresso de exoneração	0

5.20. ARSAE

A ARSAE – Agência Reguladora de Serviços de Abastecimento de Água e de Esgotamento Sanitário do Estado de Minas Gerais foi instituída por meio da Lei Estadual nº 18.309/2009 e consiste em autarquia especial, caracterizada pela autonomia administrativa, financeira, técnica e patrimonial, vinculada à Secretaria de Estado de Meio Ambiente e Desenvolvimento Sustentável (Semad). Compete à ARSAE normatizar e fiscalizar os serviços de abastecimento de água e de esgotamento sanitário prestados pela Copasa (Companhia de Saneamento de Minas Gerais), pela Copanor (Copasa Serviços de Saneamento Integrado do Norte e Nordeste de Minas Gerais), pela SANARJ (Concessionária de Saneamento Básico de Araújos-MG) e pela Samotracia Meio Ambiente e Empreendidos (Alphaville – Lagoa dos Ingleses).

A ARSAE apresenta peculiaridades em sua estrutura organizacional e regras de governança, conforme definido na Lei nº 18.309/2009. Por exemplo, o art. 16 desta lei permite a exoneração imotivada de membros da Diretoria da ARSAE nos primeiros quatro meses do mandato[47]. Essa disposição, que, como já mencionado, existe em moldes similares no âmbito da Agência Reguladora de Serviços Públicos do Estado de Sergipe (AGRESE), pode dar margem para mudanças rápidas na administração da agência.

A ARSAE está na 3ª colocação quanto ao nível de convergência com o modelo teórico adotado na pesquisa, obtendo um valor agregado de 2,10 (70% dos pontos totais). Trata-se, portanto, de agência com alto nível geral de convergência, quando comparada às demais. O menor nível de convergência, dentre as dimensões analisadas, verificou-se na dimensão de autonomia institucional, já que a agência ficou na 16ª colocação. Na dimensão de governança, a agência obteve a 4ª colocação e na dimensão de neutralidade política a 7ª colocação (juntamente com AGR, ARPB e ARSESP).

ARSAE – AGÊNCIA REGULADORA DE SERVIÇOS DE ABASTECIMENTO DE ÁGUA E DE ESGOTAMENTO SANITÁRIO DO ESTADO DE MINAS GERAIS	
Autonomia institucional	**76,1%**
Previsões Expressas de Autonomia	**1**
Autonomia Administrativa	1
Autonomia Financeira	1
Autonomia Patrimonial	1
Autonomia Técnica	1
Previsão de Taxa de Regulação	**1**
Previsão de Competência Normativa	**1**
Previsão de Poder Sancionatório	**1**

47. Lei Estadual nº 18.309/2009: "Art. 16. A exoneração imotivada de membros da Diretoria da ARSAE-MG somente poderá ocorrer nos quatro meses iniciais dos respectivos mandatos.".

ARSAE - AGÊNCIA REGULADORA DE SERVIÇOS DE ABASTECIMENTO DE ÁGUA E DE ESGOTAMENTO SANITÁRIO DO ESTADO DE MINAS GERAIS	
Previsão de poder para celebrar TAC	**0**
Grau de vinculação à PGE	**0,33**
Assessoria não vinculada à PGE	0
Assessores não são procuradores	1
Nenhum procurador alocado	0
Não é Poder Concedente	**1**
Governança	**70,0%**
Ouvidoria	**0,5**
Possui ouvidoria	1
Ouvidor tem mandato fixo	0
Previsão de Programa de Integridade (*Compliance*)	**1**
Previsão de Participação Social	**1**
Previsão de Agenda Regulatória	**0**
Previsão de AIR	**1**
Neutralidade política	**63,3%**
Requisitos/Impedimentos dos Dirigentes	**0,4**
Impedimento por atuação no setor	1
Impedimento por ocupar cargo político	0
Vedação de filiação partidária	0
Exigência de experiência prévia	0
Previsão de quarentena após mandato	1
Processo de Nomeação dos Dirigentes	**0,5**
Sabatina prévia da Assembleia Legislativa	0
Aprovação prévia da Assembleia Legislativa	1
Eleição interna do Diretor-Presidente	0
Não prevê indicação livre para mandatos provisórios	1
Garantias Funcionais dos Dirigentes	**1**
Mandato por prazo determinado	1
Mandatos não-coincidentes entre diretores	1
Mandatos não-coincidentes com o Governador	1
Exoneração sob hipóteses pré-determinadas	1
Procedimento expresso de exoneração	1

5.21. ARSAL

A ARSAL – Agência Reguladora de Serviços Públicos do Estado de Alagoas, instituída pela Lei nº 6.267/2001, consiste em autarquia sob regime especial, revestida de autonomia administrativa, patrimonial e financeira, com personalidade jurídica de direito público e dotada de poder de polícia. Nos termos do site institucional da ARSAL[48], a agência atua na regulação dos serviços públicos de áreas de energia elétrica, gás canalizado, transporte intermunicipal e saneamento. De acordo com o art. 48 do Decreto nº 520/2002, também compete à ARSAL exercer atividade regulatória nos seguintes setores: rodovias, telecomunicações, transportes, inspeção e segurança veicular, além de outras atribuições genéricas resultantes de delegação do poder público.

A ARSAL possui certa ambiguidade em sua competência para regular o setor de transportes. Conforme a Lei nº 7.151/2010, a ARSAL tem a responsabilidade de regular o transporte intermunicipal de passageiros. O Decreto nº 520/2002 também faz menção à regulamentação de rodovias. Adicionalmente, a ARSAL também parece abarcar setores cuja competência de regulação é privativa da União, como é o caso dos serviços de telecomunicações.

A ARSAL está na 10ª colocação quanto ao nível de convergência com o modelo teórico adotado na pesquisa, obtendo um valor agregado de 1,82 (61% dos pontos totais). A agência ficou na 6ª colocação na dimensão de autonomia institucional (ao lado a ADASA e a ARSEP) e na 13ª colocação na dimensão de governança (juntamente com 13 outras agências). Na dimensão de neutralidade política, por sua vez, a ARSAL obteve um dos níveis mais altos de convergência, atingindo a 3ª colocação dentre as agências estaduais estudadas.

48. O site institucional da ARSAL está disponível em: <http://www.arsal.al.gov.br/>. Acesso em 07 set. 2023.

ARSAL - AGÊNCIA REGULADORA DE SERVIÇOS PÚBLICOS DO ESTADO DE ALAGOAS	
Autonomia institucional	**82,1%**
Previsões Expressas de Autonomia	**0,75**
Autonomia Administrativa	1
Autonomia Financeira	1
Autonomia Patrimonial	1
Autonomia Técnica	0
Previsão de Taxa de Regulação	**1**
Previsão de Competência Normativa	**1**
Previsão de Poder Sancionatório	**1**
Previsão de poder para celebrar TAC	**0**
Grau de vinculação à PGE	**1**
Assessoria não vinculada à PGE	1
Assessores não são procuradores	1
Nenhum procurador alocado	1
Não é Poder Concedente	**1**
Governança	**30,0%**
Ouvidoria	**0,5**
Possui ouvidoria	1
Ouvidor tem mandato fixo	0
Previsão de Programa de Integridade (*Compliance*)	**0**
Previsão de Participação Social	**1**
Previsão de Agenda Regulatória	**0**
Previsão de AIR	**0**
Neutralidade política	**70,0%**
Requisitos/Impedimentos dos Dirigentes	**0,6**
Impedimento por atuação no setor	0
Impedimento por ocupar cargo político	0
Vedação de filiação partidária	1
Exigência de experiência prévia	1
Previsão de quarentena após mandato	1

ARSAL - AGÊNCIA REGULADORA DE SERVIÇOS PÚBLICOS DO ESTADO DE ALAGOAS	
Processo de Nomeação dos Dirigentes	**0,5**
Sabatina prévia da Assembleia Legislativa	0
Aprovação prévia da Assembleia Legislativa	1
Eleição interna do Diretor-Presidente	0
Não prevê indicação livre para mandatos provisórios	1
Garantias Funcionais dos Dirigentes	**1**
Mandato por prazo determinado	1
Mandatos não-coincidentes entre diretores	1
Mandatos não-coincidentes com o Governador	1
Exoneração sob hipóteses pré-determinadas	1
Procedimento expresso de exoneração	1

5.22. ARSAP

A ARSAP – Agência Reguladora de Serviços Públicos Delegados do Estado do Amapá é uma autarquia sob regime especial, criada pela Lei Estadual nº 625/2001, reestruturada pela Lei Estadual nº 2.548/2021 e regulamentada pelo Decreto Estadual 4.759/21. A ARSAP conta com patrimônio e receitas próprias, gozando de autonomia orçamentária, financeira, funcional, administrativa, técnica e decisória, sendo revestida de poder de polícia e vinculada à Secretaria de Estado do Planejamento – SEPLAN/AP. O poder regulatório da ARSAP consiste em exercer o controle, regulação e fiscalização sobre serviços públicos de saneamento básico (abastecimento de água potável, esgotamento sanitário, limpeza urbana, manejo de resíduos sólidos, drenagem e manejo das águas pluviais urbanas); distribuição de energia elétrica; transportes e outros que venham a ser delegados pelo poder público.

A ARSAP está na 2ª colocação quanto ao nível de convergência com o modelo teórico adotado na pesquisa, obtendo um valor agregado de 2,37 (79% dos pontos totais). Trata-se, portanto, de agência que apresentou um nível muito alto de convergência, com resultados acima da média em todas as dimensões. A agência obteve a 2ª posição na dimensão de autonomia institucional (junto com a ARPB), a 2ª posição na dimensão de governança (ao lado a AGER) e a 11ª posição na dimensão de neutralidade política.

O caso da ARSAP é uma ilustração perfeita das limitações de uma análise puramente formal, como a que realizamos nesta primeira parte da pesquisa. É que, conforme se verá nas demais partes, a ARSAP só começou a funcionar, na prática, a partir de 2022. Antes, não executava nenhuma despesa. O modelo previsto na normatização é bastante avançado, portanto – mas a agência não existia na prática.

ARSAP – AGÊNCIA REGULADORA DE SERVIÇOS PÚBLICOS DELEGADOS DO ESTADO DO AMAPÁ	
Autonomia institucional	**95,3%**
Previsões Expressas de Autonomia	**1**
Autonomia Administrativa	1
Autonomia Financeira	1
Autonomia Patrimonial	1
Autonomia Técnica	1
Previsão de Taxa de Regulação	**1**
Previsão de Competência Normativa	**1**
Previsão de Poder Sancionatório	**1**
Previsão de poder para celebrar TAC	**1**
Grau de vinculação à PGE	**0,67**
Assessoria não vinculada à PGE	0
Assessores não são procuradores	1
Nenhum procurador alocado	1
Não é Poder Concedente	**1**
Governança	**80,0%**
Ouvidoria	**1**
Possui ouvidoria	1
Ouvidor tem mandato fixo	1
Previsão de Programa de Integridade (Compliance)	**0**
Previsão de Participação Social	**1**
Previsão de Agenda Regulatória	**1**
Previsão de AIR	**1**

ARSAP - AGÊNCIA REGULADORA DE SERVIÇOS PÚBLICOS DELEGADOS DO ESTADO DO AMAPÁ	
Neutralidade política	**61,7%**
Requisitos/Impedimentos dos Dirigentes	**0,6**
Impedimento por atuação no setor	1
Impedimento por ocupar cargo político	0
Vedação de filiação partidária	0
Exigência de experiência prévia	1
Previsão de quarentena após mandato	1
Processo de Nomeação dos Dirigentes	**0,25**
Sabatina prévia da Assembleia Legislativa	0
Aprovação prévia da Assembleia Legislativa	1
Eleição interna do Diretor-Presidente	0
Não prevê indicação livre para mandatos provisórios	0
Garantias Funcionais dos Dirigentes	**1**
Mandato por prazo determinado	1
Mandatos não-coincidentes entre diretores	1
Mandatos não-coincidentes com o Governador	1
Exoneração sob hipóteses pré-determinadas	1
Procedimento expresso de exoneração	1

5.23. ARSEP

Instituída por meio da Lei nº 7.463/1999, a ARSEP – Agência Reguladora de Serviços Públicos do Rio Grande do Norte é uma autarquia com autonomia administrativa, técnica e financeira, responsável pela atividade regulatória nos setores de energia elétrica, distribuição de gás canalizado, saneamento básico, além de outras atribuições genéricas resultantes de delegação do poder público.

Um aspecto curioso é que a ARSEP é governada por uma estrutura diretiva bastante enxuta, conforme estipula o art. 8º da Lei nº 7.758/1999. A diretoria é composta por apenas três membros: um Diretor-Presidente e dois Diretores-Superintendentes. Estes atuam em regime de colegiado, colaborando nas decisões da agência.

Além da diretoria, a ARSEP também conta com o apoio do Conselho Estadual de Regulação, Controle e Fiscalização dos Serviços Públicos, um órgão que complementa as funções regulatórias e fiscalizadoras da agência. Essa estrutura enxuta pode oferecer agilidade na tomada de decisões, ou, por outro lado, facilitar a influência do governador sobre os conselheiros, já que há uma menor quantidade de indicados.

A ARSEP está na 13ª colocação quanto ao nível de convergência com o modelo teórico adotado na pesquisa, obtendo um valor agregado de 1,67 (56% dos pontos totais). A agência atingiu a 6ª posição na dimensão autonomia institucional (ao lado da ADASA e da ARSAL), a 13ª posição na dimensão governança (juntamente com 13 outras agências) e a 14ª posição na dimensão neutralidade política (junto com AGER, AGRESE, AGRESPI e ARSEP).

ARSEP – AGÊNCIA REGULADORA DE SERVIÇOS PÚBLICOS DO RIO GRANDE DO NORTE	
Autonomia institucional	**82,1%**
Previsões Expressas de Autonomia	**0,75**
Autonomia Administrativa	1
Autonomia Financeira	1
Autonomia Patrimonial	0
Autonomia Técnica	1
Previsão de Taxa de Regulação	**1**
Previsão de Competência Normativa	**1**
Previsão de Poder Sancionatório	**1**
Previsão de poder para celebrar TAC	**0**
Grau de vinculação à PGE	**1**
Assessoria não vinculada à PGE	1
Assessores não são procuradores	1
Nenhum procurador alocado	1
Não é Poder Concedente	**1**
Governança	**30,0%**
Ouvidoria	**0,5**
Possui ouvidoria	1
Ouvidor tem mandato fixo	0

ARSEP – AGÊNCIA REGULADORA DE SERVIÇOS PÚBLICOS DO RIO GRANDE DO NORTE	
Previsão de Programa de Integridade (*Compliance*)	**0**
Previsão de Participação Social	**1**
Previsão de Agenda Regulatória	**0**
Previsão de AIR	**0**
Neutralidade política	**55,0%**
Requisitos/Impedimentos dos Dirigentes	**0,4**
Impedimento por atuação no setor	0
Impedimento por ocupar cargo político	0
Vedação de filiação partidária	0
Exigência de experiência prévia	1
Previsão de quarentena após mandato	1
Processo de Nomeação dos Dirigentes	**0,25**
Sabatina prévia da Assembleia Legislativa	0
Aprovação prévia da Assembleia Legislativa	1
Eleição interna do Diretor-Presidente	0
Não prevê indicação livre para mandatos provisórios	0
Garantias Funcionais dos Dirigentes	**1**
Mandato por prazo determinado	1
Mandatos não-coincidentes entre diretores	1
Mandatos não-coincidentes com o Governador	1
Exoneração sob hipóteses pré-determinadas	1
Procedimento expresso de exoneração	1

5.24. ARSEPAM

A ARSEPAM – Agência Reguladora de Serviços Públicos Delegados e Contratados do Estado do Amazonas é uma autarquia sob regime especial, dotada de poder de polícia e de autonomia financeira, funcional e administrativa, vinculada à Casa Civil. Originalmente, era denominada Agência Reguladora dos Serviços Públicos Concedidos do Estado do Amazonas – ARSAM, à luz da lei de criação da agência, a Lei nº 2.568/1999.

Posteriormente, em 2019, a agência teve sua nomenclatura alterada para ARSEPAM pela Lei nº 5.060/2019. Muito embora a Lei nº 5.060/2019 não especifique quais serviços públicos estariam sujeitos à atividade regulatória da ARSEPAM, que trata a matéria de forma genérica no art. 3º, ao aludir apenas à "prestação dos serviços públicos, por delegação ou por contratação ao Estado" e "realização de obras e serviços continuados de relevante interesse social", é possível extrair do site institucional[49] que a agência é responsável pela regulação dos serviços públicos de transporte coletivo rodoviário intermunicipal de passageiros e gás natural canalizado, nos termos das Lei nº 5.420/2021 e Lei nº 5.604/2021.

Um ponto que vale a pena destacar é que a ARSEPAM opera com autonomia funcional, conforme estabelecido pela Lei nº 5.060/2019. No entanto, essa lei delega a estruturação interna da agência a um estatuto próprio, que deve ser aprovado pelo Chefe do Poder Executivo. Esse estatuto foi posteriormente formalizado por meio do Decreto nº 42.916/2020. Esse arranjo confere à ARSEPAM uma independência operacional, mas ainda a sujeita a uma forma de supervisão executiva no que se refere à sua estrutura interna.

ARSEPAM – AGÊNCIA REGULADORA DE SERVIÇOS PÚBLICOS DELEGADOS E CONTRATADOS DO ESTADO DO AMAZONAS	
Autonomia institucional	**64,3%**
Previsões Expressas de Autonomia	**0,5**
Autonomia Administrativa	1
Autonomia Financeira	1
Autonomia Patrimonial	0
Autonomia Técnica	0
Previsão de Taxa de Regulação	**1**
Previsão de Competência Normativa	**1**
Previsão de Poder Sancionatório	**1**
Previsão de poder para celebrar TAC	**0**

49. O site institucional da ARSEPAM está disponível em: <http://www.arsepam.am.gov.br/>. Acesso em 07 set. 2023.

ARSEPAM – AGÊNCIA REGULADORA DE SERVIÇOS PÚBLICOS DELEGADOS E CONTRATADOS DO ESTADO DO AMAZONAS	
Grau de vinculação à PGE	**0**
Assessoria não vinculada à PGE	0
Assessores não são procuradores	0
Nenhum procurador alocado	0
Não é Poder Concedente	**1**
Governança	**30,0%**
Ouvidoria	**0,5**
Possui ouvidoria	1
Ouvidor tem mandato fixo	0
Previsão de Programa de Integridade (*Compliance*)	**0**
Previsão de Participação Social	**1**
Previsão de Agenda Regulatória	**0**
Previsão de AIR	**0**
Neutralidade política	**28,3%**
Requisitos/Impedimentos dos Dirigentes	**0,2**
Impedimento por atuação no setor	0
Impedimento por ocupar cargo político	0
Vedação de filiação partidária	0
Exigência de experiência prévia	0
Previsão de quarentena após mandato	1
Processo de Nomeação dos Dirigentes	**0,25**
Sabatina prévia da Assembleia Legislativa	0
Aprovação prévia da Assembleia Legislativa	0
Eleição interna do Diretor-Presidente	0
Não prevê indicação livre para mandatos provisórios	1
Garantias Funcionais dos Dirigentes	**0,4**
Mandato por prazo determinado	1
Mandatos não-coincidentes entre diretores	0
Mandatos não-coincidentes com o Governador	1
Exoneração sob hipóteses pré-determinadas	0
Procedimento expresso de exoneração	0

5.25. ARSESP

A ARSESP – Agência Reguladora de Serviços Públicos do Estado de São Paulo é uma autarquia sob regime especial, criada pela Lei Complementar Estadual nº 1.025/2007 e regulamentada pelo Decreto Estadual nº 52.455/2007, estando vinculada à Secretaria de Parcerias em Investimentos do Estado de São Paulo. A agência é dotada de autonomia decisória, administrativa, orçamentária e financeira, cabendo-lhe regular, controlar e fiscalizar os serviços de distribuição de gás canalizado e de saneamento básico; fiscalizar os serviços de energia elétrica, por meio de convênio com a ANEEL; e exercer a regulação e a fiscalização de outros serviços delegados pelo Estado, com exceção dos serviços de rodovias e transportes.

A ARSESP possui algumas particularidades em sua organização e funcionamento. Primeiramente, é de se notar que o regime de seus servidores é celetista, o que significa que são regidos pela Consolidação das Leis do Trabalho (CLT) em vez do regime estatutário, comum a muitos servidores públicos.

Em relação à composição de sua Diretoria, a ARSESP adota uma abordagem que busca garantir pluralidade. A lei que a rege especifica que as indicações para estes cargos deverão assegurar que diferentes capacidades técnicas e especialidades setoriais estejam representadas, promovendo assim uma diversidade de competências dentro da agência.

Além disso, existe uma previsão de "aprovação tácita" para novos diretores. Isso significa que, se um decreto de indicação para um novo diretor não for votado dentro de um determinado período de tempo, a nomeação é automaticamente aprovada. Esse mecanismo pode acelerar o processo de preenchimento de vagas na Diretoria, mas também levanta questões sobre a possibilidade de escrutínio insuficiente de candidatos.

Por último, a ARSESP tem a responsabilidade de realizar estudos de impacto regulatório para Parcerias Público-Privadas (PPPs) firmadas por outros órgãos. Isso indica um papel expansivo e interdisciplinar para a agência, que vai além da sua competência principal em saneamento e energia, contribuindo para uma maior transparência e eficácia nas iniciativas de PPP no estado.

A ARSESP está na 18ª colocação quanto a nível de convergência com o modelo teórico adotado na pesquisa, obtendo um valor agregado de 1,58 (53% dos pontos totais). Esse resultado se deve, em grande medida, ao baixo valor obtido pela agência no indicador da dimensão de autonomia institucional, no qual a agência obteve a 28ª posição. Na dimensão de governança, a agência ficou na 8ª posição (ao lado a ADASA, ARPE, ARSP e ARTESP) e, na dimensão de neutralidade política, na 7ª posição (ao lado a AGR, ARPB e ARSAE).

ARSESP – AGÊNCIA REGULADORA DE SERVIÇOS PÚBLICOS DO ESTADO DE SÃO PAULO	
Autonomia institucional	**54,7%**
Previsões Expressas de Autonomia	**0,5**
Autonomia Administrativa	1
Autonomia Financeira	1
Autonomia Patrimonial	0
Autonomia Técnica	0
Previsão de Taxa de Regulação	**1**
Previsão de Competência Normativa	**1**
Previsão de Poder Sancionatório	**1**
Previsão de poder para celebrar TAC	**0**
Grau de vinculação à PGE	**0,33**
Assessoria não vinculada à PGE	0
Assessores não são procuradores	1
Nenhum procurador alocado	0
Não é Poder Concedente	**0**
Governança	**40,0%**
Ouvidoria	**1**
Possui ouvidoria	1
Ouvidor tem mandato fixo	1
Previsão de Programa de Integridade (*Compliance*)	**0**
Previsão de Participação Social	**1**
Previsão de Agenda Regulatória	**0**
Previsão de AIR	**0**

ARSESP - AGÊNCIA REGULADORA DE SERVIÇOS PÚBLICOS DO ESTADO DE SÃO PAULO	
Neutralidade política	**63,3%**
Requisitos/Impedimentos dos Dirigentes	**0,4**
Impedimento por atuação no setor	0
Impedimento por ocupar cargo político	0
Vedação de filiação partidária	0
Exigência de experiência prévia	1
Previsão de quarentena após mandato	1
Processo de Nomeação dos Dirigentes	**0,5**
Sabatina prévia da Assembleia Legislativa	0
Aprovação prévia da Assembleia Legislativa	1
Eleição interna do Diretor-Presidente	0
Não prevê indicação livre para mandatos provisórios	1
Garantias Funcionais dos Dirigentes	**1**
Mandato por prazo determinado	1
Mandatos não-coincidentes entre diretores	1
Mandatos não-coincidentes com o Governador	1
Exoneração sob hipóteses pré-determinadas	1
Procedimento expresso de exoneração	1

5.26. ARSP

Ao seu turno, a ARSP – Agência de Regulação de Serviços Públicos foi instituída pela Lei Complementar nº 827/2016, originada a partir da fusão da Agência Reguladora de Saneamento Básico e Infraestrutura Viária do Espírito Santo (ARSI) e da Agência de Serviços Públicos de Energia do Estado do Espírito Santo (ASPE). A ARSP é uma autarquia de regime especial, dotada de autonomia administrativa, patrimonial, técnica e financeira, vinculada à Secretaria de Estado de Desenvolvimento – SEDES, cujas finalidades dizem respeito à regulação, controle e fiscalização dos serviços públicos de saneamento básico, infraestrutura viária com pedágio, energia elétrica e gás natural, nos termos do art. 8º, da Lei Complementar nº 827/2016.

A ARSP possui uma atribuição notável relacionada ao serviço público de energia elétrica, que tradicionalmente está sob a alçada da ANEEL. Conforme o art. 8º da Lei Complementar nº 827/1998, a ARSP tem a competência para regular o serviço público de energia elétrica. No entanto, na prática, a entidade desempenha essa função regulatória em colaboração com a ANEEL, por meio de um convênio específico entre as duas agências.

Esse arranjo sugere uma abordagem colaborativa para a regulação de um setor essencial, o que permite que a agência estadual contribua com seu conhecimento e capacidades locais enquanto ainda se alinha com as diretrizes e padrões nacionais estabelecidos pela ANEEL. É um exemplo de como as responsabilidades regulatórias podem ser compartilhadas entre entidades federais e estaduais para, em tese, melhor atender às necessidades específicas de diferentes regiões.

A ARSP está na 27ª colocação quanto ao nível de convergência com o modelo teórico adotado na pesquisa, obtendo um valor agregado de 1,24 (41% dos pontos totais). Trata-se, portanto, de agência que apresentou um nível baixo de convergência, com resultados bem abaixo da média comparados às demais agências nas dimensões de autonomia institucional (27ª posição) e neutralidade política (28ª posição), apesar de ter alcançado um resultado acima da média na dimensão de governança (8ª posição, junto a ADASA, ARPE, ARSESP e ARTESP).

ARSP – AGÊNCIA DE REGULAÇÃO DE SERVIÇOS PÚBLICOS DO ESPÍRITO SANTO	
Autonomia institucional	**57,1%**
Previsões Expressas de Autonomia	**1**
Autonomia Administrativa	1
Autonomia Financeira	1
Autonomia Patrimonial	1
Autonomia Técnica	1
Previsão de Taxa de Regulação	**1**
Previsão de Competência Normativa	**1**
Previsão de Poder Sancionatório	**1**
Previsão de poder para celebrar TAC	**0**

ARSP – AGÊNCIA DE REGULAÇÃO DE SERVIÇOS PÚBLICOS DO ESPÍRITO SANTO	
Grau de vinculação à PGE	**0**
Assessoria não vinculada à PGE	0
Assessores não são procuradores	0
Nenhum procurador alocado	0
Não é Poder Concedente	**0**
Governança	**40,0%**
Ouvidoria	**1**
Possui ouvidoria	1
Ouvidor tem mandato fixo	1
Previsão de Programa de Integridade (*Compliance*)	**0**
Previsão de Participação Social	**1**
Previsão de Agenda Regulatória	**0**
Previsão de AIR	**0**
Neutralidade política	**26,7%**
Requisitos/Impedimentos dos Dirigentes	**0,2**
Impedimento por atuação no setor	0
Impedimento por ocupar cargo político	0
Vedação de filiação partidária	0
Exigência de experiência prévia	0
Previsão de quarentena após mandato	1
Processo de Nomeação dos Dirigentes	**0**
Sabatina prévia da Assembleia Legislativa	0
Aprovação prévia da Assembleia Legislativa	0
Eleição interna do Diretor-Presidente	0
Não prevê indicação livre para mandatos provisórios	0
Garantias Funcionais dos Dirigentes	**0,6**
Mandato por prazo determinado	1
Mandatos não-coincidentes entre diretores	0
Mandatos não-coincidentes com o Governador	1
Exoneração sob hipóteses pré-determinadas	1
Procedimento expresso de exoneração	0

5.27. ARTESP

A ARTESP – Agência de Transporte do Estado de São Paulo é uma autarquia de regime especial, instituída pela Lei Complementar nº 914/2002, dotada de autonomia orçamentária, financeira, técnica, funcional e administrativa, revestida de poder de polícia, cabendo-lhe exercer atividade regulatória em modalidades de serviços públicos de transporte, rodovias, transporte intermunicipal de passageiros e aeroportos.

Na ARTESP, há dispositivos específicos que tratam da governança e da gestão de recursos humanos. Um desses dispositivos permite que a Assembleia Legislativa sugira ao Governador do Estado o afastamento provisório de membros do Conselho Diretor. Esse afastamento pode ser recomendado caso esteja em andamento um procedimento para apurar alguma irregularidade relacionada ao membro em questão. Essa cláusula serve como um mecanismo adicional de controle e fiscalização, buscando garantir altos padrões éticos e de conduta para os membros do conselho.

Além disso, a ARTESP tem a opção de contratar pelo menos parte dos seus servidores sob o regime celetista, o que oferece à agência uma maior flexibilidade na gestão de seu quadro de funcionários. Isso pode ser especialmente útil para se adaptar às necessidades de competências específicas e mudanças operacionais de forma mais ágil.

A ARTESP está na 20ª colocação quanto ao nível de convergência com o modelo teórico adotado na pesquisa, apresentando um valor agregado de 1,55 (52% dos pontos totais). A agência obteve a 19ª posição na dimensão de autonomia institucional (juntamente com a AGEMS, AGER-BA, AGR, ATR e MOB), a 8ª posição da dimensão de governança (ao lado a ADASA, ARPE, ARSESP e ARSP) e a 20ª posição na dimensão de neutralidade política.

ARTESP – AGÊNCIA REGULADORA DE SERVIÇOS PÚBLICOS DELEGADOS DE TRANSPORTE DO ESTADO DE SÃO PAULO	
Autonomia institucional	**67,9%**
Previsões Expressas de Autonomia	**0,75**
Autonomia Administrativa	1
Autonomia Financeira	1
Autonomia Patrimonial	0
Autonomia Técnica	1

ARTESP – AGÊNCIA REGULADORA DE SERVIÇOS PÚBLICOS DELEGADOS DE TRANSPORTE DO ESTADO DE SÃO PAULO	
Previsão de Taxa de Regulação	**1**
Previsão de Competência Normativa	**1**
Previsão de Poder Sancionatório	**1**
Previsão de poder para celebrar TAC	**0**
Grau de vinculação à PGE	**0**
Assessoria não vinculada à PGE	0
Assessores não são procuradores	0
Nenhum procurador alocado	0
Não é Poder Concedente	**1**
Governança	**40,0%**
Ouvidoria	**1**
Possui ouvidoria	1
Ouvidor tem mandato fixo	1
Previsão de Programa de Integridade (*Compliance*)	**0**
Previsão de Participação Social	**1**
Previsão de Agenda Regulatória	**0**
Previsão de AIR	**0**
Neutralidade política	**46,7%**
Requisitos/Impedimentos dos Dirigentes	**0,4**
Impedimento por atuação no setor	1
Impedimento por ocupar cargo político	0
Vedação de filiação partidária	0
Exigência de experiência prévia	1
Previsão de quarentena após mandato	0
Processo de Nomeação dos Dirigentes	**0**
Sabatina prévia da Assembleia Legislativa	0
Aprovação prévia da Assembleia Legislativa	0
Eleição interna do Diretor-Presidente	0
Não prevê indicação livre para mandatos provisórios	0

ARTESP – AGÊNCIA REGULADORA DE SERVIÇOS PÚBLICOS DELEGADOS DE TRANSPORTE DO ESTADO DE SÃO PAULO	
Garantias Funcionais dos Dirigentes	**1**
Mandato por prazo determinado	1
Mandatos não-coincidentes entre diretores	1
Mandatos não-coincidentes com o Governador	1
Exoneração sob hipóteses pré-determinadas	1
Procedimento expresso de exoneração	1

5.28. ATR

A ATR – Agência Tocantinense de Regulação, Controle e Fiscalização foi criada pela Lei nº 1.198/2000, como autarquia sob regime especial, dotada de autonomia administrativa, patrimonial e financeira, e revestida de poder de polícia. Originalmente, foi denominada de ASTINS (Agência de Serviços Públicos Delegados do Tocantins). A atual nomenclatura passou a ser adotada a partir da Lei nº 1.758/2007.

Compete à ATR, à luz do art. 4º da Lei nº 1.758/2007, exercer atividade regulatória nos serviços de geração, transmissão e distribuição de energia elétrica; terminais aeroportuários, hidroviários e rodoviários; comunicações; saneamento; petróleo, seus derivados, e álcool combustível; mineração; transporte intermunicipal de passageiros; inspeção de segurança de veículos; serviços ou uso de bens públicos; além de outras atribuições genéricas resultantes de delegação do poder público.

Como já foi observado acima, a ATR tem um escopo de atuação bastante amplo e diversificado, conforme estabelecido no artigo 4º da Lei nº 1.758/2007. Essa legislação confere à ATR a responsabilidade de regular uma gama de setores que, à primeira vista, não parecem ter uma relação direta entre si. A lista inclui desde a geração, transmissão e distribuição de energia elétrica até a inspeção de segurança de veículos, passando por terminais aeroportuários, hidroviários e rodoviários, comunicações, saneamento e até mineração.

Curiosamente, a agência também é encarregada de setores cuja competência é geralmente considerada privativa da União, como é o caso de petróleo, seus derivados e álcool combustível, bem como atividades em mineração e comunicações. Além disso, a ATR regula o transporte intermunicipal de passageiros e é responsável pela inspeção de segurança veicular.

Em resumo, a ATR tem um leque de atuação bastante diversificado, o que pode levantar questões sobre sua capacidade de especialização e eficácia na regulação de tantas áreas distintas. Também pode haver questões de competência legal, já que alguns dos setores sob sua regulação são tradicionalmente domínios exclusivos do governo federal.

A ATR está na 24ª colocação quanto ao nível de convergência com o modelo teórico adotado na pesquisa, apresentando um valor agregado de 1,35 (44,9% dos pontos totais). A agência obteve a 20ª posição na dimensão de autonomia institucional (juntamente com a AGEMS, AGERBA, AGR, ARTESP e MOB), a 13ª posição da dimensão de governança (ao lado da 13 outras agências) e a 24ª posição na dimensão de neutralidade política (empatada com a AGEAC).

ATR – AGÊNCIA TOCANTINENSE DE REGULAÇÃO, CONTROLE E FISCALIZAÇÃO DE SERVIÇOS PÚBLICOS	
Autonomia institucional	**67,9%**
Previsões Expressas de Autonomia	**0,75**
Autonomia Administrativa	1
Autonomia Financeira	1
Autonomia Patrimonial	1
Autonomia Técnica	0
Previsão de Taxa de Regulação	**1**
Previsão de Competência Normativa	**1**
Previsão de Poder Sancionatório	**1**
Previsão de poder para celebrar TAC	**0**
Grau de vinculação à PGE	**0**
Assessoria não vinculada à PGE	0
Assessores não são procuradores	0
Nenhum procurador alocado	0
Não é Poder Concedente	**1**

ATR – AGÊNCIA TOCANTINENSE DE REGULAÇÃO, CONTROLE E FISCALIZAÇÃO DE SERVIÇOS PÚBLICOS	
Governança	**30,0%**
Ouvidoria	**0,5**
Possui ouvidoria	1
Ouvidor tem mandato fixo	0
Previsão de Programa de Integridade (*Compliance*)	**0**
Previsão de Participação Social	**1**
Previsão de Agenda Regulatória	**0**
Previsão de AIR	**0**
Neutralidade política	**36,7%**
Requisitos/Impedimentos dos Dirigentes	**0,2**
Impedimento por atuação no setor	0
Impedimento por ocupar cargo político	0
Vedação de filiação partidária	0
Exigência de experiência prévia	0
Previsão de quarentena após mandato	1
Processo de Nomeação dos Dirigentes	**0,5**
Sabatina prévia da Assembleia Legislativa	0
Aprovação prévia da Assembleia Legislativa	1
Eleição interna do Diretor-Presidente	0
Não prevê indicação livre para mandatos provisórios	1
Garantias Funcionais dos Dirigentes	**0,4**
Mandato por prazo determinado	1
Mandatos não-coincidentes entre diretores	0
Mandatos não-coincidentes com o Governador	0
Exoneração sob hipóteses pré-determinadas	1
Procedimento expresso de exoneração	0

5.29. MOB

Por fim, a MOB – Agência Estadual de Mobilidade Urbana e Serviços Público consiste em uma autarquia, criada pela Lei nº 10.213/2015, que dispõe de autonomia administrativa, financeira e fiscalizatória, e integra a administração indireta do Poder Executivo do Estado do Maranhão, estando vinculada à Casa Civil.

Compete à agência elaborar estratégias de políticas públicas voltadas para o transporte e mobilidade urbana, com o objetivo de garantir à população deslocamentos acessíveis e de alta qualidade. Isso é alcançado por meio da fiscalização, regulamentação, planejamento e supervisão dos meios de transporte e da infraestrutura viária estadual.

Somando-se a essas competências, com a promulgação da Medida Provisória nº 229/2017, houve a transferência das atribuições e recursos previamente sob responsabilidade da extinta Agência Reguladora de Serviços Públicos do Maranhão (ARSEMA) para a MOB. Dessa forma, cabe à MOB regulamentar, fiscalizar e supervisionar os serviços públicos de competência estadual e atividades privadas de interesse público, tais como distribuição de gás canalizado, saneamento básico e exploração da faixa de domínio de rodovias.

A MOB tem uma origem peculiar, uma vez que foi criada a partir da transformação do Departamento Estadual de Infraestrutura e Transporte (DEINT). Esse processo de criação não se deu por meio de uma lei específica para essa finalidade, mas por meio de uma lei geral que dispõe sobre a estrutura orgânica do Estado do Maranhão, o que é relativamente incomum para uma agência reguladora.

Além disso, a estrutura organizacional da MOB é notável por ser semelhante à de um órgão governamental tradicional, ao invés de seguir um modelo mais independente que é geralmente associado a agências reguladoras. Essa semelhança estrutural pode ser um reflexo de sua origem como um departamento estadual. No entanto, apesar dessa estrutura, a MOB mantém previsão expressa em sua legislação institucional quanto a sua autonomia administrativa e orçamentária.

Esse arranjo único pode levantar discussões sobre a eficácia da MOB como agência reguladora, bem como sobre sua capacidade de manter a independência necessária para regular os setores sob sua jurisdição de forma imparcial e eficaz.

A MOB foi a última colocada quanto ao nível de convergência com o modelo teórico adotado na pesquisa, apresentando um valor agregado de 0,55 (28,7% dos pontos totais). A agência obteve a 19ª posição na dimensão de autonomia institucional (juntamente com a AGEMS, AGERBA, AGR, ATR e ARTESP). A posição da agência na comparação com as demais decorre dos baixos valores obtidos nas dimensões de governança e neutralidade política, tendo em vista que, em ambas, ela foi a última agência colocada.

MOB – AGÊNCIA ESTADUAL DE MOBILIDADE URBANA E SERVIÇOS PÚBLICOS	
Autonomia institucional	**67,9%**
Previsões Expressas de Autonomia	**0,75**
Autonomia Administrativa	1
Autonomia Financeira	1
Autonomia Patrimonial	1
Autonomia Técnica	0
Previsão de Taxa de Regulação	**1**
Previsão de Competência Normativa	**1**
Previsão de Poder Sancionatório	**1**
Previsão de poder para celebrar TAC	**0**
Grau de vinculação à PGE	**0**
Assessoria não vinculada à PGE	0
Assessores não são procuradores	0
Nenhum procurador alocado	0
Não é Poder Concedente	**1**
Governança	**10,0%**
Ouvidoria	**0,5**
Possui ouvidoria	1
Ouvidor tem mandato fixo	0
Previsão de Programa de Integridade (*Compliance*)	**0**
Previsão de Participação Social	**0**
Previsão de Agenda Regulatória	**0**
Previsão de AIR	**0**

MOB - AGÊNCIA ESTADUAL DE MOBILIDADE URBANA E SERVIÇOS PÚBLICOS	
Neutralidade política	**8,3%**
Requisitos/Impedimentos dos Dirigentes	**0**
Impedimento por atuação no setor	0
Impedimento por ocupar cargo político	0
Vedação de filiação partidária	0
Exigência de experiência prévia	0
Previsão de quarentena após mandato	0
Processo de Nomeação dos Dirigentes	**0,25**
Sabatina prévia da Assembleia Legislativa	0
Aprovação prévia da Assembleia Legislativa	0
Eleição interna do Diretor-Presidente	0
Não prevê indicação livre para mandatos provisórios	1
Garantias Funcionais dos Dirigentes	**0**
Mandato por prazo determinado	0
Mandatos não-coincidentes entre diretores	0
Mandatos não-coincidentes com o Governador	0
Exoneração sob hipóteses pré-determinadas	0
Procedimento expresso de exoneração	0

PARTE 2

DADOS SOBRE OS DIRIGENTES DAS AGÊNCIAS REGULADORAS ESTADUAIS

1. APRESENTAÇÃO DA SEÇÃO

Esta parte da pesquisa focou na coleta de dados *reais* sobre os dirigentes nomeados para cada agência reguladora estadual desde a sua criação. O objetivo é dar um passo adiante na avaliação *formal* sobre maturidade institucional das agências estaduais promovida na Parte 1. Como já se disse, a independência e a qualificação dos dirigentes das agências costumam ser mencionadas como elementos relevantes do modelo de agências reguladoras, já que podem contribuir para a neutralidade política e para a capacidade técnica dessas instituições.[1]

Na parte anterior, buscaram-se previsões, na normatização aplicável às agências estaduais, sobre: (i) a existência de algum impedimento expresso em relação à nomeação de agentes que ocupavam cargos no setor regulado antes do início do seu mandato, ainda que por tempo determinado; (ii) a existência de alguma vedação específica à nomeação de agentes ocupantes de cargos políticos antes da assunção do mandato, ainda que

---

1. V., p. ex., OCDE. Regulatory Management Indicator: Brazil, 2011. Disponível em: <https://www.oecd.org/gov/regulatory-policy/47827159.pdf>. Acesso em: 28/09/2023; BANCO MUNDIAL. Selecting an Option for Private Sector Participation. Washington, DC: World Bank, 1997. p. 37.

por tempo preestabelecido; (iii) a existência de vedação à filiação partidária dos dirigentes da agência; (iv) a exigência de experiência prévia na área objeto da regulação por parte dos diretores nomeados; e (v) a previsão de período de quarentena após o término do mandato.

O que se constatou ali foi que diversas agências reguladoras estaduais contam com a previsão formal de mecanismos institucionais voltados a garantir neutralidade política do órgão regulador por meio de requisitos e impedimentos expressamente estipulados para seus dirigentes, assim como de normas que criam procedimentos de nomeação dotados de uma dinâmica de freios e contrapesos ou, ainda, de garantias funcionais atribuídas aos cargos de direção.

Contudo, a previsão formal de mecanismos institucionais voltados a garantir a neutralidade política não implica que esses atributos necessariamente se verificarão na realidade das agências. Uma agência que conte com diversas garantias e requisitos formais pode apresentar uma dinâmica contrária à esperada, porque a legislação que prevê essas garantias é recorrentemente desrespeitada, porque ela se mostra insuficiente para produzir os efeitos desejados ou por outros motivos. Inversamente, uma agência que não conta com muitas garantias e requisitos formais pode possuir corpo de dirigentes com alta capacidade técnica e com trajetória que indique uma atuação neutra, porque outros fatores podem contribuir para essa realidade – por exemplo, a existência de uma cultura institucional de indicação de dirigentes qualificados para o serviço público no Executivo.

Para melhor compreender a realidade das agências reguladoras estaduais a esse respeito, realizou-se uma análise empírica sobre os dirigentes que nelas exerceram mandatos. Essa análise foi orientada por quatro dimensões. A *primeira dimensão* diz respeito à verificação do cumprimento, pelos dirigentes nomeados, dos mandatos previstos em lei e à sua eventual recondução – elementos que podem ser indicativos de estabilidade na sua atuação. A *segunda dimensão* diz respeito à formação acadêmica dos dirigentes, que pode servir como indicativo de capacidade técnica e de que as escolhas dos indicados se orientam por fatores meritocráticos, em vez de políticos. A *terceira dimensão* examina a trajetória profissional dos dirigentes, a partir da qual se pretende conhecer os perfis profissionais dos dirigentes das agências reguladoras, para identificar se eles têm experiência profissional compatível com as atividades e com a neutralidade exigida das agências. Por fim, a *quarta dimensão* examina a eventual filiação político-partidária dos dirigentes, que pode ser indicativa de uma indesejada interferência política no funcionamento das agências. Nas seções seguintes, as justificativas para as dimensões e variáveis analisadas serão apresentadas em maiores detalhes.

2. METODOLOGIA E DIFICULDADES

Participaram desta parte cinco dos nove pesquisadores envolvidos no projeto. Cada pesquisador ficou responsável por um determinado número de agências reguladoras estaduais.

A pesquisa foi desenvolvida em quatro etapas principais. Na *primeira etapa*, foram elaboradas e enviadas perguntas acerca dos dirigentes por meio dos canais eletrônicos disponibilizados por cada agência reguladora estadual em cumprimento à Lei de Acesso à Informação (Lei nº 12.527/2011). Na solicitação de informações, foram enviadas as seguintes perguntas:

> "1. Qual a relação dos *dirigentes* desde a criação da Agência, com discriminação do início e término do(s) mandato(s), bem como da data de saída;
>
> 2. Houve recondução de alguns dos *dirigentes*? Caso positivo, peço a gentileza de discriminar os casos de recondução;
>
> 3. Algum dos *dirigentes* deixou o cargo antes do fim do mandato? Caso positivo, peço a gentileza de discriminar os casos em que os diretores deixaram o cargo antes do fim do mandato, informando o motivo pelo qual isso ocorreu.
>
> 4. Qual a formação acadêmica pregressa? Os *dirigentes* têm graduação? Os *dirigentes* possuem o título de mestre? Os *dirigentes* possuem o título de doutor? Ou outro curso?
>
> 5. Qual a trajetória profissional pregressa dos *dirigentes*? (E qual o último cargo profissional exercido pelos *dirigentes*?) Os *dirigentes* exerceram cargo político anteriormente à nomeação? São oriundos do setor público ou do setor privado?"

O termo "dirigente", destacado em itálico, foi adaptado à nomenclatura específica de cada agência ("Conselheiro" ou "Diretor"), em adequação à previsão formal contida na legislação de criação de cada agência, levantada na primeira parte do trabalho.

Na *segunda etapa*, foram realizadas pesquisas independentes, a fim de complementar as informações recebidas das agências. Buscaram-se as informações que não haviam sido obtidas via resposta das agências aos pedidos de acesso à informação – fossem informações sobre os dirigentes que exerceram mandatos nas agências, sobre o cumprimento do seu mandato ou sobre a sua trajetória profissional. Esses dados foram buscados nas seguintes bases: (i) Diários Oficiais Estaduais, (ii) sítios eletrônicos das agências reguladoras, (iii) sítios eletrônicos das Assembleias Estaduais Legislativas; (iv) notícias de jornal; e (v) bases de dados sobre currículos como o "CNPQ Lattes", o "LinkedIn" e o "Escavador".

Na *terceira etapa*, foram levantados dados sobre a filiação partidária dos dirigentes, utilizando as informações tratadas e disponibilizadas pela organização Base dos Dados[2], cuja fonte é o Sistema de Filiação Partidária mantido pelo Tribunal Superior Eleitoral[3]. Como a base de dados oferecida pela organização só contém informações sobre filiações até 2021, essas informações foram complementadas com buscas no Sistema de Filiação Partidária do TSE no caso de dirigentes cujos mandatos se iniciaram ou encerraram após 2021.

Na *quarta etapa*, os dados levantados foram inseridos em planilha conforme as seguintes variáveis: (i) cumprimento do mandato até o final (sim/não), (ii) recondução (sim/não); (iii) graduação (sim/não), (iv) área da graduação, (v) pós-graduação *lato sensu* (sim/não), (vi) área da pós-graduação *lato sensu*, (vii) mestrado (sim/não), (vii) área do mestrado, (viii) doutorado (sim/não), (ix) área do doutorado, (x) outros cursos de especialização (sim/não), (xi) área dos outros cursos de especialização, (xii) experiência profissional no setor público (sim/não), (xiii) cargo ocupado no setor público, (xiv) experiência profissional em cargo político (sim/não), (xv) cargo político ocupado, (xvi) experiência profissional no setor privado (sim/não), (xvii) cargo ocupado no setor privado, (xviii) filiação partidária (sim/não), e (xix) partidos aos quais o dirigente foi filiado. Para as variáveis binárias, que correspondiam a perguntas de "sim/não", as informações foram submetidas a processo de classificação em valores booleanos, do mesmo modo que os preenchimentos da parte formal da

2. Disponível em: <https://basedosdados.org/dataset/e68b1cfd-ca29-4bdc-b687-424d9c59760e?table=9a2e8ce4-6919-437c-b32e-b8fc048db296>. Acesso em: 27/09/023.

3. Disponível em: <https://www.tse.jus.br/partidos/filiacao-partidaria>. Acesso em: 27/09/2023.

pesquisa, atribuindo-se a numeração "1", se a característica de interesse estava presente, ou "0", se a característica de interesse não estava presente.

As informações não encontradas foram classificadas como "N/D" (não disponível). Já as informações sobre variáveis não aplicáveis a um determinado dirigente (por exemplo, a área do doutorado no caso de dirigente que não tem doutorado) foram classificadas como N/A (não aplicável).

2.1. Dificuldades enfrentadas para a obtenção de dados da pesquisa

O levantamento de informações para esta parte da pesquisa envolveu dificuldades relevantes. Elas surgiram principalmente nos casos em que as agências não responderam aos pedidos de acesso à informação[4] (ou responderam de forma incompleta) e os dados não estavam disponíveis nas fontes de dados oficiais utilizadas para pesquisa complementar (como o sítio eletrônico da própria agência, o Diário Oficial ou o sítio eletrônico da Assembleia Estadual Legislativa).

Nenhuma das agências reguladoras pesquisadas disponibiliza em seus sítios eletrônicos o histórico de todos os seus dirigentes desde a sua criação, tampouco os seus currículos – a maioria delas fornece apenas informações sobre os dirigentes em exercício. Em alguns casos, houve problemas no acesso aos atos de nomeação e exoneração dos dirigentes nos Diários Oficiais Estaduais, devido a problemas técnicos ou simplesmente em razão de os atos não serem identificados na busca do portal. Nem sempre o portal da Assembleia Legislativa disponibilizava os currículos dos dirigentes nos atos de análise e aprovação dos indicados para os cargos.

Nos casos em que as agências não responderam ao pedido de acesso à informação sobre a trajetória acadêmica e profissional dos dirigentes e em que tampouco foi possível encontrá-los em fontes de dados oficiais, grande parte dos campos foram classificados como "N/D" (não disponíveis).

4. As agências ADASA, AGEMS, AGENERSA, AGEPAR, AGERBA, AGERGS, AGRESE, ARSEPAM, AGEAC, AGERO, AGRESPI, ARCE, ARPB, ARSAP, ARSEP, ARSP, e MOB não responderam aos questionamentos formulados ou indeferiram o pedido. As justificativas apresentadas pelas agências que não responderam aos pedidos de acesso à informação foram as de que eles (i) feririam a Lei Geral de Proteção de Dados (LGPD), (ii) implicariam informações de acesso restrito ou (iii) configurariam pedido desproporcional. Outras agências, embora tenham respondido aos pedidos de acesso à informação, não disponibilizaram todos os dados solicitados.

É que, nesses casos, ainda que fosse possível obter informações sobre algumas variáveis, não era possível responder negativamente aos questionamentos das demais variáveis, já que não havia segurança de que se tinha acesso ao currículo completo do dirigente. Por exemplo, quando fosse possível encontrar, em matérias de jornal, referência à graduação e a cargo político exercido pelo dirigente, não era possível concluir que ele não tinha mestrado ou que não tinha exercido cargo no setor privado. Assim, essas variáveis foram classificadas como "N/D".

Por fim, algumas variáveis apresentaram dificuldades específicas de coleta. Por exemplo, no caso dos dirigentes que desempenharam função política, a busca na internet retornou um excesso de informações pela busca do nome dos dirigentes, o que dificultou a coleta de dados e exigiu maior esforço sintético. Por outro lado, observou-se uma maior dificuldade de obtenção de informações relacionadas à experiência acadêmica e profissional pregressa dos dirigentes no setor privado.

3. DIMENSÕES DE ANÁLISE E RESULTADOS GERAIS DA PESQUISA

Esta seção apresenta as quatro dimensões que estruturaram a análise empírica dos dirigentes das agências reguladoras estaduais, bem como as variáveis que as compuseram. Além disso, traz os resultados gerais da pesquisa (os dados agregados de todas as agências reguladoras estaduais) em relação a cada uma dessas dimensões.

Para a análise do tempo de mandato e dos casos de recondução, utilizou-se como unidade de análise o mandato dos dirigentes das agências estaduais estudadas. Foram registrados, no período de análise, dados para um total de 610 mandatos distintos, em todas as 29 agências estudadas.

Esses 610 mandatos compreendidos no período de análise foram ocupados por um total de 487 dirigentes distintos. Para o exame da formação acadêmica dos dirigentes, de sua atuação profissional pregressa e sua filiação partidária, foram buscadas informações para cada um desses 487 indivíduos[5].

5. Há 3 pessoas na base que ocuparam cargos de dirigentes em mais de uma agência reguladora estadual, no período estudado. Nas análises gerais dos dirigentes (seção 3), esses indivíduos foram contabilizados apenas 1 vez. Nas análises comparativas entre

3.1. Cumprimento dos mandatos previstos em lei e recondução

O primeiro dado levantado diz respeito ao tempo em que os dirigentes permaneceram à frente das agências. Para tanto, identificou-se, para cada mandato de dirigente:

1. Se os dirigentes cumpriram o mandato previsto em lei até o final; e
2. Se os dirigentes foram reconduzidos ao cargo ao fim do mandato.

A variável 1 foi incluída porque o cumprimento integral do mandato pode indicar maior grau de autonomia funcional e de decisão da agência, na medida em que sinaliza a permanência de dirigentes no cargo mesmo após o final do mandato do agente político que os nomeou.[6] A variável 2

---

agências, esses indivíduos foram contabilizados 1 vez para cada agência na qual exerceram função de dirigente (2 vezes ao total, nos 3 casos).

6. A estabilidade diferenciada dos dirigentes das agências reguladoras é normalmente considerada uma garantia importante para a autonomia da entidade reguladora. Isso decorre do entendimento de que essas instituições devem tomar decisões com base em critérios predominantemente técnicos e manter neutralidade política. Para Alexandre Santos de Aragão: "não é qualquer autonomia que caracteriza as agências reguladoras, mas apenas aquela reforçada, sobretudo, pela vedação de exoneração ad nutum dos seus dirigentes" (ARAGÃO, Alexandre Santos de. Agências reguladoras e a evolução do direito administrativo econômico. 3 ed., Rio de Janeiro: Forense, 2013). Em igual sentido, Carlos Ari Sundfeld adverte que "o fator fundamental para garantir a autonomia da agência parece estar na estabilidade dos dirigentes" (Introdução às agências reguladoras. In: SUNDFELD, Carlos Ari (Coord.). Direito Administrativo Econômico. Malheiros: São Paulo, 2000. p. 88). Ainda: DI PIETRO, Maria Sylvia Zanella. Direito administrativo. 33. ed. – Rio de Janeiro: Forense, 2020. p. 1079-1082; JUSTEN FILHO, Marçal. Curso de Direito Administrativo. 10 ed : São Paulo. Editora Revista dos Tribunais. 2014. p. 706-708. V., também, BANCO MUNDIAL. Selecting an Option for Private Sector Participation. Washington, DC: World Bank, 1997. p. 37 (*"Tenure must be for a fixed period (that is, regulators must be protected from arbitrary removal from office)"*). Essas preocupações são refletidas em alguns elementos do desenho institucional das agências reguladoras federais: a sua direção é atribuída a titulares de mandato com prazo determinado, e é vedada a sua exoneração *ad nutum* pelo chefe do Poder Executivo. Na ausência de previsão legal específica, o Supremo Tribunal Federal entendeu, no julgamento da Ação Direta de Inconstitucionalidade nº 1.494, que o dirigente só poderia legitimamente perder o mandato nos seguintes casos: (i) renúncia; (ii) condenação judicial transitada em julgado e (iii) infração disciplinar, sem prejuízo de outras hipóteses legais, as quais devem sempre observar a necessidade de motivação e de processo formal, não havendo espaço para discricionariedade pelo chefe do Executivo. Essa ADI discutiu a constitucionalidade da estabilidade por mandato dos dirigentes Agência Estadual de Regulação dos Serviços Públicos Delegados do Rio Grande do Sul (AGERGS). O STF entendeu que *"a exoneração dos conselheiros das agências reguladoras (...) não pode*

foi incluída com o objetivo de compreender se há uma tendência de que dirigentes se mantenham na posição após o fim do mandato. É importante notar que algumas agências não contam com previsão legal de mandato a ser cumprido por seus dirigentes, a exemplo da AGERBA, AGERSA e MOB, razão pela qual as duas variáveis investigadas nesta primeira dimensão são irrelevantes.

Na análise do cumprimento dos mandatos até o final, observou-se que 300 dirigentes permaneceram no cargo até o final do mandato, enquanto 143 dirigentes deixaram o cargo antes do término. Ao contrário da estabilidade esperada para estas funções, portanto, tem-se que cerca de 1 em cada 3 dirigentes de agências estaduais não chega a completar o seu mandato. É importante notar, no entanto, que essa variável não era aplicável em 101 casos – o que aconteceu, principalmente, quando se tratava de mandato ainda em curso, havendo também alguns casos em que os dirigentes não possuíam mandato fixo, conforme indicado anteriormente. Além disso, em 66 casos, foi registrado que o dado não estava disponível, não sendo possível afirmar se houve o cumprimento integral do mandato por parte do dirigente.

---

ficar a critério discricionário [do Poder Executivo]." Isso porque "*Tal fato poderia subverter a própria natureza da autarquia especial, destinada à regulação e à fiscalização dos serviços públicos prestados no âmbito do ente político, tendo a lei lhe conferido certo grau de autonomia*". O STF prosseguiu no sentido de que "*a natureza da investidura a termo no cargo de dirigente de agência reguladora, bem como a incompatibilidade da demissão* ad nutum *com esse regime, haja vista que o art. 7º da legislação gaúcha prevê o mandato de quatro anos para o conselheiro da agência, exigem a fixação de balizas precisas quanto às hipóteses de demissibilidade dos dirigentes dessas entidades. Em razão do vácuo normativo resultante da inconstitucionalidade do art. 8º da Lei estadual nº 10.931/97 e tendo em vista que o diploma legal não prevê qualquer outro procedimento ou garantia contra a exoneração imotivada dos conselheiros da Agência Estadual de Regulação dos Serviços Públicos Delegados do Rio Grande do Sul (AGERGS), deve a Corte estabelecer, enquanto perdurar a omissão normativa, as hipóteses específicas de demissibilidade dos dirigentes dessa entidade*". Conforme os resultados apresentados na primeira parte, diversos estados incorporaram esses elementos às suas legislações, prevendo, para os dirigentes de suas agências reguladoras, mandatos definidos e exoneração restrita a hipóteses excepcionais. Sendo assim, a ausência de cumprimento integral dos mandatos pelos dirigentes de forma recorrente pode indicar que as agências reguladoras estaduais estão sujeitas à influência ou pressão política.

Na análise da recondução dos dirigentes, por sua vez, verificou-se que, em 294 casos, não houve recondução, ao passo que em 95 casos os dirigentes foram reconduzidos. A variável não era aplicável em 164 casos e as informações sobre recondução não estavam disponíveis em 57 casos.

3.2. Formação acadêmica

Esta dimensão analisa a formação acadêmica dos dirigentes antes do exercício do cargo. A análise permite fazer inferências a respeito dos critérios que vêm orientando as nomeações do corpo dirigente das agências reguladoras estaduais.

Em primeiro lugar, porque a literatura sobre agências reguladoras costuma afirmar que a escolha dos dirigentes com base em critérios predominantemente meritocráticos é considerada uma condição relevante para a autonomia das agências.[7] A premissa é a de que, se adotados critérios de escolha meritocráticos, em vez de políticos, os dirigentes escolhidos tenderiam a ter atuações mais orientadas pela técnica, além de ter relações menos próximas de políticos e menos incentivos para satisfazer as suas preferências para impulsionar suas carreiras.

Em segundo lugar, porque a capacidade técnica especializada também é considerada um elemento relevante do modelo de agências reguladoras[8]. Nesse sentido, a escolha dos dirigentes com base em critérios de qualificação é um elemento relevante para garantir que aqueles que tomarão as decisões finais em nome das agências terão o conhecimento e a experiência necessários para conduzir a regulação de seus setores de forma tecnicamente fundamentada.

---

7. BANCO MUNDIAL. Selecting an Option for Private Sector Participation. Washington, DC: World Bank, 1997. p. 37 ("*Regulatory appointments must be made on professional criteria*"); NUNES, E. DE O. (ED.). Agências reguladoras e reforma do Estado no Brasil: inovação e continuidade no sistema político institucional. Rio de Janeiro, Brasil: Garamond Universitária, 2007. p. 47 ("Quanto a sua autonomia decisória alguns procedimentos deveriam ser observados, tais como: (...) dedicação exclusiva dos dirigentes, uso do critério de mérito e competência profissional").

8. Na literatura jurídica, v., p. ex, DUTRA, Pedro. A fiscalização dos serviços públicos privatizados. Rio de Janeiro: Gazeta Mercantil, 1998, pág. A-3.

Esta dimensão se relaciona com a análise, empreendida na Parte 1, a respeito do requisito formal de experiência prévia dos indicados para cargos de dirigentes na legislação aplicável às agências reguladoras, uma vez que permite avaliar se as características da formação acadêmica dos indivíduos que efetivamente exerceram cargos de dirigentes nas agências vêm satisfazendo os objetivos perseguidos por essas previsões legais.

Tendo isso em vista, as variáveis que compuseram esta dimensão de análise foram:

1. Se o dirigente tem graduação.
2. Em qual área o dirigente tem graduação.
3. Se o dirigente tem pós-graduação.
4. Se o dirigente tem mestrado.
5. Se o dirigente tem doutorado.
6. Se o dirigente tem outros cursos.

A partir das variáveis 1, 3, 4, 5 e 6, esperava-se extrair informações sobre o nível de formação acadêmica atingido pelos dirigentes. A graduação é um requisito mínimo para a qualificação em muitas áreas profissionais, e é exigida dos dirigentes por diversas leis que disciplinam as agências reguladoras estaduais analisadas. A pós-graduação *lato sensu* indica certo nível de especialização na área de estudo, com viés profissional. Isso pode incluir certificados, cursos de curta duração ou treinamentos específicos relevantes para a função regulatória. O mestrado é um indicativo de conhecimento especializado em uma área específica, o que pode ser crucial para compreender e tomar decisões complexas sobre setores regulados. O doutorado reflete um nível profundo de especialização e conhecimento acadêmico. Por fim, outros cursos podem identificar qualquer formação adicional que os membros do corpo dirigente possam ter além dos graus tradicionais.

As variáveis relacionadas à formação superior dos dirigentes estão diretamente correlacionadas entre si, uma vez que um dirigente que não tenha curso de graduação não pode ter concluído um curso de pós-graduação ou de mestrado, ao passo que um dirigente sem mestrado, em regra, tampouco terá doutorado. Diante disso, quando se estava diante de dirigente que não havia cumprido determinado grau de formação que era pré-requisito para alcançar níveis de formação superiores, as variáveis relacionadas a esses níveis superiores foram preenchidas com "0". Por exemplo, quando as variáveis 2 ou 5 (se o dirigente tem graduação e se tem mestrado) haviam sido preenchidas com "0", a variável 7 (se o dirigente tem doutorado) foi automaticamente preenchida com "0".

Com a variável 2, por sua vez, esperava-se obter informações sobre a área básica de especialização dos dirigentes. Esse dado pode revelar características interessantes dos dirigentes que vêm exercendo mandatos em agências reguladoras estaduais: se eles têm histórico de especialização em áreas do conhecimento relacionadas ao estudo da regulação ou dos setores regulados, e qual formação tende a prevalecer dentre os dirigentes.

As figuras abaixo sintetizam os resultados das análises promovidas para esta dimensão a partir dos dados levantados na pesquisa.

Ao avaliar a existência de curso de graduação completo por parte dos dirigentes, constatou-se que 356 dirigentes possuíam algum curso de graduação completo e apenas 11 dirigentes não possuíam nenhum curso de graduação[9]. Essa conclusão se baseia em um dado aproximado, pois a informação não estava disponível em 120 casos. Mesmo assim, é possível constatar que a grande maioria dos dirigentes tem curso de graduação completo.

O curso de graduação mais frequente foi direito: 127 dirigentes são graduados nessa área. Já o curso de engenharia, considerado globalmente, sem especializações, ficou em segundo lugar, com 79 dirigentes graduados nessa área. Em terceiro, 45 dirigentes são formados em administração. Por fim, em quarto lugar, 35 dirigentes são graduados em economia. Os outros cursos de graduação foram englobados em uma única categoria denominada "outros", que abriga 70 dirigentes formados em áreas diversas.

9. Vale destacar que, nesses casos, a falta de indicação de um curso de graduação nos currículos dos dirigentes pode se dever a um erro nas informações oferecidas pelo currículo publicado (lacuna), ao invés de uma carência de formação real. Uma investigação mais detalhada desses casos excepcionais seria necessária para elucidar esse ponto.

Figura 1. Área de especialização dos cursos de Graduação

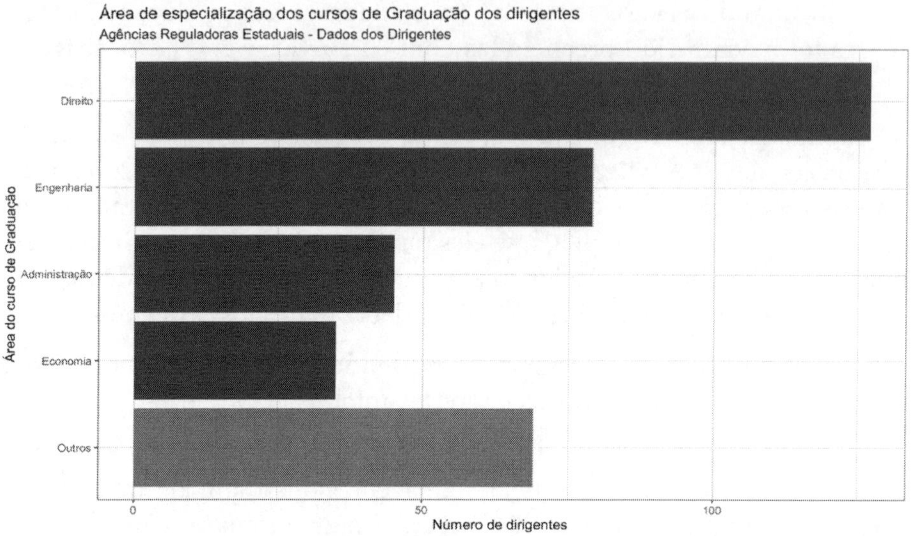

Apurou-se que 175 dirigentes têm algum curso de pós-graduação *lato sensu*, enquanto 101 dirigentes não têm nenhum curso de pós-graduação. Isso parece sugerir que a maioria dos dirigentes conta com curso de pós-graduação. No entanto, não é possível concluir definitivamente nesse sentido, uma vez que o dado não estava disponível em 211 casos.

Quanto à pós-graduação *stricto sensu*, um total de 150 dirigentes não têm mestrado, enquanto 91 dirigentes têm mestrado, não estando o referido dado disponível em 246 casos. Para a variável referente ao doutorado, foi constatado que 200 dirigentes não têm título de doutor, enquanto apenas 24 dirigentes têm doutorado. O dado em questão não estava disponível em 263 casos.

Vale destacar que a análise da formação acadêmica dos dirigentes possui variáveis diretamente correlacionadas entre si. Só é possível obter pós-graduação *lato sensu* ou mestrado tendo, primeiramente, cursado a graduação. Da mesma forma, só é possível obter o título de doutor após ter obtido o de mestre.

A pesquisa também verificou, como dito, se os dirigentes possuíam em seus currículos outros cursos livres de especialização técnica. Foi possível verificar que 152 dirigentes não têm outros cursos, enquanto 62 dirigentes têm algum outro curso de especialização. Por outro lado, essa informação não estava disponível em torno de 273 casos.

A figura a seguir consolida as informações de formação dos dirigentes das agências reguladoras estaduais.

Figura 2. Formação dos dirigentes das agências reguladoras estaduais

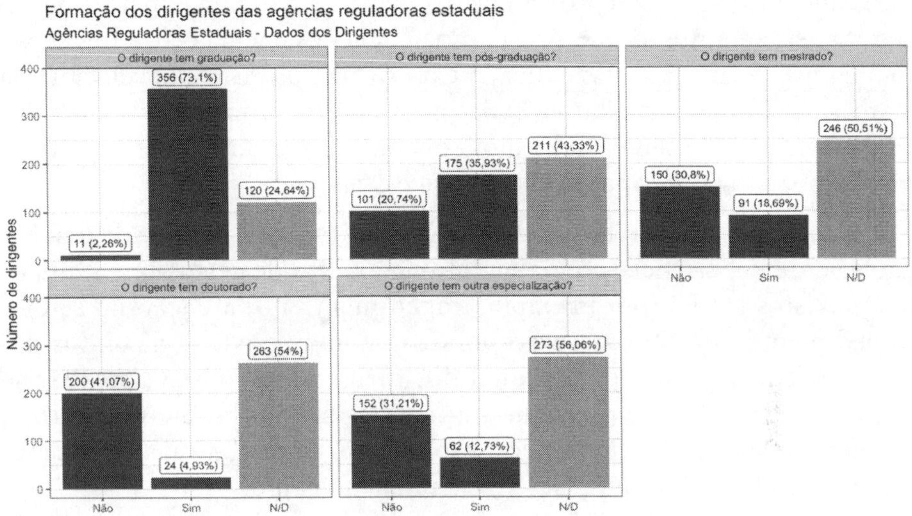

3.3. Atuação profissional pregressa

Esta dimensão analisa a atuação profissional dos dirigentes antes do exercício do cargo. O objetivo é conhecer as experiências pregressas e trajetórias profissionais dos dirigentes das agências reguladoras estaduais. Essas informações são relevantes por dois motivos. Primeiramente, elas permitem conhecer o perfil dos indivíduos que vêm exercendo cargos de direção nas agências reguladoras estaduais. Dirigentes com histórico de atuação na política podem ser mais suscetíveis a influências por parte de políticos durante o mandato.[10] Já para dirigentes com histórico de atuação no setor privado, a preocupação é principalmente com a possibilidade de o dirigente beneficiar grupos de interesse. Conhecer o perfil que predomina entre as agências reguladoras estaduais brasileiras permite direcionar o debate sobre os riscos de influência indevida sobre a direção da agência de acordo com a realidade dessas instituições.

10. Há estudos sobre indicações políticas para cargos na Administração, que não abordam especificamente agências reguladoras, que indicam que burocratas indicados com conexões políticas podem melhorar o desempenho de instituições públicas. Nesse sentido: TORAL, Guilherme. How Patronage Delivers: Political Appointments, Bureaucratic Accountability, and Service Delivery in Brazil. **American Journal of Political Science**, v. 68, n. 2, p. 797-815, 2024.

As informações sobre a trajetória profissional dos dirigentes também permitem avaliar se eles provêm de cargos que sinalizam experiência em setores semelhantes às áreas de competência das agências. De forma semelhante à formação acadêmica, a experiência profissional relacionada a áreas de competência das agências pode servir como indicativo de que os dirigentes estão sendo indicados com base em critérios meritocráticos e podem sinalizar a capacidade técnica do corpo dirigente.[11]

Esta dimensão se relaciona com a Parte 1 tanto na análise da exigência legal de experiência prévia quanto na análise de certos impedimentos previstos em lei (por exemplo, impedimento por atuação no setor e impedimento por ocupar cargo político). Afinal, a partir das informações sobre a trajetória profissional dos dirigentes, é possível avaliar se eles têm a experiência prévia que algumas legislações buscam garantir e, também, se eles têm experiências profissionais que algumas legislações consideram impedimentos para o exercício do cargo.

Esta dimensão de análise desmembrou-se nas seguintes variáveis:

1. Se o dirigente exerceu cargo público.
2. Se o dirigente exerceu cargo político.
3. Se o dirigente exerceu cargo privado no setor regulado.

Para os fins da variável 1, foi computada qualquer experiência do dirigente no setor público, com exceção da experiência em cargos políticos (assim considerados aqueles alcançados por meio do voto popular), tendo em vista que esta foi computada na variável 2.

Para a variável de exercício de cargo privado antes do mandato, a resposta foi afirmativa para 155 dirigentes e negativa para 118 dirigentes. A informação não estava disponível em 214 casos.

11. Sobre a escolha dos dirigentes com base em critérios meritocráticos como elemento de autonomia: BANCO MUNDIAL. Selecting an Option for Private Sector Participation. Washington, DC: World Bank, 1997. p. 37; NUNES, E. DE O. (ED.). Agências reguladoras e reforma do Estado no Brasil: inovação e continuidade no sistema político institucional. Rio de Janeiro, Brasil: Garamond Universitária, 2007. p. 47. Sobre a importância da capacidade técnica das agências reguladoras: DUTRA, Pedro. A fiscalização dos serviços públicos privatizados. Rio de Janeiro: Gazeta Mercantil, 1998, pág. A-3.

Os dados mostram uma clara predominância do setor público na atuação pregressa dos dirigentes: 289 dirigentes já haviam passado por cargos públicos, o que constitui a maioria dos casos analisados (59,34%), mesmo quando contabilizamos os 149 casos em que não foi possível identificar essa informação. Na realidade, apenas em 49 casos (10,06% do total de dirigentes analisados) foi possível constatar que um dirigente de uma agência reguladora estadual não havia exercido cargo público anteriormente.

Por fim, cabe ainda destacar que 66 dirigentes haviam exercido cargo político antes de seu mandato, o que representa uma participação não desprezível[12] de agentes políticos entre os dirigentes das agências reguladoras estaduais. Em 277 casos constatou-se que o dirigente não havia exercido cargo político, ao passo que em 144 casos essa informação não estava disponível.

A figura a seguir consolida as informações da atuação profissional pregressa dos dirigentes das agências reguladoras estaduais.

Figura 3. Atuação profissional pregressa dos dirigentes das agências reguladoras estaduais

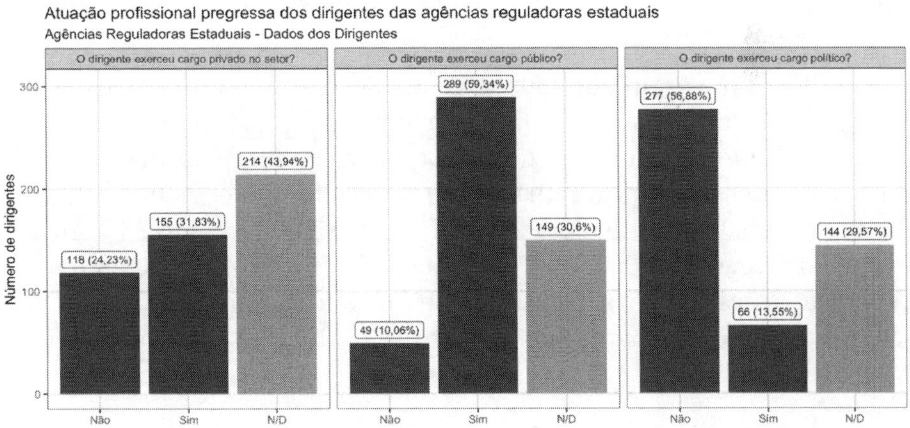

12. Esses 66 dirigentes representam 13,55% dos casos analisados, ou seja, cerca de 1 a cada 7 dirigentes haviam sido agentes políticos. Se considerarmos apenas os casos para os quais foi possível obter informações sobre essa variável, essa proporção passa para 1 a cada 5 dirigentes, aproximadamente, tendo exercido cargo político prévio.

3.4. Filiação partidária

Esta dimensão analisa a existência de filiação partidária dos dirigentes antes ou durante o exercício do seu mandato nas agências reguladoras estaduais. Ela se justifica porque diversas características do modelo institucional de agências reguladoras buscam blindar suas decisões de ingerências políticas. Nesse contexto, um alto número de dirigentes com associação a partidos pode sugerir tanto que a escolha dos indicados é orientada por critérios políticos quanto que o dirigente estará mais suscetível a atender interesses políticos durante o exercício do cargo.[13] Esta dimensão foi composta pelas seguintes variáveis:

1. Se o dirigente já teve filiação partidária.
2. A quais partidos o dirigente já foi filiado.

A partir da variável 1, buscou-se identificar se os dirigentes foram filiados a partidos políticos antes ou durante o exercício do seu mandato. Conforme mencionado, a filiação foi avaliada porque pode sinalizar vinculação do dirigente à vida política e a partidos organizados.

Já a variável 2 serviu para tentar identificar quais partidos tiveram mais dirigentes com filiação partidária em cada agência, de modo a encontrar indícios de quais partidos têm mais impacto na dinâmica regulatória estadual.

Os dados mostram que 150 dirigentes possuem filiação partidária, ao passo que 326 não possuem. Em 11 casos não foi possível identificar essa informação. Os partidos com o maior número de filiações, dentre os 150 dirigentes que já possuíram filiação partidária, foram: o MDB, ao qual 22 dirigentes já haviam sido filiados; o PSDB, com 20 filiações; o PT, também com 20 filiações; o PSB, com 17 filiações; o PDT, com 17 filiações e o PL, com 11 filiações. A figura a seguir mostra o dado dos partidos mais representativos como percentual do número total de dirigentes com alguma filiação.

13. Sobre o tema, v. BERSCH, K.; PRAÇA, S.; TAYLOR, M. M. State capacity, bureaucratic politicization, and corruption in the Brazilian State. **Governance**, v. 30, n. 1, 2016.

Figura 4. Principais partidos aos quais os dirigentes já se filiaram

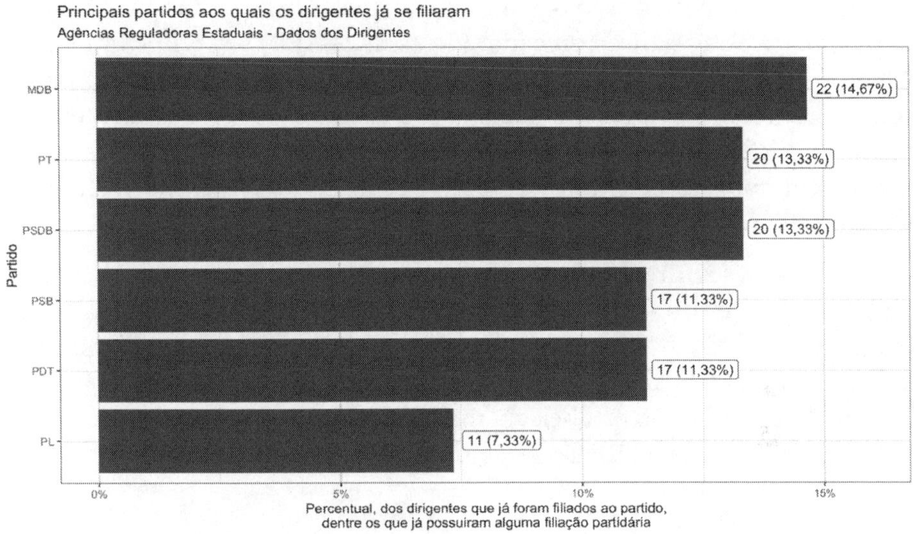

4. RESULTADOS COMPARATIVOS

Nesta seção, os resultados são apresentados de forma comparativa. Primeiro, as agências são ranqueadas em função de cada uma das variáveis estudadas (item 4.1). Depois, elas são apresentadas individualmente (item 4.2).

4.1. Visão geral

Nesta seção, são apresentados os resultados comparativos agregados das agências reguladoras estaduais nas quatro dimensões de análise estudadas: (i) o cumprimento dos mandatos previstos em lei e recondução, (ii) a formação acadêmica, (iii) a atuação profissional pregressa, e (iv) a filiação partidária.

4.1.1. Cumprimento dos mandatos previstos em lei e recondução

Quanto à primeira dimensão de análise, o resultado agregado é apresentado em percentuais correspondentes ao quantitativo de dirigentes que deixaram o cargo antes do prazo do mandato e ao quantitativo de dirigentes que foram reconduzidos, ambos sobre o total de dirigentes cujas informações de cumprimento do mandato foram encontradas.

Vale ressalvar que algumas agências reguladoras estaduais não preveem mandatos para seus dirigentes, razão pela qual elas não foram consideradas para esta análise agregada. São essas: AGERBA, AGERSA e MOB. Além disso, algumas agências, embora tenham a garantia do mandato, vedam, também por previsão legal, a recondução de seus dirigentes. São essas: AGERGS, AGRESPI, ARSAP e ARSESP. Nesses casos, as agências não foram consideradas para a análise agregada da variável referente à recondução do dirigente.

A figura a seguir apresenta os percentuais de dirigentes que deixaram o mandato antes do seu término. Foram omitidas da análise as agências estaduais que não possuíam dados sobre essa variável[14], ou porque não foi possível identificar o dado para nenhum dirigente, ou porque a lei de criação da agência não estabelecia mandato fixo (ver primeira parte deste estudo). Os motivos da interrupção do cargo não foram investigados.

Figura 5. Dirigentes que deixaram o cargo, por agência

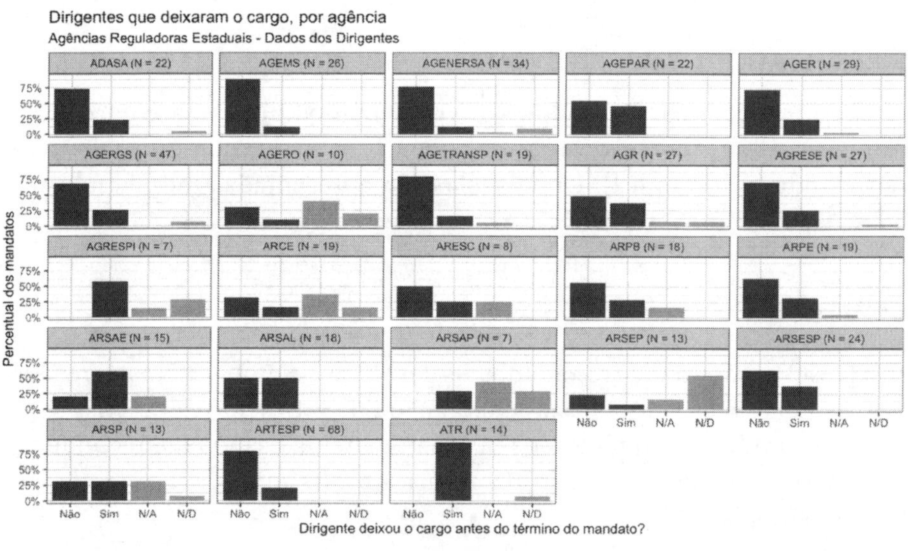

As agências que obtiveram o maior índice de interrupção do mandato são a ATR, em que 93% dos mandatos analisados (13 casos) foram interrompidos antes do término do seu prazo legal, a ARSAE, onde isso ocorreu em 60% dos mandatos pesquisados (9 casos) e a AGRESPI, onde isso

14. Foram omitidas as seguintes agências: AGEAC, AGERBA, AGERSA, ARCON, ARSEPAM e MOB.

se deu em 57% dos mandatos avaliados (4 casos). Esses percentuais mais altos sugerem que, nessas agências, há uma maior instabilidade na função diretiva. A AGEMS, ARTESP, AGETRANSP e AGENERSA, por sua vez, apresentam os menores percentuais de mandatos interrompidos antes de seu término legal, sendo as agências que apresentaram os resultados de maior estabilidade neste sentido.

Em relação às agências que permitem a recondução, a figura a seguir apresenta os percentuais de dirigentes que foram reconduzidos ao cargo, após o cumprimento de seus respectivos mandatos. Novamente, foram omitidas da análise as agências estaduais que não possuíam dados sobre essa variável[15].

Figura 6. Recondução dos dirigentes, por agência

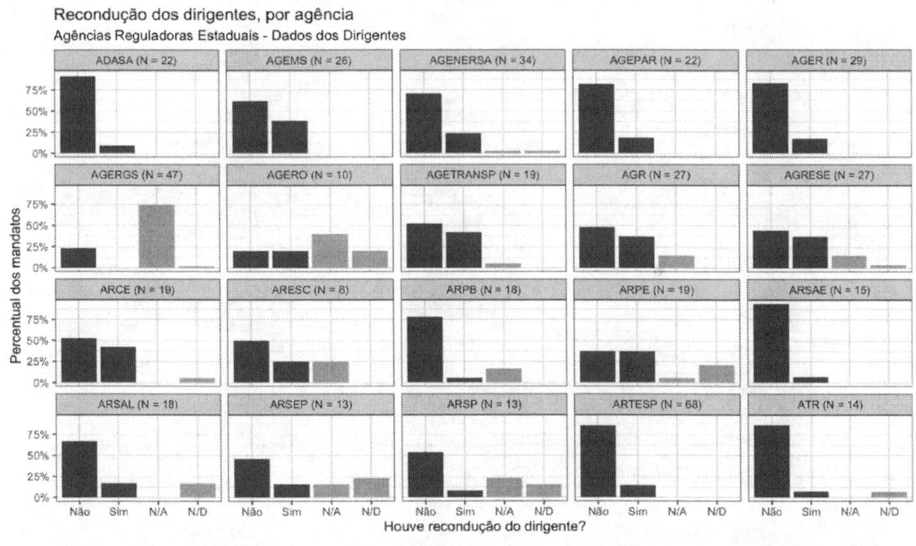

Como se observa, na maior parte das agências há um maior número de mandatos em que não há recondução. No entanto, essa proporção varia consideravelmente entre as agências. Em agências como a ADASA, a AGEPAR, a AGER, a ARSAE, a ARTESP e a ATR mais de 75% dos dirigentes não foram reconduzidos. Por outro lado, em agências como a AGETRANSP, a AGR, a AGRESE, a ARCE e a ARPE a proporção de mandatos em que

15. Foram omitidas as seguintes agências: AGEAC, AGERBA, AGERSA, AGRESPI, ARCON, ARSAP, ARSEPAM, ARSESP e MOB.

houve recondução é praticamente equivalente à proporção de casos em que não houve. Os dados mostram, portanto, que a frequência com que dirigentes são reconduzidos ao cargo pode variar muito de agência para agência.

4.1.2. Formação acadêmica

A figura abaixo apresenta dados de formação acadêmica dos dirigentes das agências reguladoras estaduais. A figura indica os percentuais do maior nível de especialização identificado para os dirigentes de cada agência, entre graduação, pós-graduação, mestrado e doutorado.

Figura 7. Formação acadêmica dos dirigentes, por agência

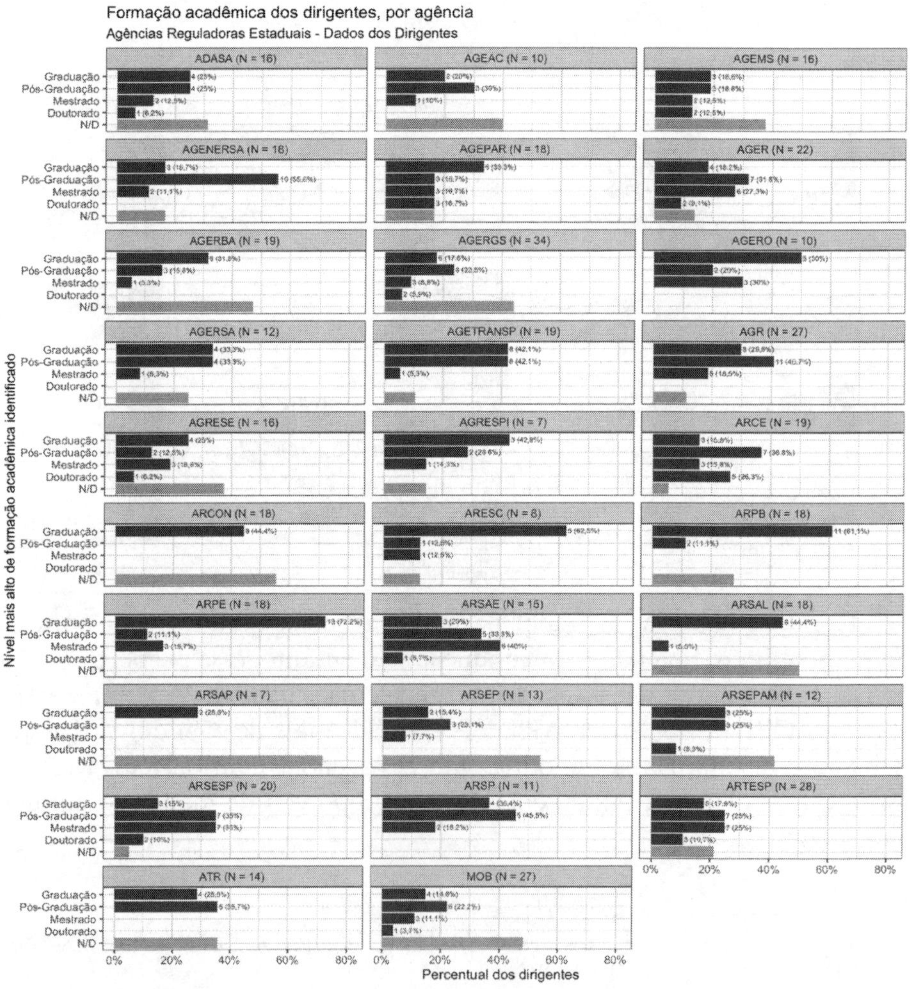

Os dados mostram, novamente, disparidades significativas entre os dirigentes de diferentes agências reguladoras estaduais. Em 7 agências, mais de 60% dos dirigentes possuíam algum nível de pós-graduação. São elas: ARSAE, ARSESP, ARCE, AGER, AGENERSA, ARSP, ARTESP. Em contrapartida, em 5 agências (ARPE, ARESC, AGERBA, ARPB e ARSAL) esse percentual foi inferior a 30%.

Se considerarmos apenas pós-graduações *stricto sensu*, a ARSAE se destaca como a agência com a maior proporção de dirigentes com mestrado e/ou doutorado (46,7%), havendo apenas 2 outras agências que possuem mais de 40% de seus dirigentes nessa condição: a ARSESP e a ARCE. A ARCE, em particular, destaca-se por um elevado percentual de doutores entre seus dirigentes, em comparação às demais agências (26,3%). Por outro lado, há 6 agências nas quais menos de 10% dos dirigentes possuíam mestrado e/ou doutorado: AGERSA, ARSEPAM, ARSEP, ARSAL, AGERBA e AGETRANSP.

Os dados mostram, portanto, uma ampla variabilidade na formação acadêmica dos dirigentes das agências reguladoras estaduais. Além disso, os níveis de especialização acadêmica, sobretudo se observamos as pós-graduações *stricto sensu* (mestrados e doutorados) parecem baixos, considerando-se a característica técnica da atuação das agências reguladoras.

4.1.3. Atuação profissional pregressa

Quanto à terceira dimensão de análise, atinente à atuação profissional pregressa, a figura abaixo denota que grande parte das agências estaduais possuem dirigentes que já exerceram alguma função pública. Em 21 das 29 agências estaduais estudadas, pelo menos a metade dos dirigentes analisados havia exercido função pública. Em 11 das 29 agências, 75% ou mais dos dirigentes haviam passado por algum cargo público. As três agências com os maiores percentuais de dirigentes que exerceram cargo público foram: a AGERO, com todos os 10 dirigentes analisados; a ARSP, com 10 dos 11 dirigentes analisados (90,9%); e a AGR, com 24 dos 27 dirigentes analisados (88,9%).

Vale destacar que os dados percentuais apresentados na figura a seguir incluem os casos em que a informação não estava disponível e, portanto, estão subestimados: se ao menos uma parte dos dirigentes para os quais a pesquisa não dispõe de informações tiverem exercido alguma função pública, essas proporções seriam ainda maiores.

Figura 8. Dirigentes que atuaram em cargos públicos

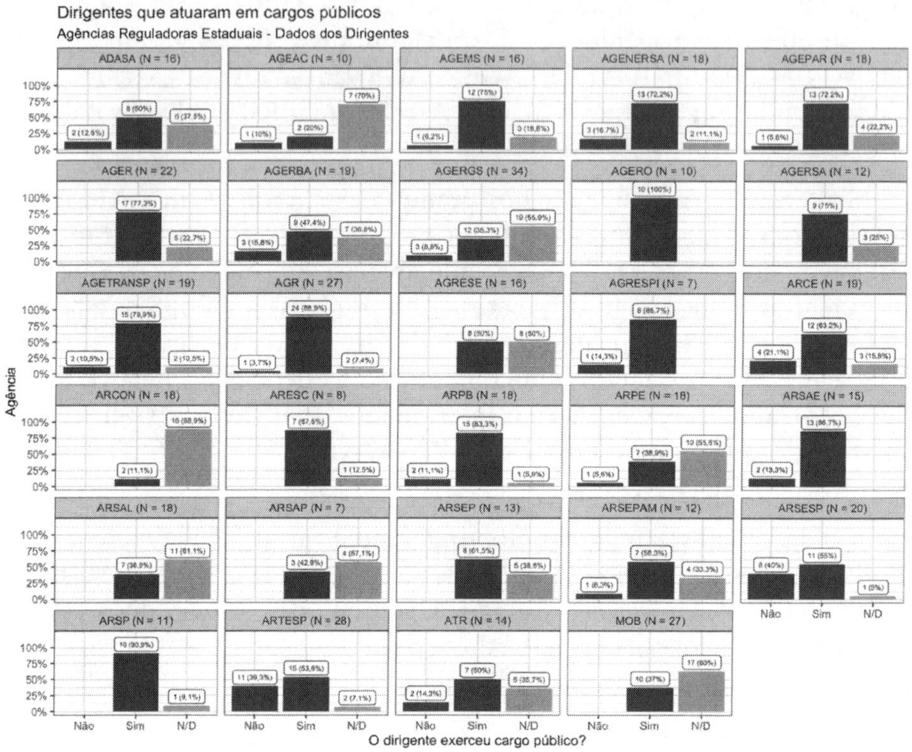

Quanto ao exercício de cargos privados, os dirigentes possuem esse tipo de experiência profissional em uma proporção muito menor de casos, quando comparamos com os percentuais de exercício de cargos públicos. Apenas em 6 das 29 agências foi possível constatar que a maior parte dos dirigentes havia exercido cargos privados. São elas: AGR, AGERO, ARSESP, ARPB, AGER e ARSAE. Em contrapartida, em 9 casos apenas 25% ou menos dos dirigentes haviam exercido cargos privados.

A figura a seguir mostra os dados referentes ao exercício de cargos privados pelos dirigentes. Novamente, vale destacar que os percentuais indicados incluem os casos em que a informação não estava disponível e, portanto, estão subestimados.

Figura 9. Dirigentes que atuaram em cargos privados

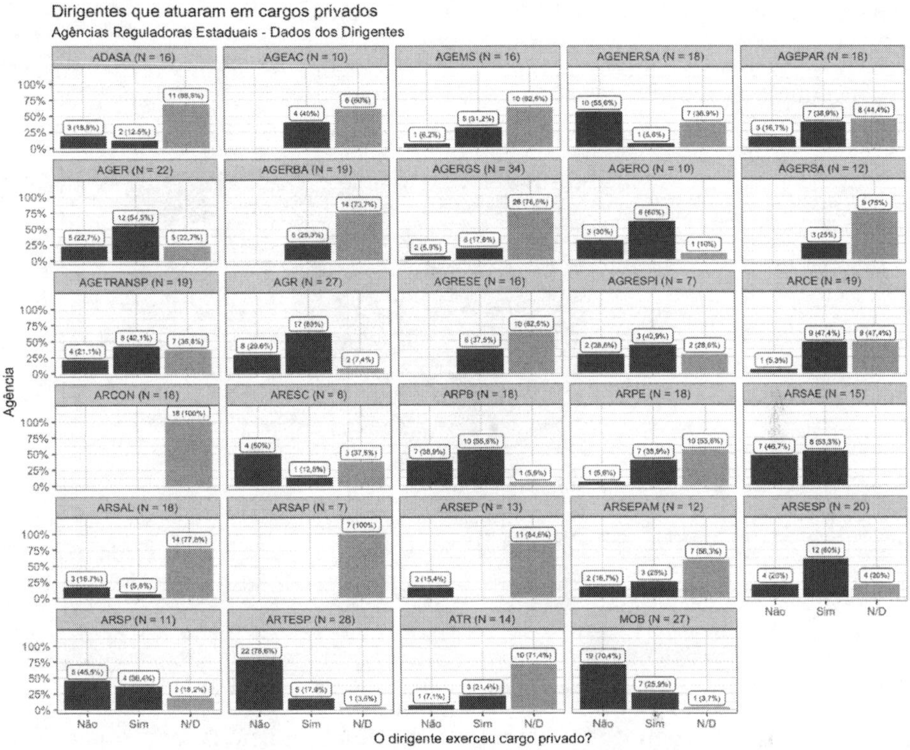

É possível quantificar a desproporção, identificada nos dados, entre o exercício de cargos públicos e privados nas agências estaduais. Para tanto, dividimos a diferença entre o número de dirigentes que exerceram cargos públicos e cargos privados, pelo número total de dirigentes avaliados em cada agência. Dessa forma, temos um indicador que indica o quanto a prevalência de cargos públicos representa do total de dirigentes, variando entre -1 e 1. Seu resultado será negativo nos casos em que tiverem sido identificados mais dirigentes que exerceram cargos privados do que cargos públicos, e positivo quando o inverso ocorrer. Quanto mais positivo e próximo de 1, maior a desproporção entre cargos públicos e privados, em proporção do número de casos avaliados.

A figura a seguir apresenta o resultado desse indicador para as 29 agências estaduais estudadas. O fato de que apenas 2 agências possuem indicadores negativos, evidencia a prevalência de cargos públicos na formação pregressa dos dirigentes, em quase todas as agências analisadas. As 5 agências com as maiores proporções de prevalência de cargos públicos apresentaram indicador igual ou maior que 0,5[16]. São elas: a ARESC, a AGENERSA, a ARSEP, a ARSP e a AGERSA.

Figura 10. Prevalência de dirigentes que atuaram em cargos públicos, em relação aos que atuaram em cargos privados

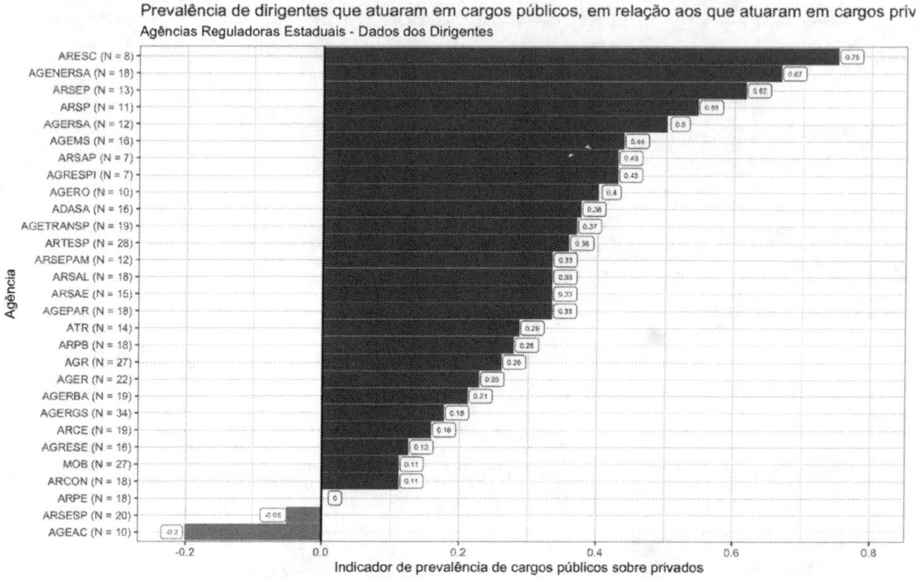

Quanto à atuação dos dirigentes em cargos políticos, como já observado, foi possível observar esse tipo de atuação profissional pregressa em uma menor parte dos casos, para uma menor proporção dos dirigentes analisados na pesquisa. No entanto, ao compararmos este dado entre as agências pode-se observar que há significativas diferenças entre elas. Em duas agências, na ARESC e na AGETRANSP, foi possível constatar que a maior parte dos dirigentes haviam exercido cargo político. Na ARESC, isso ocorreu com 6 dos 8 dirigentes analisados (75%), ao passo que na AGETRANSP isso se deu com 11 dos 19 dirigentes pesquisados (58%).

Em todas as demais agências, a proporção de dirigentes que haviam exercido cargo político foi inferior a 30%, embora em algumas agências a informação não estivesse disponível para grande parte dos casos. Ainda

16. Isso significa que o número de dirigentes com cargos públicos superou o número de dirigentes com cargos privados em montante superior à metade do número total de dirigentes analisados. Sendo assim, nesses casos é pouco provável que a desproporção se deva unicamente a muitos casos de informação não disponível, em uma e outra dimensão de atuação analisada.

assim, a variabilidade evidenciada nos dados, mostra diferenças importantes nessa dimensão da atuação profissional dos dirigentes: em agências como a ARSAE, a AGERSA e a AGRESE cerca de 25% dos dirigentes haviam exercido cargos políticos, ao passo que na AGR e na ARTESP isso se deu em menos de 4% dos casos.

Figura 11. Dirigentes que atuaram em cargos políticos

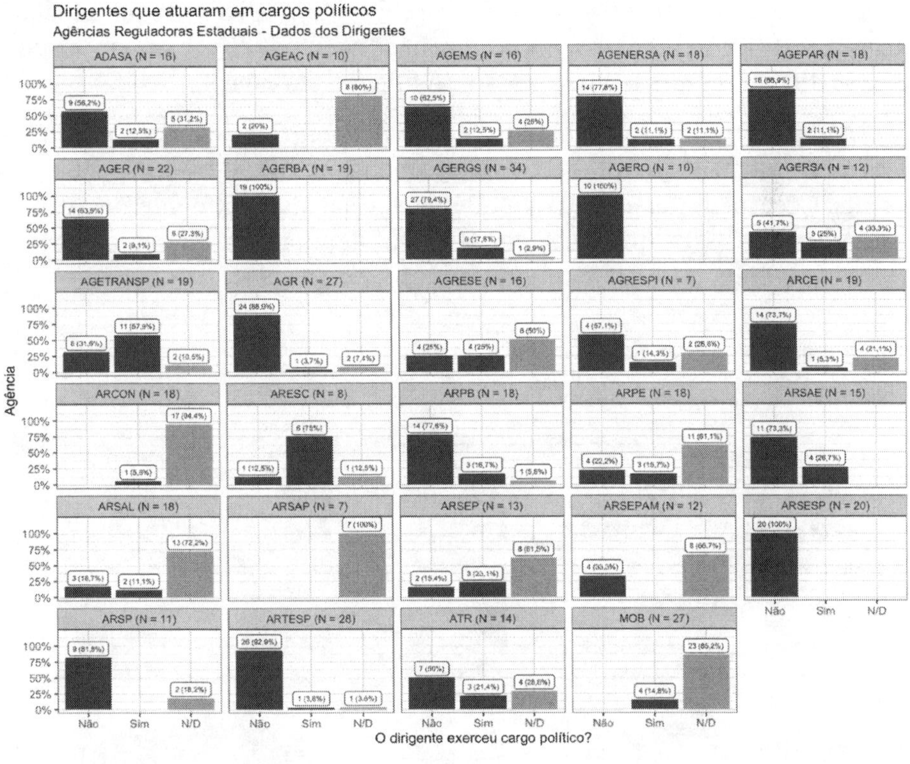

4.1.4. Filiação partidária

Na análise de quais dirigentes haviam tido alguma filiação partidária pretérita, os dados comparativos entre as agências mostram uma variabilidade ainda maior do que a dos dados sobre exercício de cargo político. Isso se deve, também, ao fato de que essa informação estava disponível em uma maior proporção de casos, sendo substancialmente menor, para essa variável, o número de casos preenchidos como "N/D". Sendo assim, os percentuais obtidos representam, de forma mais segura, os reais percentuais de casos em que dirigentes haviam possuído filiação partidária, ou não.

Em 18 das 29 agências estaduais estudadas, a maior parte dos dirigentes não foi filiada a nenhum partido. Em 9 agências, ao menos metade dos dirigentes analisados havia sido filiada a partidos. São elas: a ARESC, a ARSAP, a ARCON, a AGRESPI, a ARSEP, a AGERSA, a ARSAE, a AGETRANSP e a AGEAC. Na ARESC, 7 dos 8 dirigentes avaliados (87,5% dos casos) haviam possuído filiação partidária; na ARSAP, isso se deu com 6 dos 7 dirigentes (85,7% dos casos); na ARCON isso ocorreu com 13 dos 18 dirigentes (72,2% dos casos) e na AGRESPI isso foi verificado para 5 dos 7 dirigentes (71,4% dos casos). Essas foram as agências com a maior proporção de dirigentes que haviam possuído filiação partidária.

Aliada à variável que mede o exercício pregresso de cargo político, este dado mostra que o nível de engajamento político dos dirigentes das agências reguladoras estaduais pode variar substancialmente de agência para agência. Esse fato pode, por sua vez, denotar um maior ou menor grau de ingerência política sobre a atuação da agência.

Figura 12. Dirigentes que atuaram em cargos políticos

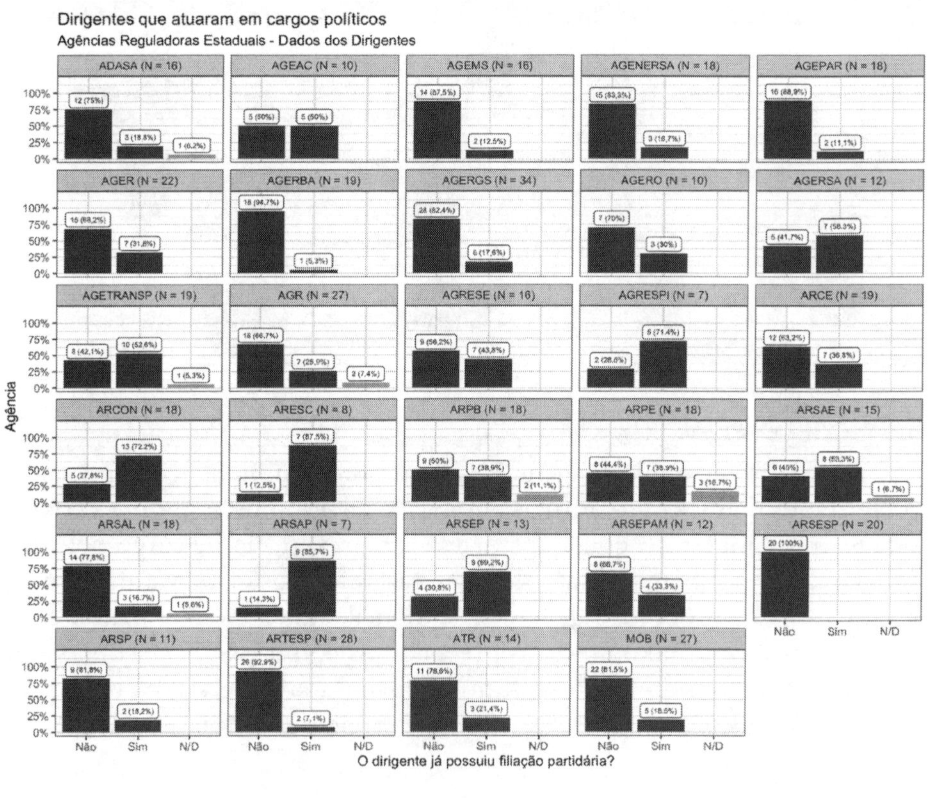

4.2. Resultados por agências

Nesta seção se apresentam os resultados relativos a cada uma das agências, individualmente consideradas.

4.2.1. AGETRANSP (Rio de Janeiro)

A estrutura organizacional da AGETRANSP é formada por um Conselho Diretor, integrado por 5 conselheiros, um dos quais a preside. Ligados diretamente ao Presidente, estão a Procuradoria Geral, a Ouvidoria, a Câmara Técnica de Transportes e Rodovias, a Câmara de Política Econômica e Tarifária e a Secretaria Executiva, esta última englobando duas superintendências: a financeira e a administrativa. Os conselheiros são indicados pelo Governador do Estado e, após aprovados em audiência pública da Assembleia Legislativa, por aqueles nomeados para mandatos de 4 anos, admitida uma recondução.

Dos 19 dirigentes identificados na pesquisa, houve 8 casos de recondução e 3 saídas antes do término do mandato. Foi possível obter informações sobre nível superior de quase todos os dirigentes (18). Desses 18, foi possível constatar que 17 tinham nível superior. Seguindo a tendência nacional, a AGETRANSP teve uma maioria de dirigentes formados em Direito: mais da metade (9) dos conselheiros com nível superior fizeram essa graduação. Os demais cursos de graduação dos dirigentes são variados: incluem Pedagogia (2), Arquitetura (2), Administração (2), Engenharia (1), Economia (1) e Análise de Sistemas (1). Identificou-se apenas um dirigente com mestrado (em direito), e nenhum com doutorado, embora não tenha sido possível encontrar o currículo completo de todos.

A grande maioria dos dirigentes tem experiência no serviço público. Dos 17 dirigentes em relação aos quais foi possível obter informação sobre o currículo, 15 atuaram no setor público, exercendo funções como: servidor na secretaria de planejamento municipal; assessor parlamentar na Assembleia Legislativa do Estado do Rio de Janeiro (ALERJ); assistente jurídico em Procuradoria; desembargador de Tribunal Regional Federal; superintendente e subsecretário da Secretaria de Estado de Finanças do RJ; técnico em empresa pública; diretor de Departamento da Secretaria Nacional de Esportes e Alto Rendimento; chefe de gabinete da liderança partidária na ALERJ; presidente de conselho de empresa pública estadual; superintendente do INCRA; procuradora do estado; detetive e delegado da Polícia Civil do Rio de Janeiro; procurador geral de município; e policial rodoviário federal.

Dentre aqueles cujos currículos foi possível obter, 11 ocuparam cargos políticos, como prefeito, vereador e deputado estadual. Além disso, 8 dos dirigentes tiveram experiência no setor privado. Metade deles teve experiências em atividades de ensino (como professor ou gestor). Os demais, na advocacia, na administração de empresas ou em funções técnicas em empresas (por exemplo, empresas de engenharia ou seguradoras). Por fim, foi possível identificar que 10 dirigentes haviam tido filiação partidária, dos quais 5 haviam sido filiados ao MDB.

AGETRANSP					
Mandatos					
Deixou o cargo antes do fim do mandato?			**Foi reconduzido?**		
Resposta	*N*	*%*	*Resposta*	*N*	*%*
Não	15	78,95%	Não	10	52,63%
Sim	3	15,79%	Sim	8	42,11%
N/A	1	5,26%	N/A	1	5,26%
N/D	0	0,00%	N/D	0	0,00%
Dirigentes					
Formação dos Dirigentes					
O dirigente tem graduação?			**O dirigente tem pós-graduação?**		
Resposta	*N*	*%*	*Resposta*	*N*	*%*
Não	1	5,26%	Não	6	31,58%
Sim	17	89,47%	Sim	9	47,37%
N/D	1	5,26%	N/D	4	21,05%
O dirigente tem mestrado?			**O dirigente tem doutorado?**		
Resposta	*N*	*%*	*Resposta*	*N*	*%*
Não	13	68,42%	Não	14	73,68%
Sim	1	5,26%	Sim	0	0,00%
N/D	5	26,32%	N/D	5	26,32%

Atuação profissional pregressa e filiação partidária					
O dirigente ocupou cargo público?			**O dirigente ocupou cargo privado no setor?**		
Resposta	*N*	*%*	*Resposta*	*N*	*%*
Não	2	10,53%	Não	4	21,05%
Sim	15	78,95%	Sim	8	42,11%
N/D	2	10,53%	N/D	7	36,84%
O dirigente ocupou cargo político?			**O dirigente possui filiação partidária?**		
Resposta	*N*	*%*	*Resposta*	*N*	*%*
Não	6	31,58%	Não	8	42,11%
Sim	11	57,89%	Sim	10	52,63%
N/D	2	10,53%	N/D	1	5,26%

4.2.2. ARPE (Pernambuco)

Nos termos da Lei nº 11.742/2000, a ARPE possui Diretoria composta pelo Diretor-Presidente, pelo Diretor de Regulação Técnico-Operacional, pelo Diretor de Regulação Econômico-Financeira e pelo Diretor Administrativo-Financeiro, sendo que o Diretor-Presidente e os Diretores de Regulação são nomeados pelo Governador do Estado, após prévia aprovação pela Assembleia Legislativa, para o mandato de 4 (quatro) anos, admitida uma única recondução, na forma do art. 12, do Decreto nº 30.200/2007.

Foi possível obter informações sobre 19 mandatos exercidos por 18 dirigentes desde a criação da agência, sendo que em 12 casos os dirigentes cumpriram o mandato até o fim e em 7 casos os dirigentes foram reconduzidos para os seus cargos.

Essa informação não era aplicável para 1 mandato que ainda estava em curso. Segundo os dados coletados, em 6 casos os dirigentes deixaram o cargo antes do prazo legal do término do mandato. Ressalve-se, no entanto, que o tempo do mandato não é considerado de forma rígida, há sobras (dias ou meses) ou antecipação nos prazos dos mandatos.

Todos os 18 dirigentes que exerceram funções na ARPE têm nível de graduação, sendo que 6 são formados em Direito, 3 são formados em Economia e 3 são formados em Engenharia Elétrica. As demais formações acadêmicas estão relacionadas com as áreas de Engenharia Civil, Engenharia

Mecânica, Contabilidade e Administração. Dos 18 diretores, ao menos 4 têm alguma pós-graduação *lato sensu* e 3 têm mestrado. No entanto, não foi possível identificar que nenhum dirigente tivesse doutorado.

Dentre os 18 dirigentes, ao menos 3 exerceram cargo político, sendo que 1 foi vereador e deputado estadual; 1 foi vereador, prefeito e deputado estadual; e 1 foi prefeito e deputado estadual. A informação acerca do exercício de função política não estava disponível para 11 diretores.

Ao menos 7 (38,89%) dos dirigentes exerceram algum cargo público. Verificaram-se, por exemplo, os seguintes cargos: procurador do Estado; secretário Executivo do Conselho Nacional de Política Energética (CNPE); delegado de Polícia de Menores da Secretaria de Justiça de PE; secretário Nacional de Energia do MME; diretora de finanças da Secretaria de Saúde de Pernambuco (SES); conselheiro do TCE PE; e engenheiro na CELPE, companhia de distribuição de energia elétrica com atuação em Pernambuco (à época, uma companhia estatal).

Por fim, ao menos 7 diretores atuaram na iniciativa privada: 1 foi professor universitário e advogado; 1 foi engenheiro mecânico em empresas de venda de combustíveis, de automóveis e de engenharia; 2 atuaram na administração de portos; 1 foi empregado de empresas no setor de irrigação; 1 foi consultor de gestão empresarial; e 1 foi presidente de clube de futebol. A informação referente à atuação na iniciativa privada não estava disponível para 10 diretores. Além disso, 7 dos 18 dirigentes já haviam possuído filiação partidária.

ARPE					
Mandatos					
Deixou o cargo antes do fim do mandato?			Foi reconduzido?		
Resposta	*N*	*%*	*Resposta*	*N*	*%*
Não	12	63,16%	Não	7	36,84%
Sim	6	31,58%	Sim	7	36,84%
N/A	1	5,26%	N/A	1	5,26%
N/D	0	0,00%	N/D	4	21,05%

Formação dos Dirigentes					
O dirigente tem graduação?			**O dirigente tem pós-graduação?**		
Resposta	*N*	*%*	*Resposta*	*N*	*%*
Não	0	0,00%	Não	4	22,22%
Sim	18	100,00%	Sim	4	22,22%
N/D	0	0,00%	N/D	10	55,56%
O dirigente tem mestrado?			**O dirigente tem doutorado?**		
Resposta	*N*	*%*	*Resposta*	*N*	*%*
Não	5	27,78%	Não	7	38,89%
Sim	3	16,67%	Sim	0	0,00%
N/D	10	55,56%	N/D	11	61,11%
Atuação profissional pregressa e filiação partidária					
O dirigente ocupou cargo público?			**O dirigente ocupou cargo privado no setor?**		
Resposta	*N*	*%*	*Resposta*	*N*	*%*
Não	1	5,56%	Não	1	5,56%
Sim	7	38,89%	Sim	7	38,89%
N/D	10	55,56%	N/D	10	55,56%
O dirigente ocupou cargo político?			**O dirigente possui filiação partidária?**		
Resposta	*N*	*%*	*Resposta*	*N*	*%*
Não	4	22,22%	Não	8	44,44%
Sim	3	16,67%	Sim	7	38,89%
N/D	11	61,11%	N/D	3	16,67%

4.2.3. ARSAP (Amapá)

Nos termos do art. 25 da Lei Estadual nº 2.548/2021, a ARSAP é dirigida por uma Diretoria Colegiada, formada por três membros (Diretor-Presidente, Diretor Técnico-Operacional e Diretor Econômico-Financeiro), nomeados pelo Governador do Estado. Segundo o art. 31, da referida lei, os mandatos do Diretor-Presidente e demais Diretores serão não coincidentes entre si, sendo vedada sua recondução para 1 mandato subsequente. De acordo com o inciso V do art. 25 da referida lei, exige-se que o Diretor tenha formação acadêmica em Engenharia, Direito, Economia ou Contabilidade, compatível com o cargo para o qual foi indicado, ou em qualquer outra área desde que possua especialização relacionada às atividades inerentes ao cargo.

Foi possível obter informações apenas acerca de 7 mandatos de 7 diretores, desde a criação da agência. Dentre esses, 2 deixaram o cargo antes do prazo legal. Essa informação não era aplicável em 3 casos, nos quais os diretores ainda estavam com o mandato em curso. A informação não estava disponível em 2 casos.

Na análise da experiência acadêmica dos dirigentes, diante da escassez de dados disponíveis, somente foi possível obter informações acerca de 2 dos 7 diretores da ARSAP. Ambos têm graduação, sendo 1 em Administração e 1 em Enfermagem. Não foi possível identificar nenhum diretor com alguma pós-graduação *lato sensu*, mestrado ou doutorado.

Com relação à vida profissional pregressa, não foi possível obter informações sobre o exercício de função política decorrente de eleição, nem sobre a atuação na iniciativa privada. Dos 7 Diretores da ARSAP, só foi possível coletar dados de 3 dirigentes referente ao exercício de cargo público, sendo que 1 foi Secretário Adjunto na Secretaria de Transportes; 1 foi Assessor Especial do Governador; e 1 foi Coordenador Administrativo-Financeiro do Departamento Estadual de Trânsito. Além disso, 6 diretores possuíam filiação partidária, dos quais 5 já haviam sido filiados, em algum momento, ao PDT.

ARSAP					
Mandatos					
Deixou o cargo antes do fim do mandato?			**Foi reconduzido?**		
Resposta	*N*	*%*	*Resposta*	*N*	*%*
Não	0	0,00%	Não	0	0,00%
Sim	2	28,57%	Sim	0	0,00%
N/A	3	42,86%	N/A	7	100,00%
N/D	2	28,57%	N/D	0	0,00%

Formação dos Dirigentes					
O dirigente tem graduação?			**O dirigente tem pós-graduação?**		
Resposta	*N*	*%*	*Resposta*	*N*	*%*
Não	0	0,00%	Não	0	0,00%
Sim	2	28,57%	Sim	1	14,29%
N/D	5	71,43%	N/D	6	85,71%
O dirigente tem mestrado?			**O dirigente tem doutorado?**		
Resposta	*N*	*%*	*Resposta*	*N*	*%*
Não	1	14,29%	Não	1	14,29%
Sim	0	0,00%	Sim	0	0,00%
N/D	6	85,71%	N/D	6	85,71%
Atuação profissional pregressa e filiação partidária					
O dirigente ocupou cargo público?			**O dirigente ocupou cargo privado no setor?**		
Resposta	*N*	*%*	*Resposta*	*N*	*%*
Não	0	0,00%	Não	0	0,00%
Sim	3	42,86%	Sim	0	0,00%
N/D	4	57,14%	N/D	7	100,00%
O dirigente ocupou cargo político?			**O dirigente possui filiação partidária?**		
Resposta	*N*	*%*	*Resposta*	*N*	*%*
Não	0	0,00%	Não	1	14,29%
Sim	0	0,00%	Sim	6	85,71%
N/D	7	100,00%	N/D	0	0,00%

4.2.4. ARSEP (Rio Grande do Norte)

De acordo com o art. 11, da Lei Complementar nº 584/2016, que dispõe sobre a reestruturação e o funcionamento da agência, a ARSEP é dirigida por uma Diretoria Colegiada, constituída por 1 (um) Diretor-Presidente e 2 (dois) Diretores Autárquicos. Nos termos do art. 13, *caput* e §3º, da referida lei, os Diretores são nomeados pelo Governador do Estado, após prévia autorização pela Assembleia Legislativa, para cumprir mandato de 4 (quatro) anos, podendo ser renovados por mais um único período, mediante ato do Governador do Estado. À luz do §1º do dispositivo legal em questão, o mandato do Diretor-Presidente não deverá ser coincidente com os mandatos dos Diretores Autárquicos.

Foram identificados 13 mandatos de 13 dirigentes desde a criação da agência, mas não foi possível determinar o início e o fim dos mandatos exercidos por todos eles. Para 5 dos dirigentes, não foi possível acessar a data de início ou de fim do mandato, de modo que não foi possível analisar o cumprimento do mandato até o fim e a sua recondução. Além disso, outros 3 dirigentes ainda estavam em exercício do cargo, tornando a análise não aplicável a eles. Considerando os dados disponíveis, que abrangem 5 dirigentes, 3 dirigentes cumpriram os seus mandatos até o fim e 1 deixou o cargo antes do fim do mandato. Além disso, 2 dirigentes foram reconduzidos para a mesma função.

Dos 13 dirigentes da ARSEP, foi possível obter informações sobre a formação acadêmica de 6. Todos têm graduação. Três são formados em Direito e os demais são formados em Economia, Administração, Pedagogia e Engenharia Civil. Além disso, dos 6 diretores com nível superior, 4 têm alguma pós-graduação *lato sensu*, e 1 tem mestrado, mas nenhum dirigente tem doutorado.

A informação acerca do exercício de função política estava disponível para 5 dos 13 dirigentes. Daqueles cujas informações foi possível obter, constatou-se que 3 dirigentes exerceram função política, sendo que 2 foram prefeitos e 1 foi vereador.

Todos os dirigentes cujos currículos foram examinados (8 casos) exerceram algum cargo público, tais como: Secretário Estadual de Infraestrutura; Secretário de Relações Institucionais no Gabinete Civil do Governo do Estado de RN; Coordenador da Secretaria de Estado da Infraestrutura; Secretário Adjunto de Estado do Planejamento e das Finanças; Diretor Presidente da Companhia de Processamento de Dados do Rio Grande do Norte; Presidente da Companhia Docas do RN; Diretor da Escola de Governo. Além disso, foi possível constatar que 9 dirigentes haviam possuído filiação partidária, sendo o PSB o partido mais frequentemente presente entre essas filiações (3 casos).

ARSEP					
Mandatos					
Deixou o cargo antes do fim do mandato?			**Foi reconduzido?**		
Resposta	*N*	*%*	*Resposta*	*N*	*%*
Não	3	23,08%	Não	6	46,15%
Sim	1	7,69%	Sim	2	15,38%
N/A	2	15,38%	N/A	2	15,38%
N/D	7	53,85%	N/D	3	23,08%
Formação dos Dirigentes					
O dirigente tem graduação?			**O dirigente tem pós-graduação?**		
Resposta	*N*	*%*	*Resposta*	*N*	*%*
Não	0	0,00%	Não	1	7,69%
Sim	6	46,15%	Sim	4	30,77%
N/D	7	53,85%	N/D	8	61,54%
O dirigente tem mestrado?			**O dirigente tem doutorado?**		
Resposta	*N*	*%*	*Resposta*	*N*	*%*
Não	4	30,77%	Não	5	38,46%
Sim	1	7,69%	Sim	0	0,00%
N/D	8	61,54%	N/D	8	61,54%
Atuação profissional pregressa e filiação partidária					
O dirigente ocupou cargo público?			**O dirigente ocupou cargo privado no setor?**		
Resposta	*N*	*%*	*Resposta*	*N*	*%*
Não	0	0,00%	Não	2	15,38%
Sim	8	61,54%	Sim	0	0,00%
N/D	5	38,46%	N/D	11	84,62%
O dirigente ocupou cargo político?			**O dirigente possui filiação partidária?**		
Resposta	*N*	*%*	*Resposta*	*N*	*%*
Não	2	15,38%	Não	4	30,77%
Sim	3	23,08%	Sim	9	69,23%
N/D	8	61,54%	N/D	0	0,00%

4.2.5. ARSP (Espírito Santo)

A ARSP é dirigida por uma Diretoria Colegiada, composta por quatro membros, formada pelo Diretor Geral; pelo Diretor de Regulação do Saneamento Básico e Infraestrutura Viária; pelo Diretor de Gás Natural e Energia; e pelo Diretor Administrativo e Financeiro, que são nomeados pelo Governador do Estado, para exercer mandato de 3 (três) anos, sendo admitida 1 (uma) recondução, nos termos dos art. 19 e 21, Lei Complementar nº 827/2016.

Foi possível identificar 13 mandatos exercidos por 11 dirigentes desde a criação da agência. Desses, 4 ainda estavam em curso no momento da pesquisa, de modo que a avaliação sobre o cumprimento do mandato até o fim e a recondução não era aplicável. Dentre os demais, 4 dirigentes cumpriram os seus mandatos, sendo que 1 foi reconduzido. Os outros 4 dirigentes deixaram o cargo antes do prazo legal do término do mandato.

Todos os 11 dirigentes têm graduação, sendo que 5 concluíram 2 cursos diferentes. O curso de graduação mais comum, novamente, foi Direito (6). Dentre os demais, 2 são formados em Ciência da Computação, 2 em Economia, e outros cursaram graduação em áreas relacionadas a Engenharia Civil, Engenharia Ambiental, Saneamento Ambiental, Medicina e Engenharia do Petróleo. Dos 11 diretores com nível superior, ao menos 7 têm alguma pós-graduação *lato sensu* e 2 têm mestrado. Novamente, nenhum dirigente tem doutorado.

Foi possível obter informações sobre a experiência profissional de quase todos os 11 dirigentes. Ao menos 10 dirigentes haviam exercido algum cargo público antes da nomeação para a ARSP. Dentre os cargos públicos ocupados, verificaram-se, por exemplo, os seguintes: servidor na Secretaria da Casa Civil; Consultor técnico na Secretaria Municipal de Desenvolvimento e Expansão Econômica de Guarapari; Presidente de empresa pública de distribuição de energia elétrica; Diretor da Aderes (agência de desenvolvimento do Espírito Santo); Servidora na ARSP; Gerente e Diretora técnica na ARSI (uma das antecessoras da ARSP); Diretor da ASPE (uma das antecessoras da ARSP); Procurador do Estado.

Ao menos 4 diretores atuaram na iniciativa privada: 2 foram advogados privados; 1 foi empregado em empresa de consultoria ambiental; e 1 professor universitário. A informação referente à atuação na iniciativa privada não estava disponível para 2 diretores. Outros 5 diretores não tinham atuação na iniciativa privada.

De acordo com os dados disponíveis, nenhum dirigente exerceu função política decorrente de eleição. Não foi possível obter informações sobre exercício de cargo político para 2 dirigentes. Por fim, cabe destacar que apenas 2 dos 11 dirigentes haviam possuído filiação partidária.

ARSP					
Mandatos					
Deixou o cargo antes do fim do mandato?			**Foi reconduzido?**		
Resposta	*N*	*%*	*Resposta*	*N*	*%*
Não	4	30,77%	Não	7	53,85%
Sim	4	30,77%	Sim	1	7,69%
N/A	4	30,77%	N/A	3	23,08%
N/D	1	7,69%	N/D	2	15,38%
Formação dos Dirigentes					
O dirigente tem graduação?			**O dirigente tem pós-graduação?**		
Resposta	*N*	*%*	*Resposta*	*N*	*%*
Não	0	0,00%	Não	3	27,27%
Sim	11	100,00%	Sim	7	63,64%
N/D	0	0,00%	N/D	1	9,09%
O dirigente tem mestrado?			**O dirigente tem doutorado?**		
Resposta	*N*	*%*	*Resposta*	*N*	*%*
Não	8	72,73%	Não	10	90,91%
Sim	2	18,18%	Sim	0	0,00%
N/D	1	9,09%	N/D	1	9,09%
Atuação profissional pregressa e filiação partidária					
O dirigente ocupou cargo público?			**O dirigente ocupou cargo privado no setor?**		
Resposta	*N*	*%*	*Resposta*	*N*	*%*
Não	0	0,00%	Não	5	45,45%
Sim	10	90,91%	Sim	4	36,36%
N/D	1	9,09%	N/D	2	18,18%

O dirigente ocupou cargo político?			O dirigente possui filiação partidária?		
Resposta	*N*	*%*	*Resposta*	*N*	*%*
Não	9	81,82%	Não	9	81,82%
Sim	0	0,00%	Sim	2	18,18%
N/D	2	18,18%	N/D	0	0,00%

4.2.6. ARCON (Pará)

A estrutura organizacional da ARCON é constituída pelo Conselho Estadual de Regulação e Controle dos Serviços Públicos (CONERC), ao qual se liga o Diretor Geral. A Diretoria Geral tem o apoio de uma Assessoria Jurídica e da Chefia de Gabinete, contando com duas diretorias: Diretoria de Controle Financeiro e Tarifário e Diretoria de Normatização e Fiscalização. Cinco gerências de grupos técnicos ficam responsáveis mais diretamente por temas setoriais e de relação com os usuários: transporte rodoviário, transporte hidroviário, saneamento, energia e ouvidoria.

Foram identificados 19 mandatos, exercidos por 18 dirigentes distintos. As informações sobre as datas de dispensa dos dirigentes não estavam facilmente disponíveis, de forma que não foi possível encontrar casos de recondução ou de dirigentes que deixaram o cargo antes do término do mandato em razão da indisponibilidade dessas informações em todos os casos aplicáveis.

Além disso, não foi possível obter informações quanto à graduação de 10 dirigentes, mas para os 8 em relação aos quais esse dado foi obtido, as formações ocorreram nas seguintes áreas: Direito (2), Administração, Farmácia, Medicina, Geografia, Ciências Contábeis e Engenharia. No que se refere a cursos de pós-graduação *lato sensu*, mestrado e doutorado, não foram encontradas as informações relevantes.

Somente foi possível obter dados sobre o histórico profissional de 2 dirigentes, ambos com atuação no setor público. Um dos dirigentes atuou como superintendente do INCRA e presidente do Instituto de Terras do Pará (ITERPA), enquanto outro atuou como médico em hospital e laboratório públicos. Um dos dirigentes também exerceu cargo político, de deputado estadual. Não foram obtidas informações sobre atuação no setor privado.

Por fim, foi possível identificar que 13 dos 18 dirigentes haviam possuído alguma filiação partidária no momento da pesquisa, tendo 4 sido filiados ao PSDB e 3 ao Solidariedade.

ARCON					
Mandatos					
Deixou o cargo antes do fim do mandato?			**Foi reconduzido?**		
Resposta	*N*	*%*	*Resposta*	*N*	*%*
Não	0	0,00%	Não	0	0,00%
Sim	0	0,00%	Sim	0	0,00%
N/A	3	15,79%	N/A	3	15,79%
N/D	16	84,21%	N/D	16	84,21%
Formação dos Dirigentes					
O dirigente tem graduação?			**O dirigente tem pós-graduação?**		
Resposta	*N*	*%*	*Resposta*	*N*	*%*
Não	0	0,00%	Não	0	0,00%
Sim	8	44,44%	Sim	0	0,00%
N/D	10	55,56%	N/D	18	100,00%
O dirigente tem mestrado?			**O dirigente tem doutorado?**		
Resposta	*N*	*%*	*Resposta*	*N*	*%*
Não	0	0,00%	Não	0	0,00%
Sim	0	0,00%	Sim	0	0,00%
N/D	18	100,00%	N/D	18	100,00%
Atuação profissional pregressa e filiação partidária					
O dirigente ocupou cargo público?			**O dirigente ocupou cargo privado no setor?**		
Resposta	*N*	*%*	*Resposta*	*N*	*%*
Não	0	0,00%	Não	0	0,00%
Sim	2	11,11%	Sim	0	0,00%
N/D	16	88,89%	N/D	18	100,00%

ARCON					
O dirigente ocupou cargo político?			**O dirigente possui filiação partidária?**		
Resposta	*N*	*%*	*Resposta*	*N*	*%*
Não	0	0,00%	Não	5	27,78%
Sim	1	5,56%	Sim	13	72,22%
N/D	17	94,44%	N/D	0	0,00%

4.2.7. AGEAC (Acre)

A estrutura organizacional da AGEAC estabelece um Conselho Superior, com membros natos e representantes de diversos setores, estruturado em Câmaras Setoriais (telecomunicações, saneamento, energia elétrica, transporte, gás canalizado, combustíveis derivados de petróleo e fontes renováveis de energia). Além disso, está estruturada em departamentos (técnico, administrativo, jurídico e ouvidoria), todos subordinados à Presidência da AGEAC, que conta com áreas de assessoria direta (gabinete, controle interno e planejamento). O diretor geral e os chefes de departamento são nomeados pelo Chefe do Poder Executivo, após aprovação pela Assembleia, para cumprir mandatos fixos de quatro anos, renováveis e, preferencialmente, não coincidentes, como estabelecido pelo art. 5º, § 2º, da Lei Complementar nº 278/14.

Identificaram-se 10 mandatos na agência, exercidos por 10 dirigentes distintos, mas não foi possível obter dados acerca das datas de término de mandato e eventuais reconduções.

Tampouco foi possível obter informações sobre graduação de 4 dos 10 dirigentes, mas foi possível identificar que os demais dirigentes, todos com nível superior, fizeram os seguintes cursos: Direito (4), Engenharia e Marketing. No que se refere a cursos de pós-graduação *lato sensu*, há 4 dirigentes que cursaram as seguintes especializações: Direito Público, Direito de Família e Sucessões, Direito Civil e Processual Civil, Engenharia de Segurança do Trabalho e Gerência de Produtos e Pesquisa de Mercado (um dos dirigentes possuía outros cursos, inclusive de preparação para candidatos a vereador e prefeito). Foi identificado um mestre em Regulação da Indústria de Energia, mas nenhum doutor.

Em relação à vida profissional, foi possível identificar que 2 dirigentes ocuparam cargos públicos, um deles Procurador do Estado do Acre que desempenhou também funções comissionadas na Administração Direta, e outro um engenheiro que atuou em empresa estatal de energia local e foi gerente de energia na própria agência.

Não foram identificados dirigentes com atuação em cargos políticos, mas deve ser ressalvado que o fato decorre da falta de informação sobre os currículos individuais. No que se refere à atuação no setor privado, 4 dirigentes exerceram funções como Professor universitário; instrutor no SENAI; profissional autônomo de engenharia; membro da federação de indústrias estadual; e gerente em instituições financeiras, desempenhando funções em empresa imobiliária, SEBRAE (conselheiro) e associação comercial (ACISA).

Por fim, 5 dos 10 dirigentes possuíram alguma filiação partidária, dos quais 3 haviam sido filiados ao Partido Progressista (PP).

AGEAC					
Mandatos					
Deixou o cargo antes do fim do mandato?			**Foi reconduzido?**		
Resposta	*N*	*%*	*Resposta*	*N*	*%*
Não	0	0,00%	Não	0	0,00%
Sim	0	0,00%	Sim	0	0,00%
N/A	0	0,00%	N/A	0	0,00%
N/D	10	100,00%	N/D	10	100,00%
Formação dos Dirigentes					
O dirigente tem graduação?			**O dirigente tem pós-graduação?**		
Resposta	*N*	*%*	*Resposta*	*N*	*%*
Não	0	0,00%	Não	0	0,00%
Sim	6	60,00%	Sim	4	40,00%
N/D	4	40,00%	N/D	6	60,00%
O dirigente tem mestrado?			**O dirigente tem doutorado?**		
Resposta	*N*	*%*	*Resposta*	*N*	*%*
Não	1	10,00%	Não	0	0,00%
Sim	1	10,00%	Sim	0	0,00%
N/D	8	80,00%	N/D	18	100,00%

AGEAC					
Atuação profissional pregressa e filiação partidária					
O dirigente ocupou cargo público?			**O dirigente ocupou cargo privado no setor?**		
Resposta	*N*	*%*	*Resposta*	*N*	*%*
Não	1	10,00%	Não	0	0,00%
Sim	2	20,00%	Sim	4	40,00%
N/D	7	70,00%	N/D	6	60,00%
O dirigente ocupou cargo político?			**O dirigente possui filiação partidária?**		
Resposta	*N*	*%*	*Resposta*	*N*	*%*
Não	2	20,00%	Não	5	50,00%
Sim	0	0,00%	Sim	5	50,00%
N/D	8	80,00%	N/D	0	0,00%

4.2.8. AGRESPI (Piauí)

A estrutura organizacional da AGRESPI é formada por um Conselho Diretor, integrado por 3 diretores, sendo presidido pelo Diretor Geral. A diretoria é indicada e nomeada pelo Governador do Estado, após aprovação da Assembleia Legislativa, por aqueles nomeados para mandatos de 4 anos, sem recondução.

Foram identificados 7 mandatos, exercidos por 7 dirigentes, listados na tabela a seguir. Dentre esses, houve 4 saídas antes do término do mandato.

Foi possível obter informações sobre a graduação de 6 deles. Todos tinham nível superior, cursado em Direito (2), Administração (2) e Engenharia (2). No que se refere a cursos de pós-graduação *lato sensu*, identificamos 2 dirigentes com especializações nas seguintes temáticas: Marketing, Gestão Pública e Gestão Estratégica. Um outro diretor concluiu mestrado em Recursos Hídricos e Saneamento Ambiental. Não foi identificado dirigente com doutorado. Outros 2 diretores tinham outros cursos específicos, em área técnica (transmissão de energia, planejamento de expansão do sistema elétrico etc.) e administrativa (licitações etc.).

A grande maioria (6 dos 7 dirigentes) tem vida pregressa no serviço público, em instituições da administração direta e indireta, instituições financeiras públicas e empresas estatais: membro do Conselho Estadual do Meio Ambiente; membro da Comissão de Fiscalização da Bacia dos Rios Canindé/Piauí; Presidente do Comitê de Projetos da Subconcessão do Sistema de Águas e Esgoto de Teresina; dirigente da Secretaria de Mineração Petróleo e Energias Renováveis do Piauí; Diretor de Energias Renováveis na Secretaria de Mineração Petróleo e Energias Renováveis do Piauí; Diretor e Assessor da Presidência na Companhia Energética do Piauí; empregado da Caixa Econômica Federal no Piauí; Presidente na Empresa de Informática e Processamento de Dados do Piauí; Diretor-presidente da empresa estatal de saneamento do Piauí (AGESPISA); Diretor da Companhia Metropolitana de Transporte Público do Piauí; Delegado da Polícia Civil; Diretor do Departamento Estadual de Proteção à Mulher; e Diretor da Associação Brasileira de Entidades Estaduais de Tecnologia da Informação.

Um dirigente foi prefeito e subprefeito do município de Monsenhor Gil, sendo que 3 diretores tiveram atuação no setor privado (na advocacia, em funções de engenharia e como professor universitário).

Por fim, 5 dos 7 dirigentes haviam possuído filiação partidária, sendo o PT e o PTB os partidos que aparecem mais vezes entre essas filiações, cada um figurando no histórico de 2 dirigentes.

AGRESPI					
Mandatos					
Deixou o cargo antes do fim do mandato?			**Foi reconduzido?**		
Resposta	*N*	*%*	*Resposta*	*N*	*%*
Não	0	0,00%	Não	0	0,00%
Sim	4	57,14%	Sim	0	0,00%
N/A	1	14,29%	N/A	7	100,00%
N/D	2	28,57%	N/D	0	0,00%
Formação dos Dirigentes					
O dirigente tem graduação?			**O dirigente tem pós-graduação?**		
Resposta	*N*	*%*	*Resposta*	*N*	*%*
Não	0	0,00%	Não	3	42,86%
Sim	6	85,71%	Sim	2	28,57%
N/D	1	14,29%	N/D	2	28,57%

AGRESPI					
O dirigente tem mestrado?			**O dirigente tem doutorado?**		
Resposta	*N*	*%*	*Resposta*	*N*	*%*
Não	4	57,14%	Não	5	71,43%
Sim	1	14,29%	Sim	0	0,00%
N/D	2	28,57%	N/D	2	28,57%
Atuação profissional pregressa e filiação partidária					
O dirigente ocupou cargo público?			**O dirigente ocupou cargo privado no setor?**		
Resposta	*N*	*%*	*Resposta*	*N*	*%*
Não	1	14,29%	Não	2	28,57%
Sim	6	85,71%	Sim	3	42,86%
N/D	0	0,00%	N/D	2	28,57%
O dirigente ocupou cargo político?			**O dirigente possui filiação partidária?**		
Resposta	*N*	*%*	*Resposta*	*N*	*%*
Não	4	57,14%	Não	2	28,57%
Sim	1	14,29%	Sim	5	71,43%
N/D	2	28,57%	N/D	0	0,00%

4.2.9. AGERSA (Bahia)

A estrutura organizacional da AGERSA é formada por um diretor geral, ao qual estão subordinadas o Ouvidor, a Assessoria de Relações Institucionais e Comunicação Social e 3 diretorias: Diretoria de Fiscalização, Diretoria de Normatização e Diretoria Administrativa e Financeira. A competência normativa é exercida pela diretoria colegiada, que inclui o diretor geral e as duas diretorias finalísticas. O Conselho Consultivo da Agência, por sua vez, está ligado ao Diretor Geral. Os cargos da diretoria, bem como do Ouvidor, são de livre nomeação e exoneração pelo Governador do Estado.

A pesquisa identificou 12 mandatos, exercidos por 12 dirigentes distintos. Na AGERSA, os mandatos dos dirigentes não possuem prazo fixo, não sendo aplicável, portanto, a essa agência as análises de casos saída antes do término do mandato ou recondução.

Dos 12 dirigentes, foi possível identificar dados sobre nível superior para 9 dirigentes. Todos eles possuíam curso de graduação, com diploma nas seguintes áreas: Administração (3), Agronomia (2), Pedagogia, Psicologia, Direito, Economia e Engenharia. No que se refere a cursos de pós-graduação *lato sensu*, foi possível identificar a situação de 6 dirigentes, sendo que 2 não têm especialização e 4 são especialistas nas seguintes áreas: Direito do Estado e Regulação, Administração Pública, Educação, Gestão educacional e Metodologia do Ensino e Pesquisa. Foi identificado um mestre em Administração Estratégica, mas nenhum doutor.

Em relação à vida profissional pregressa, foi possível identificar que 9 dirigentes tiveram atuação em cargos públicos, tanto na esfera estadual como municipal, em órgãos da administração direta e indireta baiana: Comissário Geral da Comissão de Regulação dos Serviços Públicos da Bahia; servidor na AGERBA; Diretor da Superintendência de Planejamento e Gestão Territorial da Secretaria de Desenvolvimento Urbano; servidor da Secretaria de Desenvolvimento Urbano; assessora de Planejamento e Gestão da Companhia de Engenharia Ambiental da Bahia; Presidente da Junta Comercial do Estado da Bahia (JUCEB); Diretor Geral Adjunto do DER-BA; Superintendente de Trânsito e Transporte de Salvador; Secretário de gabinete de deputado estadual; Chefe de gabinete de prefeitura; servidora em prefeitura; Diretora Geral do Serviço de Saúde do município de Paratinga; e Secretário de Infraestrutura Hídrica e Saneamento.

Cargos políticos de prefeito, vereador e deputado federal foram ocupados por 3 dirigentes, enquanto 3 outros dirigentes tiveram atuação no setor privado, em funções de consultoria, executiva ou de ensino. Por fim, 7 dos 12 dirigentes tinham possuído alguma filiação partidária no momento da pesquisa.

AGERSA					
Mandatos					
Deixou o cargo antes do fim do mandato?			**Foi reconduzido?**		
Resposta	*N*	*%*	*Resposta*	*N*	*%*
Não	0	0,00%	Não	0	0,00%
Sim	0	0,00%	Sim	0	0,00%
N/A	12	100,00%	N/A	12	100,00%
N/D	0	0,00%	N/D	0	0,00%

AGERSA					
Formação dos Dirigentes					
O dirigente tem graduação?			**O dirigente tem pós-graduação?**		
Resposta	*N*	*%*	*Resposta*	*N*	*%*
Não	0	0,00%	Não	2	16,67%
Sim	9	75,00%	Sim	4	33,33%
N/D	3	25,00%	N/D	6	50,00%
O dirigente tem mestrado?			**O dirigente tem doutorado?**		
Resposta	*N*	*%*	*Resposta*	*N*	*%*
Não	3	25,00%	Não	4	33,33%
Sim	1	8,33%	Sim	0	0,00%
N/D	8	66,67%	N/D	8	66,67%
Atuação profissional pregressa e filiação partidária					
O dirigente ocupou cargo público?			**O dirigente ocupou cargo privado no setor?**		
Resposta	*N*	*%*	*Resposta*	*N*	*%*
Não	0	0,00%	Não	0	0,00%
Sim	9	75,00%	Sim	3	25,00%
N/D	3	25,00%	N/D	9	75,00%
O dirigente ocupou cargo político?			**O dirigente possui filiação partidária?**		
Resposta	*N*	*%*	*Resposta*	*N*	*%*
Não	5	41,67%	Não	5	41,67%
Sim	3	25,00%	Sim	7	58,33%
N/D	4	33,33%	N/D	0	0,00%

4.2.10. ARSAL (Alagoas)

Originalmente, a Diretoria da ARSAL era formada por 1 (um) Diretor-Geral e 2 (dois) Diretores-Executivos, com mandatos de três anos cada um, admitida uma única recondução por igual período. Contudo, a partir do advento da Lei nº 7.566/2013, a Diretoria passou a ser composta por 1 (um) Diretor-Presidente e 3 (três) Diretores do Conselho Executivo de Regulação, nomeados pelo Governador do Estado, após prévia aprovação pela Assembleia Legislativa.

Foi possível obter informações acerca de 18 mandatos, exercidos por 18 dirigentes distintos, desde a criação da agência. 9 dirigentes deixaram o cargo antes do prazo legal do término do mandato, ao passo que 9 cumpriram os seus mandatos até o final e 3 foram reconduzidos na mesma função.

Foi possível obter informações da formação acadêmica de 9 (nove) dirigentes que exerceram funções na Diretoria da ARSAL. Todos têm graduação, sendo que 3 são formados em Engenharia; 2 são formados em Administração; 2 são formados em Direito; e 1 é formada em Comunicação Social e 1 deles não informou o curso. Ao menos 1 tem alguma pós-graduação *lato sensu* e 1 tem mestrado. Tendo em vista a escassez de dados disponíveis, não foi possível aferir se os outros Diretores têm alguma pós-graduação *lato sensu*, mestrado ou doutorado.

Com relação à análise da vida profissional pregressa dos 18 diretores da ARSAL, não foi possível obter quaisquer informações de 11 dirigentes. Ao menos 7 dirigentes exerceram algum cargo público. Dentre os cargos públicos ocupados, verificou-se, a título exemplificativo, que 1 foi Diretor da CASAL; 1 foi dirigente do Departamento de Estradas de Rodagem (DER/AL); 1 foi Policial militar; 1 foi Presidente do Instituto Zumbi dos Palmares; 1 foi Presidente do ITERAL; 1 foi Superintendente do INSS; e 1 foi Chefe de gabinete de Deputado Estadual. Foi possível identificar apenas 1 dirigente que havia exercido cargo privado, mas essa informação não estava disponível em 14 casos.

Por fim, ao menos 2 dirigentes exerceram função política decorrente de eleição, o sendo que 1 foi Vereador e 1 foi Deputado Estadual. A informação não estava disponível para 13 Diretores. Além disso, dos 18 dirigentes apenas 3 haviam tido filiação partidária.

ARSAL					
Mandatos					
Deixou o cargo antes do fim do mandato?			**Foi reconduzido?**		
Resposta	*N*	*%*	*Resposta*	*N*	*%*
Não	9	50,00%	Não	12	66,67%
Sim	9	50,00%	Sim	3	16,67%
N/A	0	0,00%	N/A	0	0,00%
N/D	0	0,00%	N/D	3	16,67%

ARSAL					
Formação dos Dirigentes					
O dirigente tem graduação?			**O dirigente tem pós-graduação?**		
Resposta	*N*	*%*	*Resposta*	*N*	*%*
Não	0	0,00%	Não	1	5,56%
Sim	9	50,00%	Sim	1	5,56%
N/D	9	50,00%	N/D	16	88,89%
O dirigente tem mestrado?			**O dirigente tem doutorado?**		
Resposta	*N*	*%*	*Resposta*	*N*	*%*
Não	1	5,56%	Não	1	5,56%
Sim	1	5,56%	Sim	0	0,00%
N/D	16	88,89%	N/D	17	94,44%
Atuação profissional pregressa e filiação partidária					
O dirigente ocupou cargo público?			**O dirigente ocupou cargo privado no setor?**		
Resposta	*N*	*%*	*Resposta*	*N*	*%*
Não	0	0,00%	Não	3	16,67%
Sim	7	38,89%	Sim	1	5,56%
N/D	11	61,11%	N/D	14	77,78%
O dirigente ocupou cargo político?			**O dirigente possui filiação partidária?**		
Resposta	*N*	*%*	*Resposta*	*N*	*%*
Não	3	16,67%	Não	14	77,78%
Sim	2	11,11%	Sim	3	16,67%
N/D	13	72,22%	N/D	1	5,56%

4.2.11. ARSAE (Minas Gerais)

A ARSAE é dirigida por uma Diretoria Colegiada composta por três membros, nomeados pelo Governador do Estado, com mandatos não coincidentes de quatro anos, admitida uma única recondução, nos termos do art. 15 da Lei Estadual nº 18.309/2009. Segundo o art. 16 da referida lei, admite-se a exoneração imotivada de membros da Diretoria da ARSAE nos primeiros quatro meses do mandato.

Foi possível obter informações acerca de 15 mandatos, exercidos por 15 dirigentes distintos desde a criação da agência. Foram cumpridos até o final apenas 3 dos 15 mandatos, 9 dirigentes deixaram seus mandatos antes do fim (60%) e 3 mandatos ainda estão em curso no momento da pesquisa. Houve apenas 1 caso de recondução.

Quanto à formação acadêmica dos dirigentes, todos os 15 têm graduação, sendo que 3 concluíram 2 cursos de graduação. Três dos diretores são formados em Direito; 3 em Administração; 2 em Economia, e as demais formações acadêmicas estão relacionadas com as áreas de Engenharia Civil, Biologia, Gestão Ambiental, Medicina, Ciências Biológicas, Veterinária e Geografia. Dos 15 dirigentes, 10 tinham pós-graduação *lato sensu* e 7 possuíam mestrado. Apenas 1 dirigente havia obtido o título de doutor.

Quanto à experiência profissional pregressa, ao menos 13 dirigentes exerceram algum cargo público, o que corresponde a 86,70%. Dentre a lista de cargos públicos ocupados, é possível citar os seguintes: Presidente do Instituto Estadual do Patrimônio Histórico e Artístico de Minas Gerais; Diretor da Fundação João Pinheiro (FJP); Presidente do Instituto de Previdência dos Servidores do Estado de Minas Gerais (IPSEMG); Diretor de Informação, Pesquisa e Apoio Técnico na Agência de Desenvolvimento da Região Metropolitana de Belo Horizonte; Controladora interna e Diretora-Geral do Departamento Autônomo Municipal de Água e Esgoto – DAMAE; Diretor da ABES-MG; Presidente do Consórcio de Urgência e Emergência Centro Sul (CISRU); Conselheira do Conselho Deliberativo de Desenvolvimento da Região Metropolitana de Belo Horizonte. Ao menos 8 diretores atuaram na iniciativa privada, como consultores, advogados, colunistas de rádio e bióloga.

Por fim, 4 dirigentes exerceram função política decorrente de eleição: 1 foi Deputado Federal; 1 foi Prefeito; 1 foi Deputada Estadual e Vice-líder da Bancada Feminina na Assembleia Legislativa de Minas Gerais; e 1 foi Vereador. Além disso, 8 haviam possuído filiação partidária, sendo o PT e o PSDB os partidos mais frequentes, ambos com 3 dirigentes.

<table>
<tr><th colspan="6">ARSAE</th></tr>
<tr><th colspan="6">Mandatos</th></tr>
<tr><th colspan="3">Deixou o cargo antes do fim do mandato?</th><th colspan="3">Foi reconduzido?</th></tr>
<tr><td>Resposta</td><td>N</td><td>%</td><td>Resposta</td><td>N</td><td>%</td></tr>
<tr><td>Não</td><td>3</td><td>20,00%</td><td>Não</td><td>14</td><td>93,33%</td></tr>
<tr><td>Sim</td><td>9</td><td>60,00%</td><td>Sim</td><td>1</td><td>6,67%</td></tr>
<tr><td>N/A</td><td>3</td><td>20,00%</td><td>N/A</td><td>0</td><td>0,00%</td></tr>
<tr><td>N/D</td><td>0</td><td>0,00%</td><td>N/D</td><td>0</td><td>0,00%</td></tr>
<tr><td colspan="6"></td></tr>
<tr><th colspan="6">Formação dos Dirigentes</th></tr>
<tr><th colspan="3">O dirigente tem graduação?</th><th colspan="3">O dirigente tem pós-graduação?</th></tr>
<tr><td>Resposta</td><td>N</td><td>%</td><td>Resposta</td><td>N</td><td>%</td></tr>
<tr><td>Não</td><td>0</td><td>0,00%</td><td>Não</td><td>5</td><td>33,33%</td></tr>
<tr><td>Sim</td><td>15</td><td>100,00%</td><td>Sim</td><td>10</td><td>66,67%</td></tr>
<tr><td>N/D</td><td>0</td><td>0,00%</td><td>N/D</td><td>0</td><td>0,00%</td></tr>
<tr><th colspan="3">O dirigente tem mestrado?</th><th colspan="3">O dirigente tem doutorado?</th></tr>
<tr><td>Resposta</td><td>N</td><td>%</td><td>Resposta</td><td>N</td><td>%</td></tr>
<tr><td>Não</td><td>8</td><td>53,33%</td><td>Não</td><td>14</td><td>93,33%</td></tr>
<tr><td>Sim</td><td>7</td><td>46,67%</td><td>Sim</td><td>1</td><td>6,67%</td></tr>
<tr><td>N/D</td><td>0</td><td>0,00%</td><td>N/D</td><td>0</td><td>0,00%</td></tr>
<tr><th colspan="6">Atuação profissional pregressa e filiação partidária</th></tr>
<tr><th colspan="3">O dirigente ocupou cargo público?</th><th colspan="3">O dirigente ocupou cargo privado no setor?</th></tr>
<tr><td>Resposta</td><td>N</td><td>%</td><td>Resposta</td><td>N</td><td>%</td></tr>
<tr><td>Não</td><td>2</td><td>13,33%</td><td>Não</td><td>7</td><td>46,67%</td></tr>
<tr><td>Sim</td><td>13</td><td>86,67%</td><td>Sim</td><td>8</td><td>53,33%</td></tr>
<tr><td>N/D</td><td>0</td><td>0,00%</td><td>N/D</td><td>0</td><td>0,00%</td></tr>
<tr><th colspan="3">O dirigente ocupou cargo político?</th><th colspan="3">O dirigente possui filiação partidária?</th></tr>
<tr><td>Resposta</td><td>N</td><td>%</td><td>Resposta</td><td>N</td><td>%</td></tr>
<tr><td>Não</td><td>11</td><td>73,33%</td><td>Não</td><td>6</td><td>40,00%</td></tr>
<tr><td>Sim</td><td>4</td><td>26,67%</td><td>Sim</td><td>8</td><td>53,33%</td></tr>
<tr><td>N/D</td><td>0</td><td>0,00%</td><td>N/D</td><td>1</td><td>6,67%</td></tr>
</table>

4.2.12. ARESC (Santa Catarina)

A ARESC é dirigida por Diretoria Colegiada constituída pelo Presidente; Diretor de Saneamento Básico, Recursos Hídricos e Recursos Minerais; Diretor de Energia, Gás e Transporte; e Diretor de Administração e Finanças (art. 5º. Da Resolução nº 02/2019). O mandato dos membros da Diretoria Colegiada será de 4 (quatro) anos, não coincidentes, permitida 1 (uma) recondução.

Identificaram-se 8 mandatos exercidos por 8 dirigentes distintos desde a criação da agência. Quatro cumpriram os seus respectivos mandatos, com metade deles sendo reconduzidos à mesma função. Dois deixaram o cargo antes do prazo legal do término do mandato e a variável não era aplicável para 2 dirigentes, que estavam com o mandato em curso.

Desses 8 dirigentes, 7 tinham graduação, sendo que 2 deles possuíam 2 graduações distintas. As áreas de formação foram as seguintes: Administração, Economia, Matemática, Física, Direito (3), Jornalismo e Engenharia. Dois dirigentes têm duas graduações. Apenas 1 dirigente tinha alguma pós-graduação *lato sensu* e somente 1 tinha mestrado, sendo que nenhum dirigente tinha doutorado.

Ao menos 7 dirigentes da ARESC exerceram algum cargo público, sendo que não se obteve informações sobre o 8º diretor. Dentre a extensa gama de cargos públicos ocupados, incluem-se Presidente da Fundação Educacional do Alto Vale do Rio do Peixe; Presidente da CEASA; Diretor-Geral da FATMA; Diretor Regional dos Correios; Presidente do Imetro/SC, Diretor do Badesc; Diretor da Associação Brasileira de Agências Reguladora (ABAR). Ao menos 1 Diretor atuou na iniciativa privada, como professor de colégio particular e curso pré-vestibular. A informação referente à atuação na iniciativa privada não estava disponível para 3 Diretores.

Dentre os dirigentes da ARESC, 6 exerceram funções políticas distintas decorrentes de eleição: 1 foi Prefeito e Deputado Estadual; 1 foi Prefeito; 1 foi Prefeito, Vereador e Deputado Estadual; 1 foi Vereador; 1 foi Prefeito por dois mandatos e Vereador por três mandatos; e 1 foi Deputado Estadual suplente. Além disso, 7 tiveram filiação partidária, tendo 4 deles sido filiados ao MDB.

ARESC					
Mandatos					
Deixou o cargo antes do fim do mandato?			**Foi reconduzido?**		
Resposta	*N*	*%*	*Resposta*	*N*	*%*
Não	4	50,00%	Não	4	50,00%
Sim	2	25,00%	Sim	2	25,00%
N/A	2	25,00%	N/A	2	25,00%
N/D	0	0,00%	N/D	0	0,00%
Formação dos Dirigentes					
O dirigente tem graduação?			**O dirigente tem pós-graduação?**		
Resposta	*N*	*%*	*Resposta*	*N*	*%*
Não	1	12,50%	Não	4	50,00%
Sim	7	87,50%	Sim	1	12,50%
N/D	0	0,00%	N/D	3	37,50%
O dirigente tem mestrado?			**O dirigente tem doutorado?**		
Resposta	*N*	*%*	*Resposta*	*N*	*%*
Não	5	62,50%	Não	6	75,00%
Sim	1	12,50%	Sim	0	0,00%
N/D	2	25,00%	N/D	2	25,00%
Atuação profissional pregressa e filiação partidária					
O dirigente ocupou cargo público?			**O dirigente ocupou cargo privado no setor?**		
Resposta	*N*	*%*	*Resposta*	*N*	*%*
Não	0	0,00%	Não	4	50,00%
Sim	7	87,50%	Sim	1	12,50%
N/D	1	12,50%	N/D	3	37,50%
O dirigente ocupou cargo político?			**O dirigente possui filiação partidária?**		
Resposta	*N*	*%*	*Resposta*	*N*	*%*
Não	1	12,50%	Não	1	12,50%
Sim	6	75,00%	Sim	7	87,50%
N/D	1	12,50%	N/D	0	0,00%

4.2.13. ARCE (Ceará)

Atualmente, a ARCE é dirigida por Conselho Diretor composto por 7 Conselheiros indicados pelo Governador do Estado e por ele nomeados após aprovação da Assembleia Legislativa, para exercer o mandato de 5 (cinco) anos, sendo inadmissível a recondução. O Presidente do Conselho Diretor também será designado pelo Governador do Estado, dentre os Conselheiros nomeados, para mandato de 2 (dois) anos, sendo admitida uma recondução.

Identificaram-se 19 mandatos, exercidos por 19 dirigentes distintos, desde a criação da agência. Destes mandatos, 6 foram cumpridos até o final, enquanto em 3 mandatos o dirigente deixou o cargo antes do prazo legal. Essa informação não era aplicável para 7 mandatos que estavam em curso no momento da pesquisa, e não estava disponível para 3 mandatos. Além disso, verificou-se a recondução em 8 mandatos.

Dos 18 Conselheiros cuja formação acadêmica estava disponível, todos tinham graduação e 6 tinham duas graduações ou mais. Havia 12 formados em Direito, sendo que as demais formações acadêmicas estão relacionadas com as áreas de Economia, Arquitetura e Urbanismo, Odontologia, Administração e Engenharia (civil, agrônoma e mecânica). Havia também 11 diretores na ARCE com curso de pós-graduação *lato sensu*, 8 diretores com mestrado e 5 com doutorado.

No que se refere à vida profissional pregressa, foi possível obter informações de 16 dirigentes. Ao menos 11 Conselheiros exerceram algum cargo público, não tendo sido possível obter informações de 3 dirigentes. Dentre a extensa gama de cargos públicos ocupados, incluem-se Presidente da Companhia Energética do Ceará – COELCE, Presidente da ARSESP, Juiz do Tribunal Regional Federal da 5ª Região; Presidente da Fundação de Amparo à Pesquisa do Ceará – FUNCAP; servidor da Companhia Docas do Ceará; Coordenador da Assessoria Jurídica da Secretaria do Planejamento e Gestão do Estado do Ceará – SEPLAG; Membro da Câmara Técnica de Esforço Legal do Conselho Nacional de Trânsito; Presidente da Empresa de Pesquisa Agropecuária do Ceará – EPACE; servidor no Tribunal de Contas do Estado do Ceará (TCE/CE); Assessor do Tribunal de Contas dos Municípios (TCM-CE); e Procuradora Geral de Justiça.

Assim sendo, levando em consideração os dados disponíveis, observou-se que 63,20%% dos dirigentes ocuparam posições no setor público antes da nomeação na ARCE.

Pelo menos 9 Conselheiros exerceram atividades no setor privado, como advogados e professores de universidades. Apenas 1 exerceu função política decorrente de eleição, tendo sido Deputado Estadual e atuou também como Secretário para Assuntos da Casa Civil do Governo do Estado.

Por fim, 7 dos 19 dirigentes haviam possuído alguma filiação partidária. PSB, PSDB e PSD aparecem entre as filiações de 2 dirigentes.

ARCE					
Mandatos					
Deixou o cargo antes do fim do mandato?			**Foi reconduzido?**		
Resposta	*N*	*%*	*Resposta*	*N*	*%*
Não	6	31,58%	Não	10	52,63%
Sim	3	15,79%	Sim	8	42,11%
N/A	7	36,84%	N/A	0	0,00%
N/D	3	15,79%	N/D	1	5,26%
Formação dos Dirigentes					
O dirigente tem graduação?			**O dirigente tem pós-graduação?**		
Resposta	*N*	*%*	*Resposta*	*N*	*%*
Não	18	94,74%	Não	1	5,26%
Sim	0	0,00%	Sim	11	57,89%
N/D	1	5,26%	N/D	7	36,84%
O dirigente tem mestrado?			**O dirigente tem doutorado?**		
Resposta	*N*	*%*	*Resposta*	*N*	*%*
Não	6	31,58%	Não	9	47,37%
Sim	8	42,11%	Sim	5	26,32%
N/D	5	26,32%	N/D	5	26,32%
Atuação profissional pregressa e filiação partidária					
O dirigente ocupou cargo público?			**O dirigente ocupou cargo privado no setor?**		
Resposta	*N*	*%*	*Resposta*	*N*	*%*
Não	4	21,05%	Não	1	5,26%
Sim	12	63,16%	Sim	9	47,37%
N/D	3	15,79%	N/D	9	47,37%

ARCE					
O dirigente ocupou cargo político?			O dirigente possui filiação partidária?		
Resposta	*N*	*%*	*Resposta*	*N*	*%*
Não	14	73,68%	Não	12	63,16%
Sim	1	5,26%	Sim	7	36,84%
N/D	4	21,05%	N/D	0	0,00%

4.2.14. ADASA (Distrito Federal)

A ADASA é dirigida por uma Diretoria Colegiada composta por 5 diretores com solidariedade de responsabilidades, sendo um deles o Diretor-Presidente. Todos os diretores são nomeados pelo governador do Distrito Federal, com mandatos não coincidentes de 5 (cinco) anos, conforme previsão no art. 16, da Lei do Distrito Federal nº 4.285, de 26 de novembro de 2008.

Obteve-se informação relativa a 22 mandatos, exercidos por 16 dirigentes distintos. Os 4 primeiros diretores da Agência renunciaram ao cargo antes do prazo legalmente previsto. No total, 5 dirigentes renunciaram ao mandato. Embora a ADASA, na resposta elaborada ao pedido de acesso à informação, tenha esclarecido que não houve recondução de nenhum de seus diretores, por meio de pesquisa no Diário Oficial do Distrito Federal, foi possível constatar que 2 diretores foram reconduzidos nos seus respectivos mandatos após completar o mandato original anterior. Uma dessas reconduções ocorreu na função de Vice-Presidente e, a outra, na função de Diretor do Colegiado.

Em relação à experiência acadêmica dos dirigentes, foi possível obter informações de 11 dos 16 diretores. Todos tinham graduação. Metade tinha formação universitária em curso de Direito e 3 tinham formação acadêmica relacionada à engenharia, elétrica e agrícola. Os demais foram formados em arquitetura e ciências biológicas. Tinham curso de pós-graduação *lato sensu* 5 dirigentes, 4 tinham mestrado e 1 tinha doutorado.

Em relação à vida profissional pregressa, também foi possível obter informação sobre 10 diretores. Dois exerceram função política decorrente de eleição, um como Deputado Federal por dois mandatos, além de ter sido Advogado da União; e outro como Governador do Distrito Federal, por votação indireta, assim como Deputado Federal por dois mandatos consecutivos. Além disso, 3 diretores possuíram, anteriormente ou posteriormente ao exercício do mandato, filiação partidária. Além disso, 3 diretores exerceram funções como Secretários ou Subsecretários das pastas do Governo do Distrito Federal.

Ao menos 8 exerceram, previamente à nomeação na função, cargo público, sendo que não se obtiveram informações de 6 diretores. Entre as funções ocupadas por eles estão: Procurador do Distrito Federal e Diretor-Presidente do Serviço de Limpeza Urbana do Distrito Federal; Diretor-Presidente da Agência de Desenvolvimento do Distrito Federal (TERRACAP) e Diretor Administrativo da Companhia de Saneamento Ambiental do Distrito Federal - CAESB; e Membro do Conselho de Administração da Companhia de Desenvolvimento do Vale São Francisco - CODEVASF.

Apenas foi possível identificar 2 Diretores que exerceram atividades no setor privado, um como pesquisador da Associação Brasileira dos Produtores de Algodão - ABRAPA, Diretor de Coordenação Técnica da Associação Brasileira de Recursos Hídricos - ABRHIDRO e Vice-Presidente da ABRHIDRO; e outro, atuante no Setor de Infraestrutura.

ADASA					
Mandatos					
Deixou o cargo antes do fim do mandato?			**Foi reconduzido?**		
Resposta	*N*	*%*	*Resposta*	*N*	*%*
Não	16	72,73%	Não	20	90,91%
Sim	5	22,73%	Sim	2	9,09%
N/A	0	0,00%	N/A	0	0,00%
N/D	1	4,55%	N/D	0	0,00%
Formação dos Dirigentes					
O dirigente tem graduação?			**O dirigente tem pós-graduação?**		
Resposta	*N*	*%*	*Resposta*	*N*	*%*
Não	0	0,00%	Não	3	18,75%
Sim	11	68,75%	Sim	5	31,25%
N/D	5	31,25%	N/D	8	50,00%

ADASA					
O dirigente tem mestrado?			**O dirigente tem doutorado?**		
Resposta	*N*	*%*	*Resposta*	*N*	*%*
Não	4	25,00%	Não	6	37,50%
Sim	3	18,75%	Sim	1	6,25%
N/D	9	56,25%	N/D	9	56,25%
Atuação profissional pregressa e filiação partidária					
O dirigente ocupou cargo público?			**O dirigente ocupou cargo privado no setor?**		
Resposta	*N*	*%*	*Resposta*	*N*	*%*
Não	2	12,50%	Não	3	18,75%
Sim	8	50,00%	Sim	2	12,50%
N/D	6	37,50%	N/D	11	68,75%
O dirigente ocupou cargo político?			**O dirigente possui filiação partidária?**		
Resposta	*N*	*%*	*Resposta*	*N*	*%*
Não	9	56,25%	Não	12	75,00%
Sim	2	12,50%	Sim	3	18,75%
N/D	5	31,25%	N/D	1	6,25%

4.2.15. AGEMS (Mato Grosso do Sul)

A AGEMS é dirigida por uma Diretoria Executiva, órgão colegiado de caráter deliberativo, de orientação técnica e responsável por fazer cumprir as competências executivas da Agência, a qual é composta pelo Diretor-Presidente e por quatro Diretores. O mandato dos membros da Diretoria-Executiva é de quatro anos, admitida uma única recondução.

Foram identificados 26 mandatos, exercidos por 16 dirigentes distintos. Quase todos os mandatos (23 dos 26) foram cumpridos até o fim. Apenas em 3 casos os diretores deixaram o cargo antes do prazo do mandato, sendo que uma das renúncias ocorreu na função de Diretor-Presidente. Todos os dirigentes originais da agência foram reconduzidos, no período de 2001 a 2009, o que resultou em um total de 10 reconduções.

Em relação à formação acadêmica, foi possível obter informações acerca do curso de graduação de 10 dos 16 diretores. Todos tinham graduação, sendo que 4 tinham formação em Engenharia Civil ou Elétrica e 1 tinha formação em Direito. Os outros 5 diretores possuíam formações variadas, em Letras, Ciências Contábeis, Comunicação Social, Arquitetura e Educação Física. Dos 10 diretores que possuíam graduação, 6 tinham alguma pós-graduação *lato sensu*. Além disso, 3 diretores tinham mestrado e 2 tinham doutorado.

Em relação à vida profissional pregressa, foi possível identificar que o menos 11 diretores exerceram cargo público, sendo que 3 diretores exerceram funções como Secretários das pastas do Governo de Mato Grosso do Sul, e 1 diretor exerceu função como assessor parlamentar. Além disso, 4 diretores compõem ou compuseram o quadro efetivo da AGEMS. A Lei nº 2.363/2001 exige que ao menos um diretor seja servidor do quadro efetivo da agência. Foi possível constatar, ainda, que ao menos 2 diretores atuaram na iniciativa privada, em diferentes empresas de engenharia.

Dois diretores exerceram função política decorrente de eleição, um como Deputado Federal, como Deputado Estadual e como Prefeito (por dois mandatos); e o outro como Deputado Estadual e como Vereador (por três mandatos consecutivos). Apenas 2 dirigentes da AGEMS possuíram alguma filiação partidária, mas ambos haviam sido filiados ao PMDB.

AGEMS					
Mandatos					
Deixou o cargo antes do fim do mandato?			**Foi reconduzido?**		
Resposta	*N*	*%*	*Resposta*	*N*	*%*
Não	23	88,46%	Não	16	61,54%
Sim	3	11,54%	Sim	10	38,46%
N/A	0	0,00%	N/A	0	0,00%
N/D	0	0,00%	N/D	0	0,00%
Formação dos Dirigentes					
O dirigente tem graduação?			**O dirigente tem pós-graduação?**		
Resposta	*N*	*%*	*Resposta*	*N*	*%*
Não	0	0,00%	Não	2	12,50%
Sim	10	62,50%	Sim	6	37,50%
N/D	6	37,50%	N/D	8	50,00%

AGEMS					
O dirigente tem mestrado?			**O dirigente tem doutorado?**		
Resposta	*N*	*%*	*Resposta*	*N*	*%*
Não	5	31,25%	Não	7	43,75%
Sim	3	18,75%	Sim	2	12,50%
N/D	8	50,00%	N/D	7	43,75%
Atuação profissional pregressa e filiação partidária					
O dirigente ocupou cargo público?			**O dirigente ocupou cargo privado no setor?**		
Resposta	*N*	*%*	*Resposta*	*N*	*%*
Não	1	6,25%	Não	1	6,25%
Sim	12	75,00%	Sim	5	31,25%
N/D	3	18,75%	N/D	10	62,50%
O dirigente ocupou cargo político?			**O dirigente possui filiação partidária?**		
Resposta	*N*	*%*	*Resposta*	*N*	*%*
Não	10	62,50%	Não	14	87,50%
Sim	2	12,50%	Sim	2	12,50%
N/D	4	25,00%	N/D	0	0,00%

4.2.16. AGENERSA (Rio de Janeiro)

A AGENERSA é dirigida por um Conselho-Diretor formado por 5 Conselheiros indicados pelo Governador do Estado, e por este nomeados uma vez aprovados, após audiência pública, pela Assembleia Legislativa, cabendo a um deles a Presidência do Conselho, também por indicação do Governador do Estado. O mandato dos Conselheiros é de quatro anos, admitida uma única recondução.

Foram identificados 34 mandatos, exercidos por 18 dirigentes distintos. Apenas em 4 casos pode-se constatar que o mandato não havia sido cumprido até o final, tendo havido também 8 reconduções de conselheiros ao cargo.

Em relação à diploma de nível superior dos dirigentes, foi possível obter informações acerca de 15 conselheiros. Todos tinham graduação: 5 em direito; 4 em engenharias; 2 em economia. Os outros 6 conselheiros tinham formações variadas, em administração de empresas, ciências sociais, arquitetura e urbanismo e petróleo e gás. Dos 18 conselheiros analisados, foi possível também verificar que 12 tinham pós-graduação *lato sensu*, e 2 tinham mestrado, mas não foi possível constatar, dentre as informações disponíveis, a existência de nenhum conselheiro que tivesse doutorado.

Em relação à vida profissional pregressa, foi possível identificar que 13 conselheiros haviam exercido função pública. Destes, 5 conselheiros exerceram funções como Secretários ou Subsecretários das pastas do Governo de Estado do Rio de Janeiro, e 1 conselheiro exerceu função como Chefe de Gabinete de deputado estadual. Um conselheiro era delegado da polícia civil. Além disso, foi possível identificar apenas 1 conselheiro que tivesse exercido função privada, sendo professor universitário em universidade pública e privada.

Quanto ao engajamento político dos dirigentes, constatou-se que 2 diretores exerceram função política decorrente de eleição; um como Prefeito e o outro como Deputado Estadual. Além disso, 3 possuíram filiação partidária, tendo 2 deles sido filiados ao PMDB.

AGENERSA					
Mandatos					
Deixou o cargo antes do fim do mandato?			**Foi reconduzido?**		
Resposta	*N*	*%*	*Resposta*	*N*	*%*
Não	26	76,47%	Não	24	70,59%
Sim	4	11,76%	Sim	8	23,53%
N/A	1	2,94%	N/A	1	2,94%
N/D	3	8,82%	N/D	1	2,94%
Formação dos Dirigentes					
O dirigente tem graduação?			**O dirigente tem pós-graduação?**		
Resposta	*N*	*%*	*Resposta*	*N*	*%*
Não	0	0,00%	Não	2	11,11%
Sim	15	83,33%	Sim	12	66,67%
N/D	3	16,67%	N/D	4	22,22%

AGENERSA					
O dirigente tem mestrado?			**O dirigente tem doutorado?**		
Resposta	*N*	*%*	*Resposta*	*N*	*%*
Não	10	55,56%	Não	12	66,67%
Sim	2	11,11%	Sim	0	0,00%
N/D	6	33,33%	N/D	6	33,33%
Atuação profissional pregressa e filiação partidária					
O dirigente ocupou cargo público?			**O dirigente ocupou cargo privado no setor?**		
Resposta	*N*	*%*	*Resposta*	*N*	*%*
Não	3	16,67%	Não	10	55,56%
Sim	13	72,22%	Sim	1	5,56%
N/D	2	11,11%	N/D	7	38,89%
O dirigente ocupou cargo político?			**O dirigente possui filiação partidária?**		
Resposta	*N*	*%*	*Resposta*	*N*	*%*
Não	14	77,78%	Não	15	83,33%
Sim	2	11,11%	Sim	3	16,67%
N/D	2	11,11%	N/D	0	0,00%

4.2.17. AGEPAR (Paraná)

A AGEPAR é dirigida por um Conselho-Diretor formado por 5 Diretores indicados pelo Chefe do Poder Executivo do Estado e por ele nomeados, após arguição pública e aprovação pela Comissão competente da Assembleia Legislativa. O mandato dos Conselheiros é de três anos, admitida uma única recondução, com a peculiaridade de que "o Diretor permanecerá no exercício de suas funções após o término de seu mandato, até que seu sucessor seja nomeado e empossado."

A pesquisa identificou 22 mandatos, exercidos por 18 dirigentes distintos, desde a instalação da agência. Não foi possível obter informações acerca da data exata do início ou do fim de 5 mandatos. Dos 22 mandatos, pouco mais da metade (12) foi cumprida até o final. Dentre os 10 casos de diretores que deixaram o cargo antes do prazo do mandato, houve três renúncias na função de Diretor-Presidente. No ano de 2020, todos os diretores renunciaram, à exceção da Diretora Administrativa e Financeira. Ocorreram apenas 3 reconduções de diretores, uma única vez, à mesma função.

Em relação à formação acadêmica dos diretores, foi possível obter informações acerca de 15 dos 18 diretores. Todos tinham graduação: 6 em direito; 3 em economia; 2 em engenharia florestal e civil; 2 em Administração de empresas. Os outros diretores tinham formações variadas, em arquitetura e urbanismo, tecnologia de processamento de dados, ciências contábeis, e geografia. Além disso, 9 tinham pós-graduação *lato sensu*, 6 tinham mestrado e 4 tinham doutorado – números particularmente altos quando observados comparativamente às demais agências estaduais analisadas.

Em relação à vida profissional pregressa, foi possível identificar que ao menos 13 diretores exerceram, previamente à nomeação na função, cargo público, sendo que não foi possível obter informações de 4 dos 18 diretores. Foi possível constatar ainda que 2 diretores exerceram função política decorrente de eleição, um como Vice-Prefeito, Deputado Estadual e Deputado Federal; e o outro como Deputado Federal. Além disso, 4 diretores exerceram funções como Secretários ou Subsecretários das pastas do Governo de Estado do Paraná. Dois diretores exerceram funções como Procurador do Estado do Paraná ou Procurador da Administração Indireta.

Foram encontradas informações que indicam que 6 diretores atuaram na iniciativa privada. Desses, 3 atuaram como advogados, 2 trabalharam na área comercial de empresas, e 1 trabalhou como professor universitário.

Por fim, verificou-se que apenas 2 diretores possuíram filiação partidária, os mesmos que haviam exercido cargos políticos eleitos antes de se tornarem dirigentes da AGEPAR.

AGEPAR					
Mandatos					
Deixou o cargo antes do fim do mandato?			**Foi reconduzido?**		
Resposta	*N*	*%*	*Resposta*	*N*	*%*
Não	12	54,55%	Não	18	81,82%
Sim	10	45,45%	Sim	4	18,18%
N/A	0	0,00%	N/A	0	0,00%
N/D	0	0,00%	N/D	0	0,00%

AGEPAR					
Formação dos Dirigentes					
O dirigente tem graduação?			**O dirigente tem pós-graduação?**		
Resposta	*N*	*%*	*Resposta*	*N*	*%*
Não	0	0,00%	Não	10	55,56%
Sim	15	83,33%	Sim	5	27,78%
N/D	3	16,67%	N/D	3	16,67%
O dirigente tem mestrado?			**O dirigente tem doutorado?**		
Resposta	*N*	*%*	*Resposta*	*N*	*%*
Não	9	50,00%	Não	12	66,67%
Sim	6	33,33%	Sim	3	16,67%
N/D	3	16,67%	N/D	3	16,67%
Atuação profissional pregressa e filiação partidária					
O dirigente ocupou cargo público?			**O dirigente ocupou cargo privado no setor?**		
Resposta	*N*	*%*	*Resposta*	*N*	*%*
Não	1	5,56%	Não	3	16,67%
Sim	13	72,22%	Sim	7	38,89%
N/D	4	22,22%	N/D	8	44,44%
O dirigente ocupou cargo político?			**O dirigente possui filiação partidária?**		
Resposta	*N*	*%*	*Resposta*	*N*	*%*
Não	16	88,89%	Não	16	88,89%
Sim	2	11,11%	Sim	2	11,11%
N/D	0	0,00%	N/D	0	0,00%

4.2.18. AGERBA (Bahia)

A AGERBA é dirigida por uma Diretora Executiva, constituída por um Diretor Executivo e dois Diretores Gerais. Não há previsão de mandatos ou de aprovação pela Assembleia Legislativa da Bahia.

A pesquisa identificou 22 mandatos, exercidos por 19 diretores. As análises de cumprimento de mandato e de recondução não são aplicáveis à agência, uma vez que não há previsão legal que estabeleça tempo de mandatos para os dirigentes da AGERBA. No entanto, observou-se que 3 dirigentes exerceram mais de uma função na diretoria geral. A função de Diretor-Executivo foi ocupada, entre 2009 e a presente data, por 5 dirigentes. Um diretor ocupou a função por cerca de oito anos, enquanto os demais ocuparam a função por cerca de um ano. A função de Diretor Geral no Departamento de Qualidade de Serviços foi ocupada, entre 2009 e a presente data, por 10 dirigentes. A função de Diretor Geral no Departamento de Tarifas e Pesquisas Socioeconômicas, entre 2009 e a presente data, por 7 dirigentes. Essas funções são ocupadas por um período que varia entre um e quatro anos.

Foi possível encontrar dados sobre a formação superior de 10 dirigentes e todos tinham graduação: 4 em direito; 3 em engenharia; 3 em Administração e 1 em ciências contábeis. Além disso, 4 possuíam pós-graduação *lato sensu* e 1 diretor possuía mestrado. Não foi possível identificar, entre os dados disponíveis, nenhum dirigente da AGERBA que possuísse doutorado.

Em relação à vida profissional pregressa, verificou-se que 7 dos 12 diretores para os quais havia informações disponíveis haviam exercido, previamente à nomeação na função, cargo público. Destes, 3 exerceram funções como Secretário ou Assessor de Secretário das pastas do Governo de Estado da Bahia. Além disso, 1 exerceu função como assistente técnico da Assembleia Legislativa da Bahia, 1 como secretário parlamentar e 1 como Coronel da Polícia Militar da Bahia.

Foram encontradas informações que indicam que 5 diretores atuaram na iniciativa privada, um como diretor executivo de uma sociedade de consultoria em tecnologia empresarial, um como advogado, um como sócio de empresa de informática e um como professor e advogado.

Por fim, nenhum dirigente da AGERBA havia exercido cargo político e apenas 1 havia possuído filiação partidária.

AGERBA					
Mandatos					
Deixou o cargo antes do fim do mandato?			Foi reconduzido?		
Resposta	*N*	*%*	*Resposta*	*N*	*%*
Não	0	0,00%	Não	0	0,00%
Sim	0	0,00%	Sim	0	0,00%
N/A	22	100,00%	N/A	22	100,00%
N/D	0	0,00%	N/D	0	0,00%

AGERBA					
Formação dos Dirigentes					
O dirigente tem graduação?			O dirigente tem pós-graduação?		
Resposta	*N*	*%*	*Resposta*	*N*	*%*
Não	0	0,00%	Não	1	5,26%
Sim	10	52,63%	Sim	3	15,79%
N/D	9	47,37%	N/D	15	78,95%
O dirigente tem mestrado?			O dirigente tem doutorado?		
Resposta	*N*	*%*	*Resposta*	*N*	*%*
Não	1	5,26%	Não	1	5,26%
Sim	1	5,26%	Sim	0	0,00%
N/D	17	89,47%	N/D	18	94,74%
Atuação profissional pregressa e filiação partidária					
O dirigente ocupou cargo público?			O dirigente ocupou cargo privado no setor?		
Resposta	*N*	*%*	*Resposta*	*N*	*%*
Não	3	15,79%	Não	0	0,00%
Sim	9	47,37%	Sim	5	26,32%
N/D	7	36,84%	N/D	14	73,68%
O dirigente ocupou cargo político?			O dirigente possui filiação partidária?		
Resposta	*N*	*%*	*Resposta*	*N*	*%*
Não	19	100,00%	Não	18	94,74%
Sim	0	0,00%	Sim	1	5,26%
N/D	0	0,00%	N/D	0	0,00%

4.2.19. AGERGS (Rio Grande do Sul)

A AGERGS é dirigida por um Conselho Superior formado por 7 conselheiros. Os conselheiros têm mandato de quatro anos, e são nomeados e empossados após aprovação de seus nomes pela Assembleia Legislativa. O Conselheiro-Presidente, por sua vez, é eleito pelos seus pares e tem um mandato de dois anos.

Foram identificados um total de 47 mandatos, exercidos por 34 dirigentes distintos, dos quais 32 foram cumpridos até o final, 12 foram interrompidos antes do prazo de término e sobre 3 não foi possível obter informações. Não houve nenhum caso de recondução à mesma função, dentre os 11 mandatos referentes à função de Conselheiro-Presidente. A Lei nº 10.931/1997 veda a recondução no cargo de conselheiro, de forma que em 35 casos a análise de recondução era inaplicável. Vale ainda destacar que, a despeito de não ter havido recondução na mesma função, foi possível identificar que um conselheiro foi nomeado em duas oportunidades como Conselheiro-Diretor, embora não tenha havido recondução no mandato imediatamente subsequente. Esse mesmo conselheiro também ocupou duas outras funções no Conselho Diretor.

Quanto à formação acadêmica, foi possível identificar dados sobre formação superior de 19 conselheiros, e todos possuíam graduação: 8 em direito; 5 em engenharia civil, mecânica, elétrica ou de produção; 4 em economia; 3 em Administração e 1 em ciências contábeis. Os demais tinham formação em áreas diversas, como história natural, filosofia, comércio exterior e arquitetura e urbanismo, sendo que 4 conselheiros tinham formação em mais de uma área. Além disso, 10 deles possuíam pós-graduação *lato sensu*, 5 tinham mestrado e 2 tinham doutorado.

Em relação à vida profissional pregressa, foi possível averiguar que 12 conselheiros exerceram cargo público previamente à nomeação na função. Dentre esses, 2 conselheiros foram secretários municipais e 1 exerceu funções em diversos ministérios. Ainda, verificou-se que um conselheiro foi técnico superior nos quadros da AGERGS. Foram encontradas informações que indicam que 6 conselheiros atuaram na iniciativa privada, 1 como diretor de um banco, 1 como reitor de universidade privada e 2 em diversas empresas e funções nos setores de obras, rodovias, transportes e afins.

Por fim, quanto à atuação política dos dirigentes, constatou-se que 6 conselheiros exerceram funções políticas decorrentes de eleição, um como Vereador, Prefeito, Senador Suplente e Deputado Federal suplente, além de ter sido Secretário de Estado e Ministro da União Federal; o segundo, como Vereador por dois mandatos consecutivos, Deputado Estadual por quatro mandatos consecutivos, além de ter sido Conselheiro e Presidente do Tribunal de Contas do Rio Grande do Sul; o terceiro exerceu função política como Vereador por três mandatos consecutivos e Deputado Federal; o quarto, como Prefeito e Vereador, além de ter sido Secretário

Municipal; o quinto exerceu função política como Deputado Estadual; e, por fim, o sexto conselheiro foi eleito como Vereador, como Prefeito e como Deputado Estadual. Apenas 6 dirigentes da agência haviam tido alguma filiação partidária.

<table>
<tr><th colspan="6">AGERGS</th></tr>
<tr><th colspan="6">Mandatos</th></tr>
<tr><th colspan="3">Deixou o cargo antes do fim do mandato?</th><th colspan="3">Foi reconduzido?</th></tr>
<tr><td>Resposta</td><td>N</td><td>%</td><td>Resposta</td><td>N</td><td>%</td></tr>
<tr><td>Não</td><td>32</td><td>68,09%</td><td>Não</td><td>11</td><td>23,40%</td></tr>
<tr><td>Sim</td><td>12</td><td>25,53%</td><td>Sim</td><td>0</td><td>0,00%</td></tr>
<tr><td>N/A</td><td>0</td><td>0,00%</td><td>N/A</td><td>35</td><td>74,47%</td></tr>
<tr><td>N/D</td><td>3</td><td>6,38%</td><td>N/D</td><td>1</td><td>2,13%</td></tr>
<tr><td colspan="6"></td></tr>
<tr><th colspan="6">Formação dos Dirigentes</th></tr>
<tr><th colspan="3">O dirigente tem graduação?</th><th colspan="3">O dirigente tem pós-graduação?</th></tr>
<tr><td>Resposta</td><td>N</td><td>%</td><td>Resposta</td><td>N</td><td>%</td></tr>
<tr><td>Não</td><td>0</td><td>0,00%</td><td>Não</td><td>2</td><td>5,88%</td></tr>
<tr><td>Sim</td><td>19</td><td>55,88%</td><td>Sim</td><td>10</td><td>29,41%</td></tr>
<tr><td>N/D</td><td>15</td><td>44,12%</td><td>N/D</td><td>22</td><td>64,71%</td></tr>
<tr><th colspan="3">O dirigente tem mestrado?</th><th colspan="3">O dirigente tem doutorado?</th></tr>
<tr><td>Resposta</td><td>N</td><td>%</td><td>Resposta</td><td>N</td><td>%</td></tr>
<tr><td>Não</td><td>0</td><td>0,00%</td><td>Não</td><td>0</td><td>0,00%</td></tr>
<tr><td>Sim</td><td>5</td><td>14,71%</td><td>Sim</td><td>2</td><td>5,88%</td></tr>
<tr><td>N/D</td><td>29</td><td>85,29%</td><td>N/D</td><td>32</td><td>94,12%</td></tr>
<tr><th colspan="6">Atuação profissional pregressa e filiação partidária</th></tr>
<tr><th colspan="3">O dirigente ocupou cargo público?</th><th colspan="3">O dirigente ocupou cargo privado no setor?</th></tr>
<tr><td>Resposta</td><td>N</td><td>%</td><td>Resposta</td><td>N</td><td>%</td></tr>
<tr><td>Não</td><td>3</td><td>8,82%</td><td>Não</td><td>2</td><td>5,88%</td></tr>
<tr><td>Sim</td><td>12</td><td>35,29%</td><td>Sim</td><td>6</td><td>17,65%</td></tr>
<tr><td>N/D</td><td>19</td><td>55,88%</td><td>N/D</td><td>26</td><td>76,47%</td></tr>
</table>

AGERGS					
O dirigente ocupou cargo político?			**O dirigente possui filiação partidária?**		
Resposta	*N*	*%*	*Resposta*	*N*	*%*
Não	27	79,41%	Não	28	82,35%
Sim	6	17,65%	Sim	6	17,65%
N/D	1	2,94%	N/D	0	0,00%

4.2.20. AGRESE (Sergipe)

A AGRESE é dirigida por um Conselho Superior, cujos membros devem ter mandato de dois anos, permitida a recondução, e os quais serão empossados somente após terem seus nomes aprovados pela Assembleia Legislativa do Estado; e por uma Diretoria Executiva, que inclui o Diretor-Presidente, o Diretor Técnico e o Diretor Administrativo e Financeiro, sendo composta, portanto, por três membros, indicados pelo Conselho Superior e nomeados pelo Governador do Estado, com mandatos não coincidentes de dois anos, permitida a recondução.

A pesquisa analisou 27 mandatos, exercidos por 16 dirigentes distintos. Em 19 casos o mandato foi cumprido até o final e houve 10 reconduções ao total. Em 1 caso não foi possível obter informações sobre cumprimento do mandato ou sobre recondução.

Foi possível identificar dados sobre formação superior de 10 dirigentes, e todos possuíam graduação: 3 em direito, 2 em engenharia de minas e industrial; 1 em engenharia civil e 1 em comunicação social e jornalismo; 1 em administração; 1 em medicina e 1 em química industrial. Em 4 casos o dirigente possuía mais de uma graduação. Além disso, 5 dirigentes tinham curso de pós-graduação *lato sensu*, 4 tinham mestrado e 1 tinha doutorado.

Em relação à vida profissional pregressa, foi possível identificar que ao menos 8 dirigentes exerceram, previamente à nomeação na função, cargo público e que 6 atuaram na iniciativa privada, 3 dos quais eram diretores, tendo um atuado como administrador de empresas, outro como engenheiro em sociedade industrial e o terceiro como profissional de fiscalização de Conselho Regional de Corretores de Imóveis, além de professor do ensino superior.

Um total de 4 dirigentes exerceram funções políticas decorrentes de eleição, 2 deles tendo atuado como conselheiros no Conselho Superior e 2 como diretores na Diretoria-Executiva da agência. No Conselho Superior, um conselheiro havia atuado como Vereador e Deputado Federal, e o outro, como Deputado Estadual. Além disso, um conselheiro foi Secretário da Fazenda do Estado, outro foi servidor e ocupou cargo em comissão e outro foi analista parlamentar. Na Diretoria-Executiva, um diretor atuou como Vereador, Vice-prefeito e Prefeito; o segundo, como Vereador e Deputado Federal, além de ter sido Secretário Estadual. Além disso, 4 diretores foram Secretários de Estado do Governo do Sergipe. Por fim, vale destacar ainda que um total de 7 dirigentes da AGRESE haviam possuído filiação partidária, tendo 2 deles sido filiados ao PDT.

AGRESE					
Mandatos					
Deixou o cargo antes do fim do mandato?			**Foi reconduzido?**		
Resposta	*N*	*%*	*Resposta*	*N*	*%*
Não	19	70,37%	Não	12	44,44%
Sim	7	25,93%	Sim	10	37,04%
N/A	0	0,00%	N/A	4	14,81%
N/D	1	3,70%	N/D	1	3,70%
Formação dos Dirigentes					
O dirigente tem graduação?			**O dirigente tem pós-graduação?**		
Resposta	*N*	*%*	*Resposta*	*N*	*%*
Não	0	0,00%	Não	2	12,50%
Sim	10	62,50%	Sim	5	31,25%
N/D	6	37,50%	N/D	9	56,25%
O dirigente tem mestrado?			**O dirigente tem doutorado?**		
Resposta	*N*	*%*	*Resposta*	*N*	*%*
Não	3	18,75%	Não	6	37,50%
Sim	4	25,00%	Sim	1	6,25%
N/D	9	56,25%	N/D	9	56,25%

AGRESE					
Atuação profissional pregressa e filiação partidária					
O dirigente ocupou cargo público?			**O dirigente ocupou cargo privado no setor?**		
Resposta	*N*	*%*	*Resposta*	*N*	*%*
Não	0	0,00%	Não	0	0,00%
Sim	8	50,00%	Sim	6	37,50%
N/D	8	50,00%	N/D	10	62,50%
O dirigente ocupou cargo político?			**O dirigente possui filiação partidária?**		
Resposta	*N*	*%*	*Resposta*	*N*	*%*
Não	4	25,00%	Não	9	56,25%
Sim	4	25,00%	Sim	7	43,75%
N/D	8	50,00%	N/D	0	0,00%

4.2.21. ARSESP (São Paulo)

A ARSESP é conduzida por uma Diretoria composta por 5 (cinco) Diretores, escolhidos pelo Governador do Estado e por ele nomeados após a aprovação da Assembleia Legislativa. Os mandatos dos diretores são não coincidentes e é vedada a recondução.

Foi possível identificar 24 mandatos, exercidos por 20 diretores, com a ressalva de que não foi possível obter informações de diversos períodos de vacância ou em que não há informações acerca do diretor em exercício. Embora não tenham sido identificados casos de recondução, 4 membros foram diretores num determinado mandato e interinos noutro, de forma sequencial. Além disso, 9 diretores deixaram a função antes do término do mandato e 4 diretores ocuparam a função de forma interina.

Em relação à formação acadêmica dos dirigentes, foi possível obter algumas informações acerca de 19 dos 20 diretores. Todos tinham graduação: 8 em engenharia elétrica, civil ou industrial; 4 em economia e 3 em direito. Os demais se formaram em psicologia, recursos hídricos ou relações internacionais. Um total de 10 diretores tinham curso de pós-graduação *lato sensu*, 9 diretores tinham mestrado e 2 tinham o título de doutorado, o que representam níveis altos de formação acadêmica, comparativamente às demais agências.

Em relação à vida profissional pregressa, foi possível obter algumas informações acerca de 19 dos 20 diretores da ARSESP. Ao menos 11 diretores exerceram, previamente à nomeação na função, cargo público. Um foi Chefe de Gabinete de diversos Secretários do Estado de São Paulo, outros como funcionários da Administração Direta ou Indireta relacionadas ao setor. Foram encontradas informações que indicam que 11 diretores também atuaram na iniciativa privada, em sociedades especializadas em energia elétrica, gás, luz e outros. Por fim, vale destacar que não foi possível identificar nenhum diretor tivesse exercido funções políticas decorrentes de eleição, ou que tivesse possuído filiação partidária.

ARSESP					
Mandatos					
Deixou o cargo antes do fim do mandato?			**Foi reconduzido?**		
Resposta	*N*	*%*	*Resposta*	*N*	*%*
Não	15	62,50%	Não	0	0,00%
Sim	9	37,50%	Sim	0	0,00%
N/A	0	0,00%	N/A	24	100,00%
N/D	0	0,00%	N/D	0	0,00%
Formação dos Dirigentes					
O dirigente tem graduação?			**O dirigente tem pós-graduação?**		
Resposta	*N*	*%*	*Resposta*	*N*	*%*
Não	0	0,00%	Não	6	30,00%
Sim	19	95,00%	Sim	10	50,00%
N/D	1	5,00%	N/D	4	20,00%
O dirigente tem mestrado?			**O dirigente tem doutorado?**		
Resposta	*N*	*%*	*Resposta*	*N*	*%*
Não	1	5,00%	Não	1	5,00%
Sim	9	45,00%	Sim	2	10,00%
N/D	10	50,00%	N/D	17	85,00%

ARSESP					
Atuação profissional pregressa e filiação partidária					
O dirigente ocupou cargo público?			**O dirigente ocupou cargo privado no setor?**		
Resposta	*N*	*%*	*Resposta*	*N*	*%*
Não	8	40,00%	Não	4	20,00%
Sim	11	55,00%	Sim	12	60,00%
N/D	1	5,00%	N/D	4	20,00%
O dirigente ocupou cargo político?			**O dirigente possui filiação partidária?**		
Resposta	*N*	*%*	*Resposta*	*N*	*%*
Não	20	100,00%	Não	20	100,00%
Sim	0	0,00%	Sim	0	0,00%
N/D	0	0,00%	N/D	0	0,00%

4.2.22. ARTESP (São Paulo)

A ARTESP é dirigida pelo Conselho Diretor, que é composto por um Diretor-Geral e mais 5 (cinco) Diretores (Diretor de Controle Econômico e Financeiro; Diretor de Investimentos; Diretor de Operações; Diretor de Assuntos Institucionais; e Diretor de Procedimentos e Logística). Os Diretores têm mandatos fixos e não coincidentes de quatro anos, sendo admissível a recondução para um único mandato subsequente.

Foi possível obter informações acerca de 28 dirigentes desde a criação da agência, que cumpriram 68 mandatos no total. Isso porque alguns dirigentes ocuparam cargos diversos na agência e alguns foram reconduzidos no mesmo cargo. Dos 68 mandatos, 48 foram cumpridos até o final. Quatorze mandatos não foram cumpridos até o final, devido à renúncia do dirigente. Além disso, foram verificadas 10 reconduções na mesma função. Essa variável não era aplicável para 6 dirigentes que ainda estavam com o mandato em curso quando a pesquisa foi realizada.

No que se refere à análise da experiência acadêmica dos dirigentes, dos 28 dirigentes foi possível obter algumas informações acerca de 22. Todos tinham graduação, sendo que ao menos 3 haviam concluído 2 cursos de graduação, sendo 8 formados em Direito; 5 formados em Engenharia Civil; 3 formados em Administração de Empresas; e as demais formações relacionadas com as áreas de Psicologia, Economia, Engenharia de Produção, Ciências Contábeis, dentre outras. Ao menos 10 dirigentes tinham alguma pós-graduação lato sensu, 10 tinham mestrado e 4 tinham doutorado, uma proporção particularmente alta quando comparada às das demais agências.

Quanto à vida profissional pregressa, dos 28 Diretores da ARTESP, foi possível obter informações de quase todos. De acordo com os dados disponíveis, apenas 1 dirigente exerceu função política decorrente de eleição, tendo sido Vereador, Prefeito substituto de São Paulo e Deputado Federal, e não foi possível obter essas informações de 1 dirigente. Além disso, apenas 2 dirigentes haviam possuído filiação partidária.

Ao menos 15 dirigentes exerceram algum cargo público. Dentre a extensa lista de cargos públicos ocupados, incluem-se Comandante Geral da Policia Militar de São Paulo; Presidente da TELES; servidor da ARTESP; Procurador do Ministério Público de São Paulo; servidor da Secretaria Estadual de Logística e Transportes; Assessor da Desenvolvimento Rodoviário S/A – Dersa; Diretora de Assuntos Institucionais – ARSEP/RN; Diretor-presidente da Empresa Metropolitana de Águas e Energia (EMAE); Secretário Executivo na Secretaria Estadual de Logística e Transportes de São Paulo; Servidora do Ministério da Educação; dentre outros.

Por fim, à luz dos dados disponíveis, foi possível aferir que ao menos 5 Diretores atuaram na iniciativa privada: professores universitários; advogados e consultor de Infraestrutura Ferroviária.

ARTESP					
Mandatos					
Deixou o cargo antes do fim do mandato?			**Foi reconduzido?**		
Resposta	*N*	*%*	*Resposta*	*N*	*%*
Não	54	79,41%	Não	58	85,29%
Sim	14	20,59%	Sim	10	14,71%
N/A	0	0,00%	N/A	0	0,00%
N/D	0	0,00%	N/D	0	0,00%

ARTESP					
Formação dos Dirigentes					
O dirigente tem graduação?			**O dirigente tem pós-graduação?**		
Resposta	*N*	*%*	*Resposta*	*N*	*%*
Não	0	0,00%	Não	8	28,57%
Sim	22	78,57%	Sim	10	35,71%
N/D	6	21,43%	N/D	10	35,71%
O dirigente tem mestrado?			**O dirigente tem doutorado?**		
Resposta	*N*	*%*	*Resposta*	*N*	*%*
Não	4	14,29%	Não	9	32,14%
Sim	10	35,71%	Sim	3	10,71%
N/D	14	50,00%	N/D	16	57,14%
Atuação profissional pregressa e filiação partidária					
O dirigente ocupou cargo público?			**O dirigente ocupou cargo privado no setor?**		
Resposta	*N*	*%*	*Resposta*	*N*	*%*
Não	11	39,29%	Não	22	78,57%
Sim	15	53,57%	Sim	5	17,86%
N/D	2	7,14%	N/D	1	3,57%
O dirigente ocupou cargo político?			**O dirigente possui filiação partidária?**		
Resposta	*N*	*%*	*Resposta*	*N*	*%*
Não	26	92,86%	Não	26	92,86%
Sim	1	3,57%	Sim	2	7,14%
N/D	1	3,57%	N/D	0	0,00%

4.2.23. ATR (Tocantins)

A ATR é dirigida por uma Diretoria Executiva, composta por um presidente e dois diretores, todos indicados e nomeados pelo Chefe do Poder Executivo, com aprovação da Assembleia Legislativa do Estado do Tocantins, para mandato de quatro anos.

A pesquisa identificou 14 mandatos, exercidos por 14 dirigentes distintos. Para os 13 dirigentes em relação aos quais pode-se obter informações sobre a permanência no cargo, constatou-se que nenhum cumpriu o mandato legal de quatro anos. De forma geral, os dirigentes deixaram os cargos em prazos que variaram de um a dois anos.

Em relação à experiência acadêmica dos dirigentes, foi possível obter algumas informações acerca de 10 dos 15 diretores que exerceram funções na Diretoria Executiva da ATR. Todos tinham graduação, sendo que 4 tinham formação em direito e 3 em engenharia civil ou ambiental. Os outros tinham formações variadas, em administração, ciências biológicas e em agronomia. Constatou-se ainda que 5 tinham pós-graduação *lato sensu*, mas nenhum tinha mestrado ou doutorado, no momento em que a pesquisa foi realizada.

Em relação à vida profissional pregressa, foi possível identificar que ao menos 7 diretores exerceram, previamente à nomeação na função, cargo público. Dentre esses, 2 diretores exerceram funções como Secretário Legislativo e, um deles, também como Secretário Municipal. Além disso, ao menos 3 diretores atuaram na iniciativa privada, um como engenheiro civil em construtora, outro como empresário em construção civil e o terceiro como advogado.

Por fim, 3 diretores exerceram função política decorrente de eleição, um como Deputado Estadual por quatro mandatos, Prefeito por dois mandatos consecutivos; um como Vereador e o terceiro como Deputado Estadual por dois mandatos consecutivos e Senador Suplente. Esses 3 diretores foram os únicos que tinham possuído filiação partidária.

ATR					
Mandatos					
Deixou o cargo antes do fim do mandato?			**Foi reconduzido?**		
Resposta	*N*	*%*	*Resposta*	*N*	*%*
Não	0	0,00%	Não	12	85,71%
Sim	13	92,86%	Sim	1	7,14%
N/A	0	0,00%	N/A	0	0,00%
N/D	1	7,14%	N/D	1	7,14%

Formação dos Dirigentes					
O dirigente tem graduação?			**O dirigente tem pós-graduação?**		
Resposta	*N*	*%*	*Resposta*	*N*	*%*
Não	0	0,00%	Não	4	28,57%
Sim	10	71,43%	Sim	5	35,71%
N/D	4	28,57%	N/D	5	35,71%
O dirigente tem mestrado?			**O dirigente tem doutorado?**		
Resposta	*N*	*%*	*Resposta*	*N*	*%*
Não	4	28,57%	Não	4	28,57%
Sim	0	0,00%	Sim	0	0,00%
N/D	10	71,43%	N/D	10	71,43%
Atuação profissional pregressa e filiação partidária					
O dirigente ocupou cargo público?			**O dirigente ocupou cargo privado no setor?**		
Resposta	*N*	*%*	*Resposta*	*N*	*%*
Não	2	14,29%	Não	1	7,14%
Sim	7	50,00%	Sim	3	21,43%
N/D	5	35,71%	N/D	10	71,43%
O dirigente ocupou cargo político?			**O dirigente possui filiação partidária?**		
Resposta	*N*	*%*	*Resposta*	*N*	*%*
Não	7	50,00%	Não	11	78,57%
Sim	3	21,43%	Sim	3	21,43%
N/D	4	28,57%	N/D	0	0,00%

4.2.24. MOB (Maranhão)

A Agência Estadual de Mobilidade Urbana e Serviços Públicos (MOB) foi criada pela Lei nº 10.213, de 9 de março de 2015, a qual resulta da transformação do Departamento Estadual de Infraestrutura e Transporte (DEINT), e cujas atribuições foram definidas na Lei nº 10.225, de 15 de abril de 2015, com regulamentação pelo Decreto Estadual nº de 31.601, de 08 de abril de 2016.

Foi possível obter informações acerca de 29 mandatos, exercidos por 27 diretores distintos. Embora não haja previsão legal que estabeleça o cumprimento de mandatos pelos dirigentes da MOB, observou-se que 3 diretores exerceram duas diferentes funções. A função de Diretor-Presidente foi ocupada, entre 2015 e a presente data, por 6 dirigentes. A maioria ocupou essa função por um período que varia entre um ano ou menos, sendo que os primeiros diretores ocuparam a função por mais tempo, isto é, por um período de dois anos e de quatro anos. A função de Vice-Presidente foi ocupada, entre 2015 e a data desta pesquisa, por 4 dirigentes. A maioria ocupou a função por um período de até um ano. Constatou-se, ainda, muitos períodos de vacância ou sobre os quais não há informações sobre o exercício dessa função. A função de Diretor Administrativo e Financeiro foi ocupada, desde 2015, por 6 dirigentes. A maioria ocupou a função por um período inferior a um ano, à exceção de um diretor que ocupou o cargo por cerca de quatro anos. Nesta função não há tantas vacâncias. A função de Diretor de Operações foi ocupada, desde 2015, por 3 dirigentes, com a maioria ocupando a função por um período que varia entre um ano ou menos. Constatou-se muitos períodos de vacância ou em que não há informações sobre o exercício da função. A função de Diretor de Mobilidade Inclusiva e Aeroviária foi ocupada, entre 2015 e a presente data, por 8 dirigentes. A maioria ocupa a função por um período inferior a um ano, à exceção de um diretor que ocupou o cargo por cerca de quatro anos. Por fim, a função de Diretor de Saneamento e Gás é ocupada pela mesma diretora desde 2017, ano em que o cargo foi criado.

Em relação à formação acadêmica dos dirigentes, foi possível obter algumas informações acerca de 15 diretores. Todos tinham graduação, 6 em direito, 5 em engenharia civil, elétrica ou de produção, 2 em economia, 1 em Administração, 1 em ciência de computação e o último em sistema de informação. Um diretor tem duas graduações e 10 tinham alguma outra pós-graduação *lato sensu*. Além disso, 4 tinham mestrado e um, o título de doutorado.

Em relação à vida profissional pregressa, foi possível identificar que ao menos 10 diretores exerceram, previamente à nomeação na função, cargo público. Destes, 3 diretores foram Secretários de Estado do Governo do Maranhão e 1 foi delegado geral da Polícia Civil maranhense. Foram ainda encontradas informações que indicam que 7 diretores atuaram na iniciativa privada, 3 como professores de Ensino Superior em Universidade privada, os demais como técnicos ou de gestão e um como advogado.

Por fim, verificou-se que 4 diretores exerceram funções políticas decorrentes de eleição, um como Deputado Estadual por dois mandatos consecutivos; o segundo, como Vereador; o terceiro, como Vice-Prefeito; e o último como Deputado Estadual. Assim, esses quatro diretores possuíram, anteriormente ou posteriormente ao exercício do mandato, filiação partidária. Um total de 5 diretores haviam tido filiação partidária, tendo 2 deles sido filiados ao PT.

MOB					
Mandatos					
Deixou o cargo antes do fim do mandato?			**Foi reconduzido?**		
Resposta	*N*	*%*	*Resposta*	*N*	*%*
Não	0	0,00%	Não	0	0,00%
Sim	0	0,00%	Sim	0	0,00%
N/A	29	100,00%	N/A	29	100,00%
N/D	0	0,00%	N/D	0	0,00%
Formação dos Dirigentes					
O dirigente tem graduação?			**O dirigente tem pós-graduação?**		
Resposta	*N*	*%*	*Resposta*	*N*	*%*
Não	0	0,00%	Não	2	7,41%
Sim	15	55,56%	Sim	9	33,33%
N/D	12	44,44%	N/D	16	59,26%
O dirigente tem mestrado?			**O dirigente tem doutorado?**		
Resposta	*N*	*%*	*Resposta*	*N*	*%*
Não	1	3,70%	Não	1	3,70%
Sim	4	14,81%	Sim	1	3,70%
N/D	22	81,48%	N/D	25	92,59%
Atuação profissional pregressa e filiação partidária					
O dirigente ocupou cargo público?			**O dirigente ocupou cargo privado no setor?**		
Resposta	*N*	*%*	*Resposta*	*N*	*%*
Não	0	0,00%	Não	19	70,37%
Sim	10	37,04%	Sim	7	25,93%
N/D	17	62,96%	N/D	1	3,70%

MOB					
O dirigente ocupou cargo político?			**O dirigente possui filiação partidária?**		
Resposta	*N*	*%*	*Resposta*	*N*	*%*
Não	0	0,00%	Não	22	81,48%
Sim	4	14,81%	Sim	5	18,52%
N/D	23	85,19%	N/D	0	0,00%

4.2.25. AGER (Mato Grosso)

A AGER conta com um Conselho Consultivo e uma Diretoria Executiva Colegiada, esta última apoiada pelo Gabinete da Presidência Reguladora, ao qual estão subordinados, para além das unidades de assessoria, advocacia e outras de praxe, as seguintes diretorias: Diretoria Reguladora de Ouvidoria, Diretoria Reguladora de Transportes e Rodovias e Diretoria Reguladora de Energia, Ferrovia e Saneamento, além da Diretoria de Administração Sistêmica (responsável pela contabilidade, finanças, gestão de pessoas, aquisições, documentação e tecnologia da informação). O presidente e os três diretores reguladores setoriais são nomeados pelo Governador para cumprirem, em pares, mandatos não coincidentes de quatro anos, após aprovação da Assembleia Legislativa do Estado.

Foram levantadas informações da diretoria reguladora e presidência, tendo sido possível obter informações acerca de 29 mandatos exercidos por 22 dirigentes, desde 2000. Verificou-se que houve 5 reconduções e 7 saídas antes do fim do mandato.

A pesquisa não conseguiu obter informações sobre graduação de 3 (três) membros da diretoria e presidência, sendo que, em relação aos demais, todos tinham nível superior, nas seguintes graduações: Direito, Engenharia, Economia, Administração e Ciências Contábeis. A grande maioria tinha pós-graduação *lato sensu*, em diversas áreas. Aproximadamente 1/3 dos dirigentes tinha pós-graduação *stricto sensu*, tendo sido identificados os seguintes mestrados: em Tecnologia Cervejeira, em Gestão Financeira, em Engenharia de Transportes, em Educação, em Economia, em Administração e Ensino de Ciências Exatas. Havia ainda dois doutores no quadro de diretores, um em Engenharia Elétrica e outro em Economia. Foram identificados, adicionalmente, uma série de outros cursos que foram realizados pela diretoria, alguns no exterior, em parceria com o governo chinês e outro na Itália, com foco em regulação.

Em relação à vida profissional pregressa, a grande maioria (17 dos 22 diretores) havia ocupado outros cargos públicos, em diversas áreas. É possível citar, de forma exemplificativa, os seguintes: servidor da Secretaria de Infraestrutura de Mato Grosso (Sinfra); Secretário de Estado do Gabinete de Desenvolvimento Regional; Presidente Departamento Estadual de Trânsito de Mato Grosso; Secretário Municipal de Serviços Públicos de Cuiabá; Secretário de Obras e Serviços Públicos e de Transporte do Estado de MT; Secretário de Estado de Educação do MT; Secretário Municipal de Educação de Cuiabá; Magistrado do Tribunal de Justiça do Estado de Mato Grosso; Superintendente de Planejamento e Modernização de Gestão da Secretária de Infraestrutura do Estado do MT; Secretário Adjunto de Estado de Trabalho e Emprego; Delegado de Polícia.

Ao menos 12 diretores tiveram atuação no setor privado, 5 deles na advocacia privada, havendo também registros de atuação como empresário no setor de traduções, no setor imobiliário e no agronegócio, além de 2 indivíduos que trabalharam em empresas de engenharia.

Além disso, foram identificados 2 dirigentes que ocuparam cargo político: um foi prefeito do município de João Pessoa, um prefeito do município de Catolé da Rocha (além de deputado estadual) e um vereador, que também foi deputado estadual e federal, em diferentes mandatos. Um total de 7 dirigentes da AGER haviam possuído filiação partidária, tendo 2 deles sido filiados ao PT, 2 ao DEM e 2 ao Cidadania.

AGER					
Mandatos					
Deixou o cargo antes do fim do mandato?			**Foi reconduzido?**		
Resposta	*N*	*%*	*Resposta*	*N*	*%*
Não	21	72,41%	Não	24	82,76%
Sim	7	24,14%	Sim	5	17,24%
N/A	1	3,45%	N/A	0	0,00%
N/D	0	0,00%	N/D	0	0,00%

AGER					
Formação dos Dirigentes					
O dirigente tem graduação?			**O dirigente tem pós-graduação?**		
Resposta	*N*	*%*	*Resposta*	*N*	*%*
Não	0	0,00%	Não	3	13,64%
Sim	19	86,36%	Sim	14	63,64%
N/D	3	13,64%	N/D	5	22,73%
O dirigente tem mestrado?			**O dirigente tem doutorado?**		
Resposta	*N*	*%*	*Resposta*	*N*	*%*
Não	9	40,91%	Não	15	68,18%
Sim	8	36,36%	Sim	2	9,09%
N/D	5	22,73%	N/D	5	22,73%
Atuação profissional pregressa e filiação partidária					
O dirigente ocupou cargo público?			**O dirigente ocupou cargo privado no setor?**		
Resposta	*N*	*%*	*Resposta*	*N*	*%*
Não	0	0,00%	Não	5	22,73%
Sim	17	77,27%	Sim	12	54,55%
N/D	5	22,73%	N/D	5	22,73%
O dirigente ocupou cargo político?			**O dirigente possui filiação partidária?**		
Resposta	*N*	*%*	*Resposta*	*N*	*%*
Não	14	63,64%	Não	15	68,18%
Sim	2	9,09%	Sim	7	31,82%
N/D	6	27,27%	N/D	0	0,00%

4.2.26. ARSEPAM (Amazonas)

A estrutura organizacional da ARSEPAM inclui o Conselho Estadual de Regulação e Controle dos Serviços Públicos (CERCON) e duas diretorias (Diretoria Administrativa e Financeira e Diretoria Técnica), as quais são subordinadas ao Diretor Presidente, que conta com uma estrutura de apoio (ouvidoria, controle interno e gabinete) e assessoramento, tanto jurídico e de comunicação social, como de inteligência e tecnologia.

O dirigente máximo da ARSEPAM é nomeado pelo Governador do Estado, com mandato de 4 (quatro) anos, renováveis por igual período, iniciando-se no primeiro dia do terceiro ano do mandato de um Governo, cabendo-lhe escolher e indicar, ao Governador, os dirigentes dos demais cargos integrantes da instituição.

Foi possível identificar a existência de 12 mandatos, exercidos por 12 dirigentes, mas não foi possível obter dados sobre cumprimento dos mandatos ou reconduções. A pesquisa não conseguiu obter informações sobre graduação de 5 dos 12 dirigentes, ou seja, aproximadamente 40% da diretoria. Todos os 7 dirigentes cujas informações se encontraram fizeram os seguintes cursos de nível superior, nas seguintes áreas: Direito (3), Engenharia (2), Contabilidade, Gestão de Recursos Humanos e Administração. Um diretor presidente também possuía mestrado (Direito) e doutorado (Função Social do Direito).

Em relação à vida profissional pregressa, foi possível obter informações de 8 dirigentes, tendo identificado que 7 tiveram atuação em cargos públicos, envolvendo diversas funções em órgãos da administração direta e indireta, incluindo na própria ARSEPAM, como por exemplo: Secretário executivo adjunto de Cidadania da Secretaria de Estado de Justiça, Direitos Humanos e Cidadania (Sejusc); Diretor de administração da Secretaria Municipal de Finanças, Planejamento e Tecnologia da Informação (Semef); Diretor de assessoramento superior na Prefeitura de Manaus; Secretária Municipal de Planejamento de Manaus; Secretária de Estado de Planejamento e Coordenação Geral; Secretário Municipal da Prefeitura Municipal de Presidente Figueiredo; e dirigente da Secretaria de Infraestrutura de Mato Grosso (Sinfra). Foram identificados ainda 3 dirigentes que tiveram atuação no setor privado, em empresas no setor hoteleiro, no setor de alimentos e engenharia.

Não se identificou nenhum dirigente com atuação em cargo político, mas deve ser registrado que a quantidade de dados obtidos foi baixa. Além disso, 4 dos 12 dirigentes tinham possuído filiação partidária, mas nenhum partido figurou mais de uma vez entre suas filiações.

ARSEPAM					
Mandatos					
Deixou o cargo antes do fim do mandato?			**Foi reconduzido?**		
Resposta	*N*	*%*	*Resposta*	*N*	*%*
Não	0	0,00%	Não	0	0,00%
Sim	0	0,00%	Sim	0	0,00%
N/A	0	0,00%	N/A	0	0,00%
N/D	12	100,00%	N/D	12	100,00%
Formação dos Dirigentes					
O dirigente tem graduação?			**O dirigente tem pós-graduação?**		
Resposta	*N*	*%*	*Resposta*	*N*	*%*
Não	0	0,00%	Não	0	0,00%
Sim	7	58,33%	Sim	4	33,33%
N/D	5	41,67%	N/D	8	66,67%
O dirigente tem mestrado?			**O dirigente tem doutorado?**		
Resposta	*N*	*%*	*Resposta*	*N*	*%*
Não	3	25,00%	Não	3	25,00%
Sim	1	8,33%	Sim	1	8,33%
N/D	8	66,67%	N/D	8	66,67%
Atuação profissional pregressa e filiação partidária					
O dirigente ocupou cargo público?			**O dirigente ocupou cargo privado no setor?**		
Resposta	*N*	*%*	*Resposta*	*N*	*%*
Não	1	8,33%	Não	2	16,67%
Sim	7	58,33%	Sim	3	25,00%
N/D	4	33,33%	N/D	7	58,33%
O dirigente ocupou cargo político?			**O dirigente possui filiação partidária?**		
Resposta	*N*	*%*	*Resposta*	*N*	*%*
Não	4	33,33%	Não	8	66,67%
Sim	0	0,00%	Sim	4	33,33%
N/D	8	66,67%	N/D	0	0,00%

4.2.27. AGERO (Rondônia)

A estrutura organizacional da AGERO abrange, primeiramente, o Conselho Consultivo, órgão superior de representação e participação da sociedade na instituição, integrado por conselheiros nomeados para um mandato de dois anos, pelo Governador do Estado, para exercício de uma função relevante, mas sem remuneração. A Agência dispõe ainda de uma Diretoria Executiva, composta pela Presidência e 3 Diretorias, apoiadas pelo Gabinete, pela Ouvidoria, Procuradoria Jurídica e Assessoria de Planejamento Estratégico. Os diretores e presidente têm mandato de quatro anos (admitida uma recondução), indicados e nomeados pelo Governo do Estado, após sabatina e aprovação pela Assembleia Legislativa.

Foi possível identificar um total de 10 mandatos, exercidos por 10 dirigentes distintos. Apenas em 1 caso identificou-se que o dirigente deixou o cargo antes do término do mandato e em 2 casos houve recondução, mas em 4 casos essas análises não eram aplicáveis, pois o mandato ainda estava em curso, e em 2 casos não foi possível obter informações. Al

Em relação à experiência acadêmica dos dirigentes, foi possível obter informações dos 10 diretores mencionados acima. Todos tinham graduação, conforme a seguinte distribuição: Administração (3), Direito (2), Economia (2), Engenharia (2) e Ciências Contábeis. Destes, 5 tinham pós-graduação *lato* e 3 possuíam mestrado, nos seguintes temas: Engenharia de Produção, Gestão e Regulação de Recursos Hídricos e Administração. Não foi identificado curso de doutorado entre os dirigentes.

Todos os 10 dirigentes abrangidos pela pesquisa haviam ocupado cargos públicos. Os cargos foram ocupados principalmente em secretarias e empresas públicas na esfera estadual – a maioria em Rondônia, mas há também alguns casos de atuação no Distrito Federal – ou nos municípios do Estado de Rondônia. Também foram encontrados dirigentes que ocuparam funções na própria AGERO e que atuaram no magistério em instituição de ensino pública. A lista dos cargos públicos identificados inclui: dirigente da Companhia de Mineração de Rondônia S.A.; servidor da Superintendência Estadual de Desenvolvimento Econômico e Infraestrutura; Diretor Executivo da Superintendência Estadual de Administração e Recursos Humanos; servidor da Secretaria de Estado de Governo do Distrito Federal; Assessor de planejamento estratégico do Diretor Presidente da AGERO; Chefe de Gabinete na Companhia de Águas e Esgotos de Rondônia; assessor da Secretaria de Estado de Assuntos Estratégicos;

Superintendente Financeiro na Companhia de Águas e Esgotos de Rondônia; Assessora Técnica da Secretaria Municipal de meio ambiente de Ji-Paraná; Secretária Municipal de meio ambiente de Ji-Paraná; Assessor Especial da Secretaria de Estado da Saúde; e Assessor Jurídico na Companhia de Mineração de Rondônia.

Ao menos 6 dirigentes exerceram atividades no setor privado, em instituições de ensino (como professor ou gestor), empresas privadas (há um caso de empresário do setor moveleiro) e na advocacia.

Não foram encontradas informações sobre atuação em cargos políticos em poder executivo ou legislativo, mas foi possível identificar que 3 diretores tinham ou tiveram filiação partidária, não tendo nenhum partido figurado mais de uma vez entre tais filiações.

AGERO					
Mandatos					
Deixou o cargo antes do fim do mandato?			**Foi reconduzido?**		
Resposta	*N*	*%*	*Resposta*	*N*	*%*
Não	3	30,00%	Não	2	20,00%
Sim	1	10,00%	Sim	2	20,00%
N/A	4	40,00%	N/A	4	40,00%
N/D	2	20,00%	N/D	2	20,00%
Formação dos Dirigentes					
O dirigente tem graduação?			**O dirigente tem pós-graduação?**		
Resposta	*N*	*%*	*Resposta*	*N*	*%*
Não	0	0,00%	Não	5	50,00%
Sim	10	100,00%	Sim	5	50,00%
N/D	0	0,00%	N/D	0	0,00%
O dirigente tem mestrado?			**O dirigente tem doutorado?**		
Resposta	*N*	*%*	*Resposta*	*N*	*%*
Não	7	70,00%	Não	10	100,00%
Sim	3	30,00%	Sim	0	0,00%
N/D	0	0,00%	N/D	0	0,00%

AGERO					
Atuação profissional pregressa e filiação partidária					
O dirigente ocupou cargo público?			**O dirigente ocupou cargo privado no setor?**		
Resposta	*N*	*%*	*Resposta*	*N*	*%*
Não	0	23,08%	Não	3	30,00%
Sim	10	76,92%	Sim	6	60,00%
N/D	0	0,00%	N/D	1	10,00%
O dirigente ocupou cargo político?			**O dirigente possui filiação partidária?**		
Resposta	*N*	*%*	*Resposta*	*N*	*%*
Não	10	100,00%	Não	7	70,00%
Sim	0	0,00%	Sim	3	30,00%
N/D	0	0,00%	N/D	0	0,00%

4.2.28. AGR (Goiânia)

A estrutura organizacional da AGR abrange o Conselho Regulador e o Gabinete do presidente do Conselho Regulador, ao qual estão subordinadas duas diretorias: de Gestão Integrada (funções administrativas) e de Regulação e Fiscalização, esta com gerências de regulação econômica e desestatização, energia, transportes e saneamento básico. O Gabinete do presidente é assessorado pela Ouvidoria Setorial e pela Procuradoria Setorial. O referido conselho conta com Câmaras Setoriais e uma Câmara de Julgamento.

Inicialmente, o Conselho tinha uma função de natureza mais consultiva e orientativa, mas a partir da Lei nº 17.268, de 04 de fevereiro de 2011, o órgão passou a ter poderes de regulação, controle e fiscalização da prestação dos serviços públicos de competência estadual, assumindo um papel que era, originalmente, da diretoria executiva. Os conselheiros são indicados pelo Governador e, após sabatina e aprovação, nomeados pela autoridade estadual para um mandato de quatro anos não-coincidentes, permitida uma recondução.

Foi possível obter informações acerca de 27 mandatos, exercidos por 27 conselheiros e diretores, desde 1999, ainda que não tenha sido possível obter as datas de início e do fim de mandato de todos esses dirigentes.

A pesquisa realizada indicou que 13 dirigentes haviam cumprido seus mandatos, com dez deixando o cargo antecipadamente. Também 10 reconduções de recondução entre os casos para os quais a informação era aplicável.

Foi possível obter informações sobre a formação acadêmica de 26 dos dirigentes. Desses, 24 tinham nível superior, e cursaram as seguintes graduações: Direito (6), Economia (4), Administração (4), Engenharia (4), Geologia (2), Geografia, Medicina, Física e Jornalismo. Identificou-se que 15 dirigentes tinham pós-graduação *lato sensu* e 5 tinham mestrado (Geologia, Economia, Gestão da Qualidade, Direito e Física), mas não foi possível identificar casos de doutores.

Em relação à vida profissional pregressa, 24 dirigentes ocuparam cargos públicos, em diversas áreas, 1 não teve passagem pelo serviço público e 2 casos não foram identificados. A atuação perpassou por companhias estatais (inclusive com cargos de presidência e diretoria destaque), por carreiras públicas (delegado de polícia, empregados do Banco do Brasil e do SEBRAE, além de servidores públicos federais e estaduais) e cargos na Administração Direta estadual e municipal, além da própria AGR. Apresenta-se, a seguir, uma lista com alguns dos cargos exercidos por esses dirigentes: Presidente da Telecomunicações de Goiás S.A.; Diretor de Recursos Naturais da Fundação Estadual do Meio Ambiente do Estado de Goiás (FEMAGO); Secretário de Estado de Meio Ambiente e Recursos Hídricos do Estado de Goiás; Presidente do IPLAN – Instituto de Planejamento Municipal; Secretário Municipal de Desenvolvimento Econômico de Anápolis; Vice-presidente da Caixa Econômica Federal; Conselheiro Fiscal da Goiás Telecom; Presidente da Metais de Goiás (METAGO); Secretário Municipal de Planejamento de Goiânia; Presidente da Companhia de Processamento de Dados da Prefeitura de Goiânia (Comdata); Secretário Executivo do Conselho Estadual do Meio Ambiente de Goiás; Diretor do Detran; Diretor do Banco do Estado de Goiás; Chefe de Gabinete na Secretaria de Agricultura.

Foram identificados 17 dirigentes que atuaram no setor privado, neste caso, diversos advogados, empresários e agropecuaristas, além de dirigentes com atuação em entidades associativas (Federação Brasileira de Geólogos), havendo também dois professores em instituições de ensino particulares.

Houve apenas um caso de cargo político (Vice-Governador de Goiás), mas 7 dirigentes possuíram filiação partidária, 4 tendo sido filiados ao PSDB e 2 ao DEM ou PFL.

AGR					
Mandatos					
Deixou o cargo antes do fim do mandato?			**Foi reconduzido?**		
Resposta	*N*	*%*	*Resposta*	*N*	*%*
Não	13	48,15%	Não	13	48,15%
Sim	10	37,04%	Sim	10	37,04%
N/A	2	7,41%	N/A	4	14,81%
N/D	2	7,41%	N/D	0	0,00%
Formação dos Dirigentes					
O dirigente tem graduação?			**O dirigente tem pós-graduação?**		
Resposta	*N*	*%*	*Resposta*	*N*	*%*
Não	2	7,41%	Não	9	33,33%
Sim	24	88,89%	Sim	15	55,56%
N/D	1	3,70%	N/D	3	11,11%
O dirigente tem mestrado?			**O dirigente tem doutorado?**		
Resposta	*N*	*%*	*Resposta*	*N*	*%*
Não	19	70,37%	Não	24	88,89%
Sim	5	18,52%	Sim	0	0,00%
N/D	3	11,11%	N/D	3	11,11%
Atuação profissional pregressa e filiação partidária					
O dirigente ocupou cargo público?			**O dirigente ocupou cargo privado no setor?**		
Resposta	*N*	*%*	*Resposta*	*N*	*%*
Não	1	3,70%	Não	8	29,63%
Sim	24	88,89%	Sim	17	62,96%
N/D	2	7,41%	N/D	2	7,41%
O dirigente ocupou cargo político?			**O dirigente possui filiação partidária?**		
Resposta	*N*	*%*	*Resposta*	*N*	*%*
Não	24	88,89%	Não	18	66,67%
Sim	1	3,70%	Sim	7	25,93%
N/D	2	7,41%	N/D	2	7,41%

4.2.29. ARPB (Paraíba)

A estrutura da ARPB foi estabelecida pela Lei nº 7.843, de 01 de novembro de 2005, consistindo em uma instância de direção superior, composta pelo Conselho Estadual de Regulação, Controle e Fiscalização de Serviços Públicos e pela diretoria (diretores executivos e presidente), apoiados pela Chefia de Gabinete, Assessoria Técnica e Assessoria Jurídica, com cada diretoria estruturada em gerências executivas. Além do Diretor Presidente, a diretoria (órgão colegiado, deliberativo e executivo da ARPB) é integrada por uma área administrativa (Diretoria Executiva de Controle Administrativo-Financeiro e Tributário) e outra finalística: a Diretoria Executiva de Fiscalização e Controle (com gerências de gás canalizado, energia elétrica e saneamento) e a Diretoria Executiva de Regulação e Articulação Institucional.

Os diretores são nomeados pelo Governador para um mandato de quatro anos, mesmo período dos 8 conselheiros, que representam as empresas concessionárias de cada um dos setores regulados, os consumidores, os órgãos de defesa do consumidor e os Poderes Executivo e Legislativo estaduais.

Foram levantadas informações da diretoria, tendo sido possível identificar 18 mandatos, exercidos por 18 diretores, desde 2005. Houve apenas 1 recondução e 5 saídas antecipadas (antes do fim do mandato) do cargo.

Não foi possível obter informações sobre a graduação de 3 membros da diretoria. Dentre os 15 em relação aos quais foi possível ter acesso a esse dado, identificou-se que 13 diretores têm nível superior, nas seguintes áreas: Direito (6), Engenharia (4), Administração e Letras. 2 dirigentes têm pós-graduação *lato sensu*, ambos com foco em áreas jurídicas, nas áreas de Direito Administrativo e Gestão Pública, e Ordem Jurídica e Cidadania. Não foram identificados diretores com mestrado nem com doutorado.

Em relação à vida profissional pregressa, 15 dirigentes tiveram atuação em cargos públicos, sendo que não foi possível obter essa informação para um dos diretores. 1 não teve passagem pelo serviço público e 2 casos não foram identificados. A atuação perpassou por empresas estatais, carreiras públicas (promotor de justiça, procurador do Estado etc.) e cargos na Administração Direta estadual e municipal, além da própria ARPB. Apresenta-se, a seguir, uma lista de alguns dos cargos ocupados: Procurador do Estado (PGE-PB); Secretário estadual de Meio Ambiente, Recursos Hídricos e Minerais; Presidente da PBPrev; Promotor de Justiça; Secretário Municipal de João Pessoa; Chefe de Gabinete na Agência Estadual de Energia da Paraíba; Superintendente de Empresa Municipal de Limpeza Urbana; Diretor da Agência Executiva de Gestão das Águas do Estado da Paraíba; Chefe da Secretaria da Chefia de Gabinete do Prefeito de João Pessoa; Presidente da Companhia Docas da Paraíba; Secretário Municipal de Planejamento e Coordenação de João Pessoa; Secretária Parlamentar na Câmara dos Deputados; Secretário do Desenvolvimento Urbano de João Pessoa; servidor da Secretaria de Infraestrutura Urbana do Município de João Pessoa; Coordenador de Programas Habitacionais do Instituto de Previdência do Estado da Paraíba – IPEP; e Diretor de Regulação da Agência Estadual de Energia da Paraíba – AGEEL.

Além disso, 10 diretores tiveram atuação no setor privado, a maioria (5) na advocacia privada, havendo também registros de atuação como empresário no setor de traduções, no setor imobiliário e no agronegócio, além de dois indivíduos que trabalharam em empresas de engenharia.

Foram identificados 3 dirigentes que ocuparam cargo político: 1 foi prefeito de João Pessoa, 1 foi prefeito de Catolé da Rocha (além de deputado estadual) e 1 foi vereador, que também foi deputado estadual e federal, em diferentes mandatos. Por fim, 7 já haviam possuído filiação partidária, sendo que apenas o PDT figura mais de uma vez entre essas filiações, havendo 2 dirigentes que são ou já foram filiados ao partido.

ARPB					
Mandatos					
Deixou o cargo antes do fim do mandato?			**Foi reconduzido?**		
Resposta	*N*	*%*	*Resposta*	*N*	*%*
Não	10	55,56%	Não	14	77,78%
Sim	5	27,78%	Sim	1	5,56%
N/A	3	16,67%	N/A	3	16,67%
N/D	0	0,00%	N/D	0	0,00%

ARPB					
Formação dos Dirigentes					
O dirigente tem graduação?			**O dirigente tem pós-graduação?**		
Resposta	*N*	*%*	*Resposta*	*N*	*%*
Não	2	11,11%	Não	11	61,11%
Sim	13	72,22%	Sim	2	11,11%
N/D	3	16,67%	N/D	5	27,78%
O dirigente tem mestrado?			**O dirigente tem doutorado?**		
Resposta	*N*	*%*	*Resposta*	*N*	*%*
Não	13	72,22%	Não	13	72,22%
Sim	0	0,00%	Sim	0	0,00%
N/D	5	27,78%	N/D	5	27,78%
Atuação profissional pregressa e filiação partidária					
O dirigente ocupou cargo público?			**O dirigente ocupou cargo privado no setor?**		
Resposta	*N*	*%*	*Resposta*	*N*	*%*
Não	2	11,11%	Não	7	38,89%
Sim	15	83,33%	Sim	10	55,56%
N/D	1	5,56%	N/D	1	5,56%
O dirigente ocupou cargo político?			**O dirigente possui filiação partidária?**		
Resposta	*N*	*%*	*Resposta*	*N*	*%*
Não	14	77,78%	Não	9	50,00%
Sim	3	16,67%	Sim	7	38,89%
N/D	1	5,56%	N/D	2	11,11%

PARTE 3

ORÇAMENTO DAS AGÊNCIAS

1. INTRODUÇÃO

A autonomia financeira, para despender recursos colocados à disposição da agência pela lei orçamentária, é uma das características do tipo ideal de instituição reguladora independente. Ela é expressamente referida no art. 3º da Lei Federal nº 13.848/2019[1], além de ser mencionada em várias das leis de criação das agências reguladoras estaduais analisadas na Parte 1. É também frequentemente ressaltada pela doutrina jurídica como elemento relevante para configuração da efetiva independência das instituições reguladoras.[2]

Entretanto, na prática, é comum que a autonomia financeira seja limitada. Por exemplo, uma agência pode simplesmente não ter receitas previstas na legislação para financiar seu funcionamento ou tê-las em

---

1. "Art. 3º: A natureza especial conferida à agência reguladora é caracterizada pela ausência de tutela ou de subordinação hierárquica, pela autonomia funcional, decisória, administrativa e financeira e pela investidura a termo de seus dirigentes e estabilidade durante os mandatos, bem como pelas demais disposições constantes desta Lei ou de leis específicas voltadas à sua implementação."

2. Para Marçal Justen Filho, o "*modelo de agências reguladoras comporta a atribuição de autonomia financeira, por meio da garantia de receitas vinculadas. Isso significaria a possibilidade de manutenção de sua estrutura e de seu funcionamento sem dependência de disputas políticas sobre a distribuição de verbas orçamentárias*" (JUSTEN FILHO, Marçal. **Curso de Direito Administrativo**. São Paulo: Editora Revista dos Tribunais, 2-14, p. 708). No mesmo sentido, ver: MEIRELLES, Hely Lopes. **Direito Administrativo Brasileiro**. São Paulo: Malheiros, 2016, p. 451; SOUTO, Marcos Juruena Villela. Agências reguladoras. **Revista de Direito Administrativo – RDA**, n. 216, p. 125-162, 1999.

quantidade insuficiente para sustentar sua estrutura. Em teoria, agências que podem cobrar de taxas de fiscalização, impor multas e receber outorgas dos seus regulados deveriam ser autossustentáveis. Mas, no âmbito da União, Estados e Municípios, o "Princípio da Unidade Orçamentária"[3] tem sido interpretado como exigência de que todos os recursos arrecadados pela agência voltem para a conta única de cada ente[4]. Assim, ficam dependentes de realocação orçamentária para retornar à agência – e isso nem sempre acontece.

Restrições à autonomia financeira das agências são comuns[5] em diversos países, assim como em âmbito federal no Brasil.[6] Elas podem se materializar de diversas formas, como a disponibilização de recursos em patamar inferior ao montante de receitas arrecadadas; a autorização para realização de despesas em patamar inferior às necessidades efetivas da agência; ou o contingenciamento de despesas ao longo da execução orçamentária, prejudicando a autonomia operacional das agências.

Nesta Parte 3, analisaremos dados reais sobre a alocação de recursos orçamentários e sobre a efetiva realização de receitas e execução despesas pelas agências reguladoras estaduais. O objetivo central do capítulo é analisar se é possível afirmar, na prática, que essas instituições dispõem de autonomia financeira, como previsto em suas leis instituidoras, ou se sofrem com restrições que afetam a sua capacidade operacional.

3. MTO, 2023, item 2.2. "De acordo com este princípio, o orçamento deve ser uno, ou seja, cada ente governamental deve elaborar um único orçamento. Este princípio é mencionado no caput do art. 2° da Lei n° 4.320, de 1964, e visa evitar múltiplos orçamentos dentro da mesma pessoa política. Dessa forma, todas as receitas previstas e despesas fixadas, em cada exercício financeiro, devem integrar um único documento legal dentro de cada nível federativo: LOA.". Disponível em: https://www1.siop.planejamento.gov.br/mto/lib/exe/fetch.php/mto2023:mto2023-atual.pdf.

4. Os princípios orçamentários valem para todos os entes. MTO 2023, item 2.2. "Os princípios orçamentários visam estabelecer regras básicas, a fim de conferir racionalidade, eficiência e transparência aos processos de elaboração, execução e controle do orçamento público. Válidos para todos os Poderes e para todos os entes federativos – União, **Estados**, Distrito Federal e Municípios -, são estabelecidos e disciplinados tanto por normas constitucionais e infraconstitucionais quanto pela doutrina". [grifo nosso]

5. FREEMAN, Jody; JACOBS, Sharon. Structural Deregulation. **Harvard Law Review**, v. 135, n. 2, p. 587-665, 2021.

6. JORDÃO, E.; PORTUGAL RIBEIRO, M. Como desestruturar uma Agência Reguladora em passos simples. **Revista Estudos Institucionais**, vol. 3, 1, p. 182-209, 2017.

2. OS DADOS

Para analisar a autonomia orçamentária e financeira das agências reguladoras estaduais, levantaram-se três espécies de dados sobre cada uma das agências e duas espécies de dados sobre cada um dos Estados.

No caso das agências, coletaram-se dados sobre: a) a despesa autorizada final de cada ano, desde a criação formal da agência reguladora; b) a despesa empenhada de cada ano, desde a criação formal da agência reguladora; c) e a receita realizada de cada ano, desde a criação formal da agência reguladora. No caso dos Estados, coletaram-se dados sobre: a) a despesa autorizada final de cada ano, desde a criação formal da agência estadual; b) a despesa empenhada de cada ano, desde a criação da agência reguladora estadual; e c) a receita realizada de cada ano.

Optou-se pelas informações sobre a despesa autorizada final porque o orçamento sofre uma série de alterações ao longo do exercício. Assim, a despesa autorizada final, tanto para o Estado, quanto para a agência, tende a ser muito diferente ao final do exercício do que a prevista inicialmente na Lei Orçamentária Anual.

Já a opção por dados de despesa empenhada deu-se porque essa é a fase da realização da despesa pública em que há um "*ato emanado de autoridade competente que cria para o Estado obrigação de pagamento pendente*", nos termos do art. 58 da Lei nº 4.320/1964. Ou seja, é a fase da execução da despesa pública em que a Administração Pública reconhece que deve realizar um pagamento e em que recursos são reservados para essa finalidade.[7]

Inicialmente, tinha-se como objetivo levantar os dados descritos acima para todas as agências estaduais e respectivos Estados, desde o ano de criação da agência. Para isso, buscaram-se os dados em transparência ativa, em fontes como os portais da transparência estaduais e os relatórios

7. Uma vez empenhada, a despesa pública é liquidada quando se comprova que o credor da Administração Pública cumpriu suas obrigações, seja pela entrega de um bem ou pela prestação de um serviço. Na fase seguinte, ocorre o pagamento. No entanto, optou-se por olhar o estágio inicial da despesa pública, o empenho, justamente porque é o estágio que reflete o momento em que os recursos públicos são efetivamente destinados para determinada ação. A liquidação e o pagamento, por outro lado, dependem da ação de outro ator além da Administração Pública, que não tem relação necessária com as escolhas financeiras e orçamentárias.

resumidos de execução orçamentária. Contudo, em muitos casos, não havia informações disponíveis para todos os anos de existência da agência.

Por essa razão, foram feitos diversos pedidos de acesso à informação aos Estados. Em muitos casos, os dados disponibilizados por transparência passiva foram os mesmos disponíveis em transparência ativa, ou seja, não havia informações para todos os anos de existência da agência.[8] Houve, ainda, casos de Estados em que não foi possível realizar qualquer pedido, devido a seguidos erros nos sistemas de envio de pedidos de acesso à informação.[9]

3. AS CATEGORIAS DE ANÁLISE

Esta seção apresenta as cinco categorias utilizadas para analisar cada agência, com descrição de quais dados foram utilizados para construir cada categoria e o as conclusões que se espera ser possível obter a partir de cada categoria.

3.1. Receita realizada x despesa empenhada

Nesta categoria, será feita a comparação, em bases anuais, da receita arrecadada pelas agências reguladoras estaduais e a despesa empenhada pela agência nas suas atividades. Em geral, há previsão de diversas fontes de receitas das agências, mas parte expressiva é decorrente das atividades de fiscalização e regulação, tradicionalmente conhecida como "taxa de regulação". Além dessa espécie de receita, agências reguladoras podem gerar receitas patrimoniais, receitas decorrentes de convênios com outros órgãos e entidades da Administração Pública federal, estadual e municipal, dentre outras possibilidades.

O objetivo desta categoria é analisar se, em termos teóricos, é possível afirmar que as agências arrecadam recursos suficientes para custear suas atividades. A análise é teórica porque, como consequência de regras de direito financeiro, como o princípio da universalidade e da unidade de tesouraria, todos os recursos arrecadados por órgãos e entidades da

8. Foram os casos de Alagoas, Amazonas e Pernambuco, por exemplo.

9. Foram os casos do Distrito Federal, Mato Grosso, Piauí e Rio Grande do Sul.

Administração Pública devem ser destinados para a Fazenda estadual e posteriormente alocados para órgãos e entidades por meio do processo orçamentário. Logo, não há correlação real entre o recurso arrecadado e as despesas de uma agência.

Apesar disso, entende-se que é uma categoria analítica útil para observar se as agências poderiam ser compreendidas como sustentáveis sob o aspecto econômico-financeiro ou se dependeriam de transferências diretas do Tesouro estadual. Nesse último caso, pode ser indício de um problema no desenho institucional da agência, representado, por exemplo, pela ausência de previsão de receitas para sustentar a atividade de regulação, uma das dimensões tradicionais da autonomia financeira e orçamentária.

Optou-se por utilizar a receita realizada de forma agregada, sem discriminar por tipo de receita, para obter dados sobre a maior quantidade possível de agências reguladoras estaduais. Utilizar dados com maior granularidade (por exemplo, discriminado por receitas oriundas da "taxa de regulação", receitas patrimoniais etc.) levaria à exclusão de algumas agências, dados os limites de obtenção de dados tanto em transparência ativa quanto em transparência passiva. Mesmo assim, entende-se que a receita realizada total é uma medida aceitável da quantidade de receita gerada pelas agências reguladoras em suas atividades.

A seguir é apresentada uma análise agregada das finanças das Agências Reguladoras Estaduais ao longo de um período de quatro anos, de 2019 a 2022. Eles apresentam informações sobre as despesas empenhadas, as receitas arrecadadas e o saldo orçamentário dessas agências, contribuindo para uma compreensão mais profunda de sua saúde financeira e autonomia das agências e para análise da capacidade de gestão dessas instituições no contexto de suas atividades regulatórias. O período analisado compreende o quadriênio entre 2019 e 2022 pois é o período em que há dados agregados para todas as Agências. Na seção seguinte, quando da apresentação dos dados individuais de cada agência, toda a série de dados será apresentada.

A figura 1 mostra o valor total das despesas que as Agências empenharam para gastar nos anos fiscais correspondentes, com valores monetários em moeda constante no ano base de 2022. Os resultados mostram que em 2019, o valor total empenhado pelas agências foi de R$ 759,8 milhões, depois passou para R$ 779,6 milhões em 2020, caiu para R$ 723,2 milhões em 2021 e foi de R$ 832,5 milhões em 2022.

Figura 1. Despesas empenhadas pelas Agências (2019-2022), R$ milhões[10]

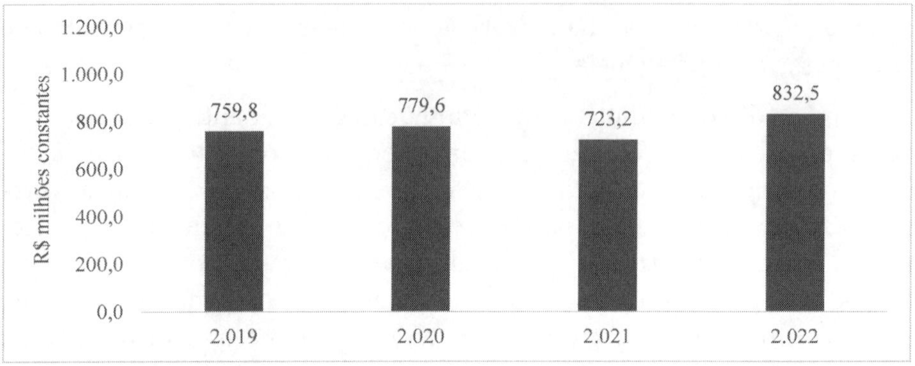

Fonte: elaboração própria

A figura 2 mostra o valor total das receitas que as Agências arrecadaram nos anos fiscais correspondentes, também com valores em moeda constante. Os resultados mostram que em 2019 o valor total arrecadado pelas agências foi de R$ 1,1 bilhão, caiu para R$ 697,2 milhões em 2020, passou para R$ 786,7 milhões em 2021 e foi de R$ 949,6 milhões em 2022.

Figura 2. Receitas arrecadadas pelas Agências Estaduais (2019-2022), R$ milhões

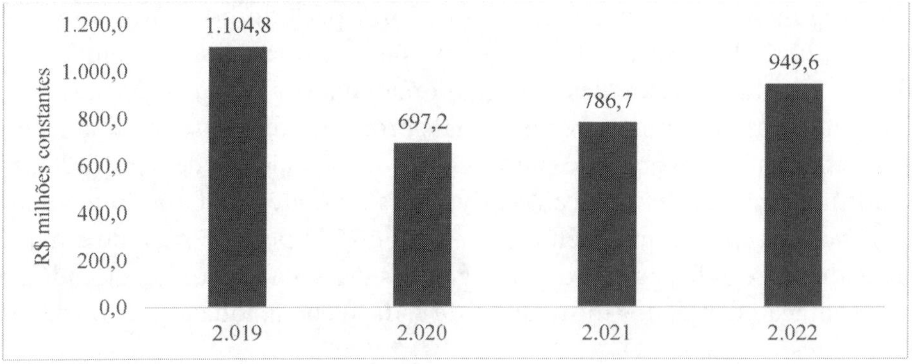

Fonte: elaboração própria

10. Os valores de 2019, 2020 e 2021 foram corrigidos para 2022 pelo IPCA.

A arrecadação própria em relação à despesa total demonstra a autonomia financeira da Agência. A figura 3 oferece uma visão abrangente do saldo orçamentário global das Agências Reguladoras Estaduais durante o período em questão. O saldo orçamentário é calculado subtraindo as despesas totais das receitas totais.

Nota-se que, com exceção do ano de 2020, em que houve uma queda significativa das receitas das agências na comparação com o ano anterior e as despesas superaram as receitas em R$ 82,4 milhões, os demais anos apresentaram um resultado mais favorável. Em 2019, as receitas superaram as despesas em R$ 345 milhões, em 2021 em R$ 63,5 milhões, e em 2022 em R$ 117,1 milhões. Isso indica que, na maior parte do período, as Agências Reguladoras Estaduais arrecadaram mais recursos do que gastaram.

Figura 3. Saldo orçamentário das Agências: Receitas x Despesas (2019-2022), R$ milhões

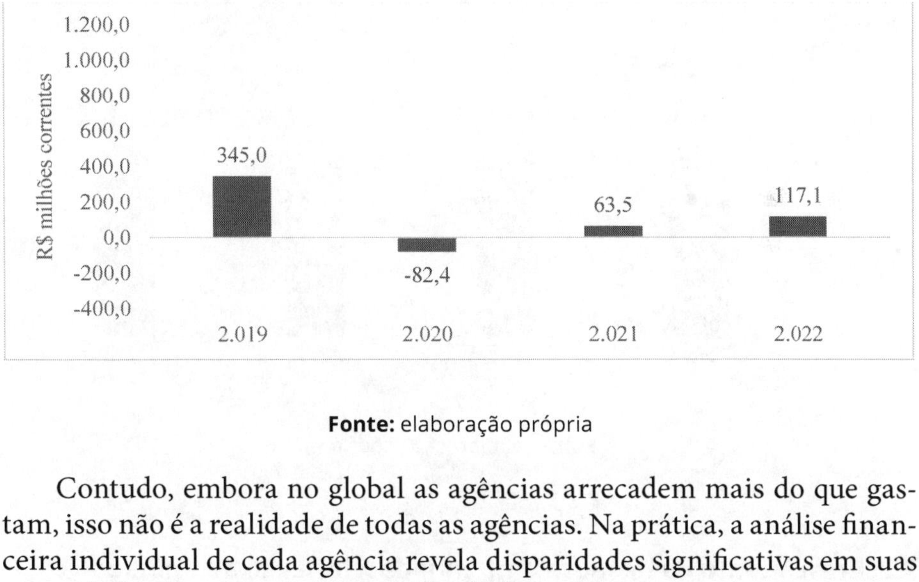

Fonte: elaboração própria

Contudo, embora no global as agências arrecadem mais do que gastam, isso não é a realidade de todas as agências. Na prática, a análise financeira individual de cada agência revela disparidades significativas em suas capacidades de arrecadação e gestão de despesas.

Na próxima seção, detalharemos esses dados e apresentaremos a série completa, oferecendo uma análise mais abrangente das finanças de cada agência.

3.2. Percentual da despesa empenhada pelo Estado com a agência sobre o total

Nesta categoria, será analisado, ano a ano, o percentual da despesa empenhada pelo Estado com a agência reguladora sobre a despesa empenhada total. Com isso, espera-se identificar quais agências reguladoras têm maior peso relativo dentro do orçamento estadual, bem como se há casos em que o peso da agência no orçamento estadual aumenta ou diminui significativamente ao longo do tempo.

A figura 4 mostra a evolução do percentual das despesas dos Estados que são destinadas às agências reguladoras estaduais. Os percentuais representam a média do valor gasto pelos estados com as agências reguladoras estaduais em relação ao total das despesas dos estados ao longo do período de 2019 a 2022.

Figura 4. Despesas das agências como percentual da despesa dos Estados[11]

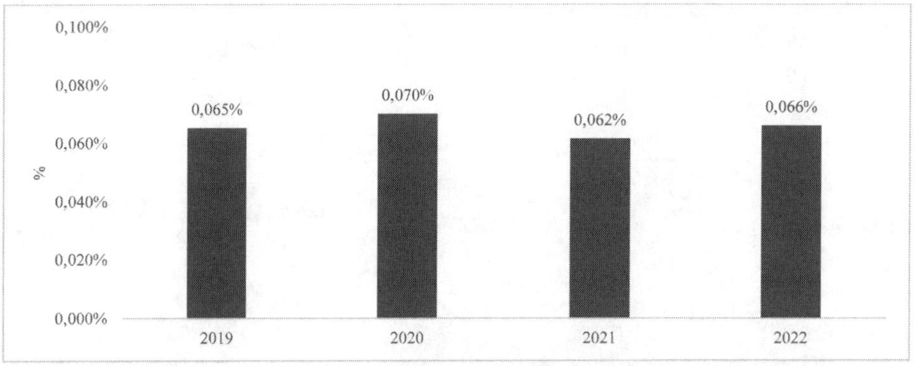

Fonte: elaboração própria.

3.3. Crescimento da despesa empenhada x inflação acumulada

Nesta categoria, será feita uma comparação entre a despesa efetivamente empenhada pelas agências reguladoras estaduais com o valor da

11. Os dados consideram apenas os Estados que possuem agências analisadas no período.

despesa empenhada pela agência a partir do ano base[12] corrigido pelo IPCA ao longo do tempo, ambos em bases anuais.

Com essa análise, espera-se identificar em que casos a despesa empenhada pelas agências reguladoras estaduais cresceu em ritmo superior à inflação e em que magnitude esse crescimento ocorreu. Além disso, espera-se identificar casos em que a despesa empenhada pela agência reguladora cresceu em patamar inferior ao crescimento da inflação em determinado período, o que representaria uma perda real da capacidade financeira da agência para executar suas atribuições.

A **figura 5** mostra a evolução da inflação, das despesas e das receitas das agências entre 2019 e 2022. Nesse período, a inflação acumulou alta de 21,7% enquanto as despesas aumentaram 33,3%[13].

Figura 5. Inflação, Despesas e Receitas das Agências (2019-2022), Índice, 2019=1

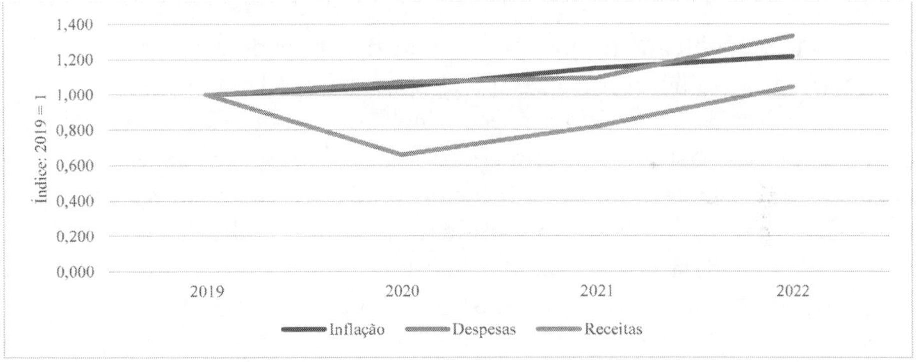

Fonte: elaboração própria

12. Nos casos em que se tem os dados desde a criação da agência, o primeiro ano foi excluído da apuração porque, em muitos casos, a despesa empenhada pela agência era muito pequena em comparação com o ano seguinte, o que poderia distorcer a análise. A despesa menor no primeiro ano pode ser fruto, por exemplo, do fato de que as agências não necessariamente vão começar a funcionar em janeiro. Nesse sentido, estabelecer o segundo ano da série temporal como ano base equivale a analisar o primeiro ano inteiro de funcionamento da agência.

    Nos casos em que não se tem os dados desde a criação da agência, o ano base é o primeiro ano para o qual se tem dados disponíveis.

13. Por esse motivo, a **Figura 5** mostra um aumento real das despesas (além das inflação) no período analisado.

A inflação acumulada durante esse período de 2019 e 2022 foi de 21,7%. Isso significa que esse foi o aumento do nível geral de preços na economia medido pelo IPCA. No mesmo período, as despesas das agências aumentaram em 33,3%, superando a taxa de inflação, indicando um aumento real nos gastos das agências reguladoras estaduais.

Por fim, vale notar que o aumento real de 33% das despesas das agências nos quatro anos entre 2019 e 2022 é global, e os resultados entre as agências demonstram discrepância de análise entre elas (algumas aumentaram e outras diminuíram os gastos no período). De todo modo, o crescimento global das despesas pode ser resultado de uma série de fatores, como aumento nas demandas por serviços regulatórios, expansão das responsabilidades das agências ou políticas públicas que exigem um maior financiamento por parte das agências.

Para fins de exposição dos dados individuais de cada agência, esse tipo de gráfico será suprimido da exposição, uma vez que quando se analisa o percentual das despesas de cada agência nas despesas do estado, está se analisando a evolução comparativa dessas despesas de maneira implícita. Ou seja, a análise do percentual das despesas de cada agência em relação às despesas totais do estado fornece uma visão comparativa implícita da evolução desses gastos. Em outras palavras, se as despesas de uma agência crescem mais em termos reais (ou nominais) do que as despesas totais do estado, isso resultará em um aumento proporcional do percentual das despesas da agência no orçamento do estado, indicando a necessidade de uma parcela maior dos recursos destinados a essa agência.

3.4. Percentual de execução orçamentária

Nesta categoria, serão feitas comparações entre o percentual de execução orçamentária da agência reguladora estadual e o percentual de execução orçamentária do respectivo Estado, ano a ano. A variável, em ambos os casos, será obtida pelo percentual de despesa empenhada sobre a despesa autorizada final.

O percentual de execução orçamentária pode ser pouco representativo sobre a agência reguladora em si. Um baixo percentual pode, em alguns casos, ser meramente uma expressão de um processo orçamentário frágil nos Estados. Ou, como se convencionou afirmar popularmente, sinais de que o orçamento é uma mera folha de papel.

Entretanto, a comparação da execução orçamentária da agência com a do Estado pode representar indícios relevantes. Por exemplo, nos casos em que a agência sistematicamente executa menos despesa do que o Estado, pode ser um indício de falta de autonomia financeira e orçamentária, significando que os recursos da agência são rotineiramente contingenciados. Seja de forma intencional ou não, esses contingenciamentos são representativos da ausência de uma dimensão da independência de entidades reguladoras entendida como relevante para que essas instituições funcionem de maneira adequada.

Além disso, um baixo percentual de execução orçamentária em comparação com o Estado pode significar uma baixa capacidade técnica para executar as políticas e projetos que fazem parte do escopo de atuação da agência. Nesse sentido, podem ser representativas de problemas em outra dimensão da independência das entidades reguladoras.

A figura 6 mostra a evolução do percentual de execução orçamentária das agências como um todo e dos Estados entre 2019 e 2022.

Figura 6. Percentual de execução orçamentária das Agências x Estados (2019-2022), %

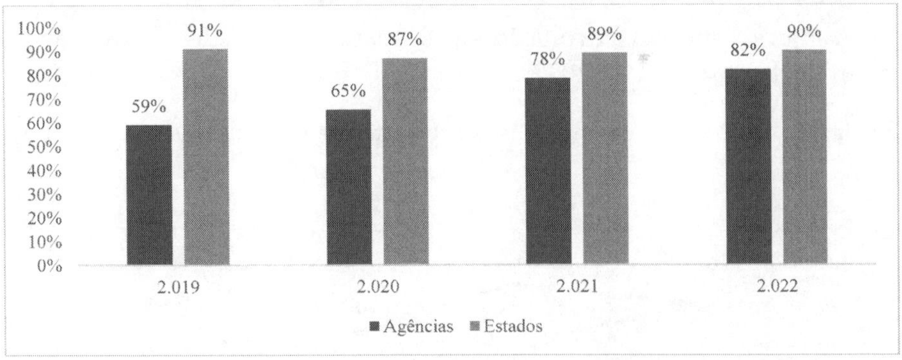

Fonte: elaboração própria.

A análise dos dados das agências entre 2019 e 2022 revela que elas têm aprimorado, ao longo do tempo, a execução de suas despesas orçamentárias. Enquanto em 2019, 59% das despesas orçamentárias autorizadas pela Lei Orçamentária Anual eram empenhadas, em 2022, o percentual de despesas efetivamente empenhadas foi de 82%. Portanto, nota-se um aprimoramento da capacidade institucional das agências em questões orçamentárias.

3.5. Evolução da despesa empenhada da agência x Estado

Nesta categoria, será feita uma comparação entre o crescimento da despesa empenhada pela agência reguladora estadual com a despesa empenhada pelo Estado, ano a ano, ao longo da série histórica. O objetivo dessa análise é identificar em que casos o crescimento da despesa empenhada pela agência foi superior ou inferior ao crescimento da despesa empenhada pelo Estado, considerando todas as suas atividades.

Casos em que o crescimento da despesa da agência foi superior ao do Estado podem representar uma priorização das entidades reguladoras. Em contrapartida, casos em que o crescimento da despesa da agência nem sequer acompanha o crescimento da despesa do Estado podem ser indícios de que as entidades reguladoras independentes não fazem parte das prioridades da política estadual.

Essa categoria foi construída por meio da definição de um ano base,[14] em que a despesa do Estado e da agência estadual foi igualada a 100 pontos. A partir do ano base, cada ano seguinte apresenta a proporção do aumento ou a redução da despesa empenhada em relação ao ano anterior. Dessa forma, o que essa categoria demonstra é o crescimento da despesa das agências e Estados, mas não o valor efetivamente empenhado.

A figura 7 mostra a evolução das despesas dos estados e das agências no agregado entre 2019 e 2022.

Figura 7. Evolução das despesas dos Estados e das Agências (2019-2022), Índice, 2019=1

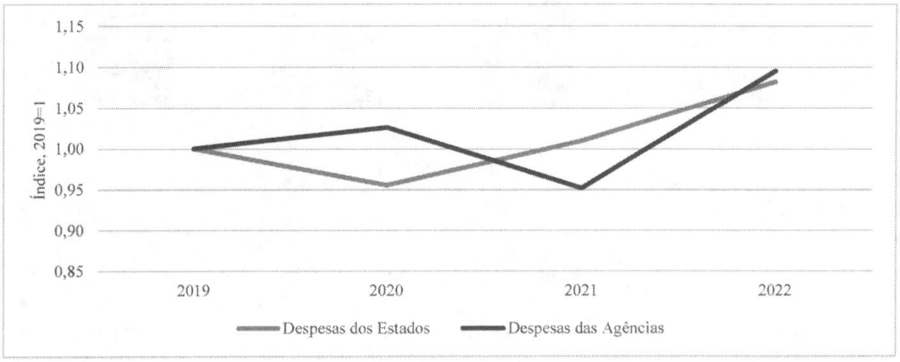

Fonte: elaboração própria

14. Para definição do ano base, foram adotadas as mesmas premissas da categoria "Crescimento da despesa empenhada x inflação acumulada".

As despesas dos Estados, apesar de terem caído 5% em 2020 na comparação com 2019, aumentaram 8% acima da inflação entre 2019 e 2022, revelando uma expansão nos gastos públicos estaduais.

As despesas das Agências apresentaram mais flutuações, com aumentos e quedas intercalados ao longo dos anos. Os resultados podem indicar variações nos níveis de investimento ou na alocação de recursos para as agências reguladoras. Vale notar que a agregação dos dados não permite analisar os motivos mais específicos dessa variação agregada, tampouco a nível individual, por exemplo, se houve variação das despesas obrigatórias ou discricionárias no período, com pessoal ou investimentos etc.

De todo modo, em 2022, tanto os Estados quanto as Agências experimentaram aumentos nas despesas em relação ao ano-base de 2019: as despesas das agências aumentaram 10% acima da inflação no período, enquanto as dos estados 8%, indicando um aumento nos gastos públicos em geral.

Por fim, é importante notar que esses dados sozinhos não fornecem informações sobre a eficácia ou eficiência do gasto público. Para uma análise mais completa, seria necessário considerar outros fatores, detalhamento da qualidade dos serviços prestados, da capacidade de gestão financeira das agências, das despesas por categoria orçamentária, elemento e natureza da despesa, entre outros.

4. AS AGÊNCIAS

Esta seção apresenta a análise orçamentária de cada uma das agências.

Antes de apresentar o panorama específico de cada agência, valem algumas conclusões gerais.

Os dados de saldo em 2022 apresentam uma variedade de situações financeiras nas diferentes agências reguladoras. 40% das agências (12) não apresentaram receitas superiores às despesas no ano de 2022, enquanto 60% (17) tiveram receitas superiores que as despesas registradas no período.

A **figura 8** mostra o saldo orçamentário, a diferença entre receitas e despesas das Agências, no ano de 2022. A **figura 9** detalha as receitas e despesas por agência também no ano de 2022.

Figura 8. Saldo orçamentário das Agências Estaduais em 2022 (R$ milhões)

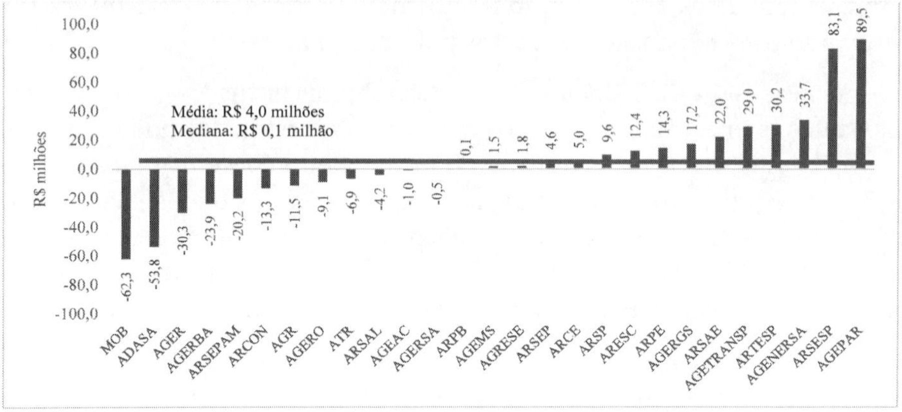

Fonte: elaboração própria

Figura 9. Receitas e Despesas das Agências Estaduais em 2022 (R$ milhões)

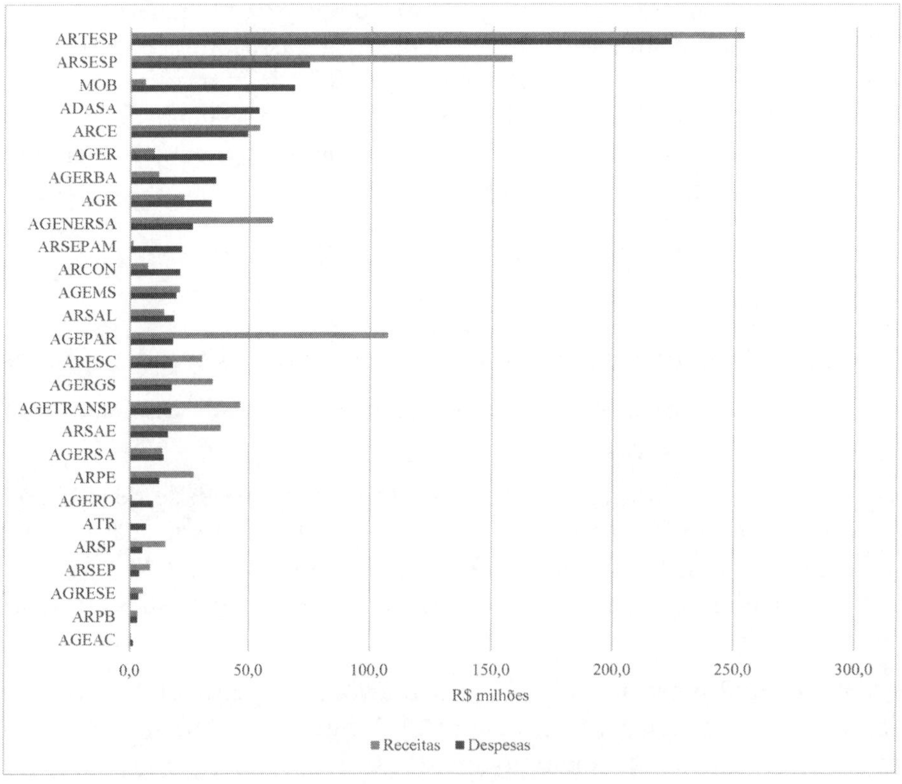

Fonte: elaboração própria

A AGEPAR foi a agência com o melhor saldo orçamentário, atingindo cerca de 85 milhões de reais. Por outro lado, a MOB foi a agência com pior saldo orçamentário, com cerca de 62,3 milhões de reais negativos. Essas diferenças podem ser atribuídas a uma série de fatores, incluindo o setor regulado, a eficiência na cobrança de taxas ou tarifas, o nível de demanda por seus serviços regulatórios e a eficácia na alocação de recursos. Por exemplo, uma agência reguladora que supervisiona um setor com alta demanda e taxas de regulamentação bem definidas pode ter uma fonte mais consistente de receita do que outra agência que atua em um setor com flutuações econômicas imprevisíveis ou de mercados ainda em desenvolvimento. Aspectos sazonais, como recursos arrecadados a título de outorga pela concessão de serviços públicos, também podem impactar no saldo orçamentário positivamente.

Portanto, ao analisar a situação financeira das agências reguladoras estaduais, é essencial levar em consideração a diversidade de setores e circunstâncias em que operam, bem como suas práticas de gestão interna.

Conforme explicado anteriormente, a análise dos dados das agências entre 2019 e 2022 revela que elas têm aprimorado, ao longo do tempo, a execução de suas despesas orçamentárias: em 2019, 59% das despesas orçamentárias autorizadas pela Lei Orçamentária Anual foram empenhadas, enquanto em 2022 esse percentual passou para 82%.

Apesar da melhora, ao longo desse período as agências no agregado têm executado menos despesas que os Estados, que apresentaram um índice de execução médio de 90% no período.

Portanto, as agências reguladoras estaduais, no agregado, têm um desempenho consistentemente inferior em termos de execução orçamentária em comparação com os estados.

Os dados mostram que entre 2019 e 2022 os Estados gastaram em média 0,07% de seus recursos com o funcionamento das agências reguladoras estaduais. O que se nota, no global, é uma certa estabilidade ao longo do tempo. Contudo, há discrepâncias entre as agências, embora haja uma relação positiva entre o tamanho das despesas das agências e o tamanho das despesas dos estados, conforme mostra a **figura 10**.

Figura 10. Orçamento dos Estados e das Agências, 2022, R$ milhões

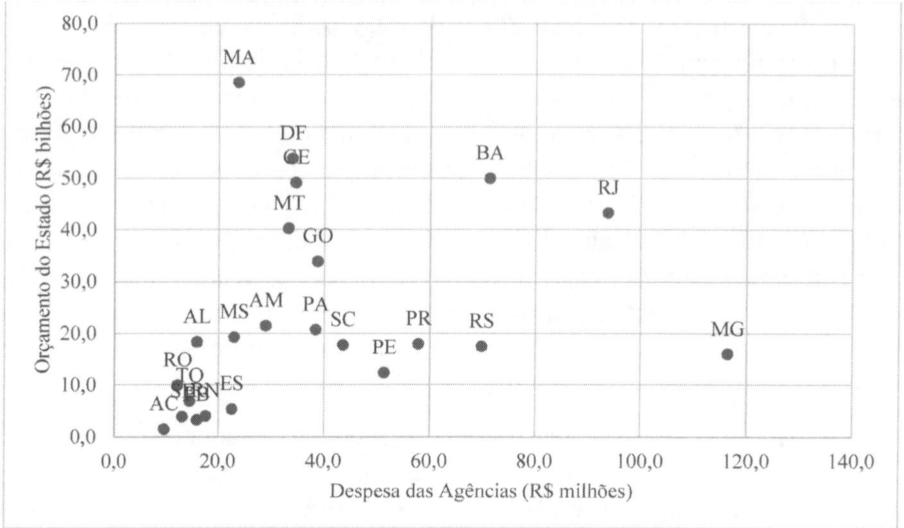

Fonte: elaboração própria.

4.1. Norte

Esta seção apresenta informações sobre as agências reguladoras estaduais da região norte do Brasil, que compreende os estados de Rondônia, Acre, Amazonas, Roraima, Pará, Amapá e Tocantins.

4.1.1. ASPER/AGERO (RO)

Breve contextualização da agência. Em 2010, o Estado de Rondônia criou a Agência de Regulação de Serviços Públicos do estado de Rondônia (ASPER) por meio da Lei Complementar n. 559, de 03/03/2010[15]. Em 2015,

15. A ASPER, responsável pela regulação dos serviços públicos delegados no estado de Rondônia, foi criada como uma autarquia sob regime especial, com personalidade jurídica de direito público, autonomia administrativa e financeira e patrimônio próprio (Art. 1° da Lei Complementar n° 559/2010). Disponível em: https://sapl.al.ro.leg.br/media/sapl/public/normajuridica/2010/4900/4900_texto_integral.pdf.

a Lei Complementar nº 559/2010 foi revogada e a antiga ASPER, por determinação do artigo 1º da Lei Complementar nº 826 de 09/07/2015, passou a se chamar Agência de Regulação de Serviços Públicos Delegados do Estado de Rondônia (AGERO)[16]. A AGERO, assim como a antiga ASPER, é uma autarquia estadual responsável pela regulação dos serviços públicos delegados no estado de Rondônia. Ela está situada em Porto Velho e tem competência em todo o território de Rondônia, sem um prazo definido de duração. Sua responsabilidade é regular serviços públicos no Estado, seja por permissão, autorização ou delegação, conforme leis, convênios ou contratos. As principais áreas sob sua regulação incluem: energia elétrica, gás natural, petróleo, álcool combustível, saneamento (como abastecimento de água, esgoto, drenagem e gestão de resíduos), comunicações, transporte intermunicipal, terminais, serviços em regime de delegação, transportes hidroviários e aeroviários, portos e mineração[17]. Além disso, também compete à AGERO exercer, em âmbito estadual, o poder de regulação, controle e fiscalização dos serviços públicos delegados, permissionados ou autorizados[18]. A lei também define que a AGERO tem autonomia técnica, administrativa e financeira, sendo a agência vinculada diretamente ao Gabinete do Governador. A autonomia financeira da AGERO, segundo o Art. 21 da Lei Complementar nº 826/2015, deve ser garantida por várias fontes de receitas ligadas às suas atividades de regulação e fiscalização[19].

---

16. https://sapl.al.ro.leg.br/media/sapl/public/normajuridica/2015/7124/7124_texto_integral.pdf.

17. Art 3º da Lei Complementar nº 826 de 09/07/2015.

18. Art. 4º da Lei Complementar nº 826 de 09/07/2015.

19. Estas fontes englobam cobranças de taxas anuais e taxas de fiscalização técnica e operacional, emolumentos, taxas de fiscalização, valores oriundos da aprovação de laudos, receitas derivadas de multas por violações legais, rendas patrimoniais e provenientes de seus serviços, doações, subvenções e contribuições de entidades não reguladas, transferências de recursos dos orçamentos federal, estadual e municipal, rendimentos das suas operações financeiras, fundos de convênios e acordos com entidades públicas e privadas, nacionais e internacionais, receitas advindas das Agências Nacionais de Regulação Federais para a execução de serviços delegados, um percentual da tarifa cobrada por concessionárias ou permissionárias, venda de publicações e materiais técnicos, e as dotações orçamentárias providenciadas pelo Estado (Art. 21 da Lei Complementar nº 826/2015). O Art. 20 da Lei Complementar nº 559/2010 trata das receitas da antiga ASPER.

Período dos dados de receitas e despesas. A série histórica de despesas e receitas da AGERO compreende todo o período de funcionamento da agência, desde 2015.

Execução orçamentária. A **Figura 11** mostra a evolução das despesas autorizadas, empenhadas e da execução orçamentária da agência no período de análise. Nota-se que houve um progressivo crescimento da despesa empenhada pela AGERO entre 2015 e 2022. No primeiro ano da série histórica, a despesa empenhada foi de R$ 118 mil, valor que aumentou praticamente 10 vezes em 2021, quando atingiu R$ 1,8 milhões. Em 2022, a despesa empenhada atingiu seu maior patamar, em cerca de R$ 9 milhões, o que pode representar uma priorização das atividades da agência reguladora pelo governo estadual. De maneira semelhante, o índice de execução orçamentária, que nunca tinha superado 80% ao longo da série histórica e foi de menos de 50% entre 2018 e 2020, atingiu 97% em 2022.

Figura 11. Execução Orçamentária (AGERO – RO)

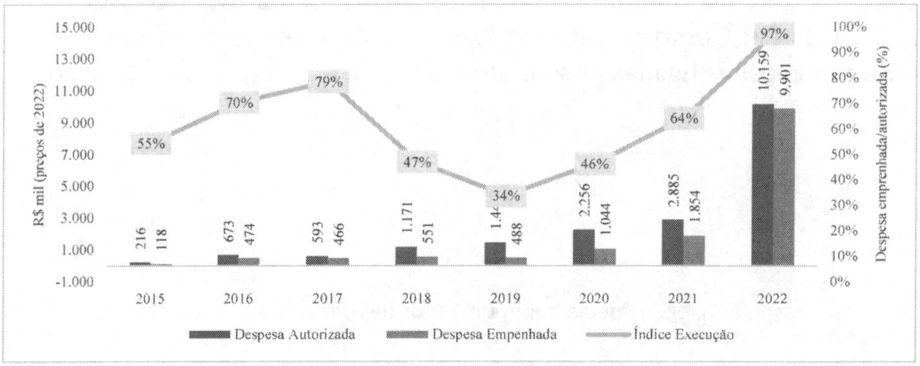

Fonte: elaboração própria.

Receitas e saldo orçamentário. A ***Figura 12*** mostra a evolução das despesas empenhadas em comparação com as receitas arrecadadas pela agência no período de análise. A AGERO praticamente não registrou receitas entre 2015 e 2017. A partir de 2018 há registros de receitas, mas que não superaram R$ 1 milhão em nenhum dos últimos três anos, tornando a situação orçamentária da agência deficitária, especialmente em 2022, quando registrou R$ 9,9 milhões em despesas e apenas R$ 831 mil em receitas.

Figura 12. Saldo Orçamentário (AGERO - RO)

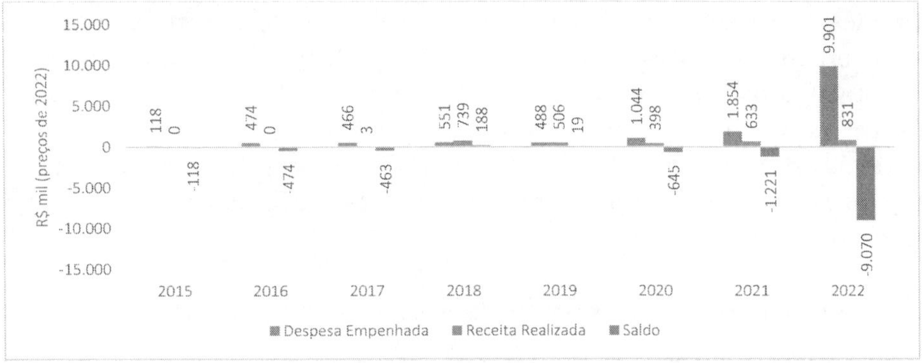

Fonte: elaboração própria.

Índice de execução orçamentária e comparação estadual. A Figura 13 mostra a evolução da execução orçamentária da agência em comparação com o estado em que se situa. Ao longo da série histórica, observa-se um percentual de execução orçamentária da AGERO bem menor do que o estadual. No caso da agência, em 5 dos 8 anos da série histórica (2015, 2018, 2019, 2020 e 2021) esse percentual ficou abaixo de 70%, o que sugere que a AGERO usualmente fica sujeita a contingenciamentos durante a execução orçamentária. Apenas em 2022 o percentual de execução foi elevado, sendo, inclusive, maior do que o percentual global de Rondônia.

Figura 13. Execução Orçamentária (AGERO x RO)

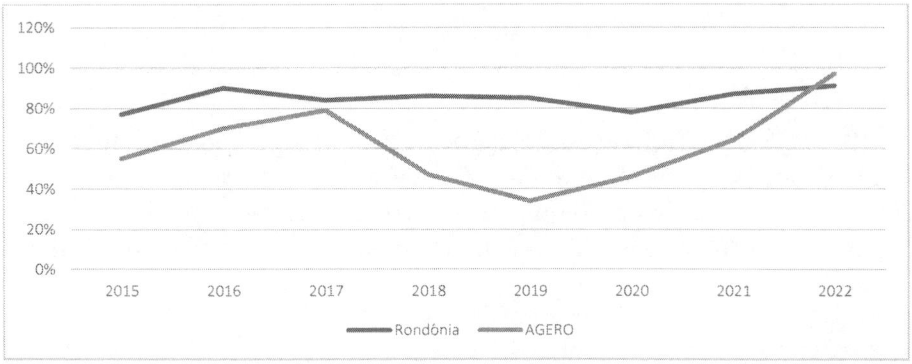

Fonte: elaboração própria.

Representatividade nas despesas estaduais. A **Figura 14** mostra que entre 2015 e 2021 as despesas da AGERO representaram menos de 0,02% das despesas do Estado de Rondônia. Somente em 2022, com o crescimento do orçamento da agência, o valor passou para aproximadamente 0,08%, em linha com a média das agências estaduais brasileiras. Por fim, como houve aumento da participação das despesas da AGERO no orçamento geral do estado entre 2019 e 2022, isso significa que as despesas da AGERO cresceram mais rapidamente que as despesas do Estado como um todo nesse período.

Figura 14. Percentual da despesa estadual relativa à AGERO (2015-2022)

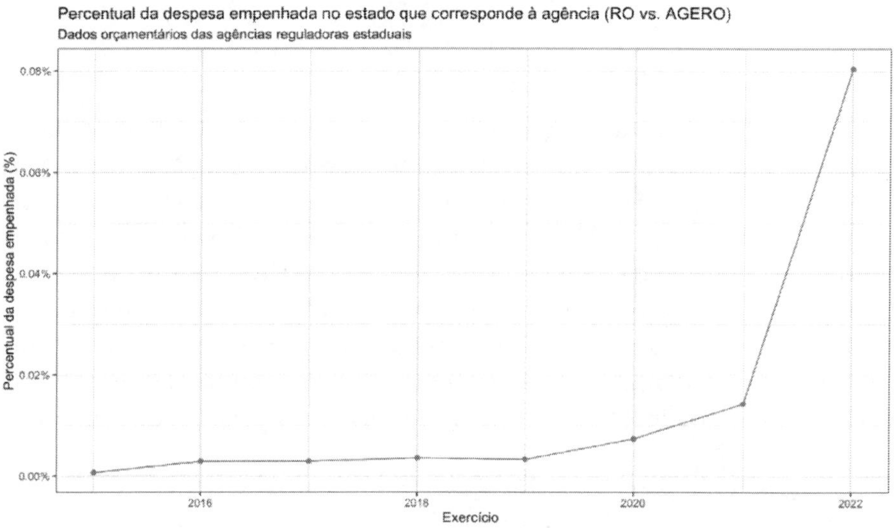

Fonte: elaboração própria.

4.1.2. AGEAC (AC)

Breve contextualização da agência. A Agência de Regulação de Serviços Públicos do Acre (AGEAC) é uma autarquia especial, criada em 2003[20], com o objetivo de regular e fiscalizar os serviços públicos delegados de natureza econômica no estado do Acre. Os objetivos da AGEAC

20. Lei nº 1.480, de 15 de janeiro de 2003, alterada pela Lei Complementar nº 278 de 14 de janeiro de 2014. O Decreto nº 2.633, de 2015, dispõe sobre a organização e o funcionamento da AGEAC.

são: assegurar as prestações de serviços adequados; garantir harmonia entre os interesses dos usuários, concessionários, permissionários e autorizatários de serviços públicos; zelar pelo equilíbrio econômico-financeiro dos serviços públicos delegados; e fiscalizar a aplicação dos investimentos nos serviços públicos delegados[21].

Período dos dados de receitas e despesas. Embora tenha sido criada em 2003, a agência não disponibilizou dados a respeito da execução orçamentária anteriores a 2014. Logo, os dados cobrem apenas uma parcela da existência da agência.

Execução orçamentária das despesas. A ***Figura 15*** mostra a evolução das despesas autorizadas e empenhadas pela AGEAC entre 2014 e 2022, bem como do índice de execução orçamentária (razão entre despesas empenhadas e autorizadas). A análise das despesas mostra que a agência demanda atualmente cerca de R$ 1,5 milhão ao ano para funcionamento. É possível identificar que o índice de execução orçamentária ficou historicamente abaixo de 80%, o que pode significar que, geralmente, a agência sofria com contingenciamentos. Em 2021 e 2022, no entanto, houve expressivo aumento do índice de execução orçamentária, superando 100% da despesa autorizada inicial em ambos os anos.

Figura 15. Execução Orçamentária (AGEAC – AC)

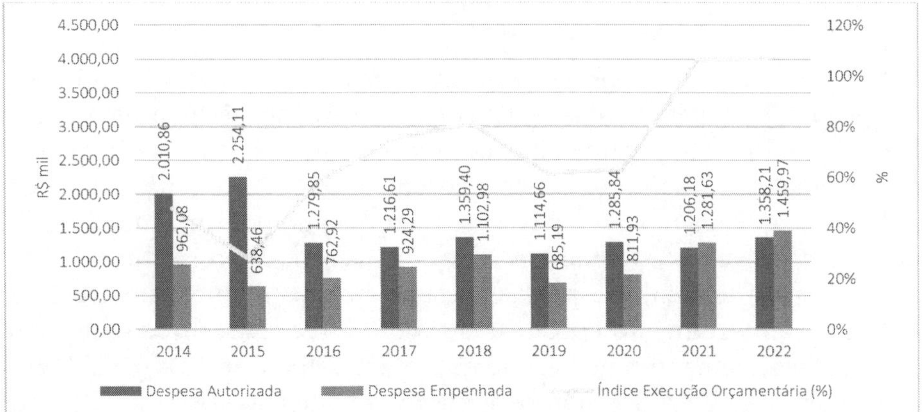

Fonte: elaboração própria.

21. Para mais informações, vide: http://ageac.acre.gov.br/.

Índice de execução orçamentária e comparação estadual. Com exceção do ano de 2021, o índice de execução orçamentária da AGEAC foi inferior ao do governo estadual em todos os anos da série histórica. Entretanto, é possível observar um crescimento no índice de execução orçamentária da agência, o que parece ter sido produzido por uma estimativa de despesas mais realista durante a elaboração do orçamento a partir de 2016. A despeito disso, a AGEAC continuou passando por anos de execução orçamentária abaixo de 80% após esse ano.

Figura 16. Execução Orçamentária (AC x AGEAC)

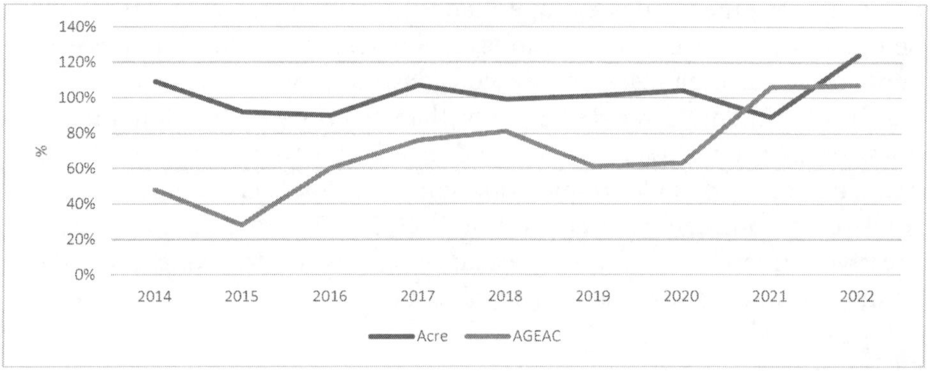

Fonte: elaboração própria.

Receitas e saldo orçamentário. A ***Figura 17***, por sua vez, mostra a evolução das despesas e das receitas da AGEAC no período de análise, bem como do saldo orçamentário (diferença entre as receitas e as despesas). A análise do saldo orçamentário da AGEAC entre 2019 e 2022 dá indícios de que o aumento da despesa foi motivado por uma mudança de postura do governo estadual em relação à agência. É possível identificar que a despesa empenhada pela agência praticamente dobrou entre 2019 e 2022. Comportamento oposto se deu com a receita realizada, que, em 2022, foi praticamente a metade do que foi em 2019. Com isso, o saldo orçamentário da AGEAC tornou-se negativo, com déficits crescentes a partir de 2020.

Figura 17. Saldo Orçamentário (AGEAC – AC)

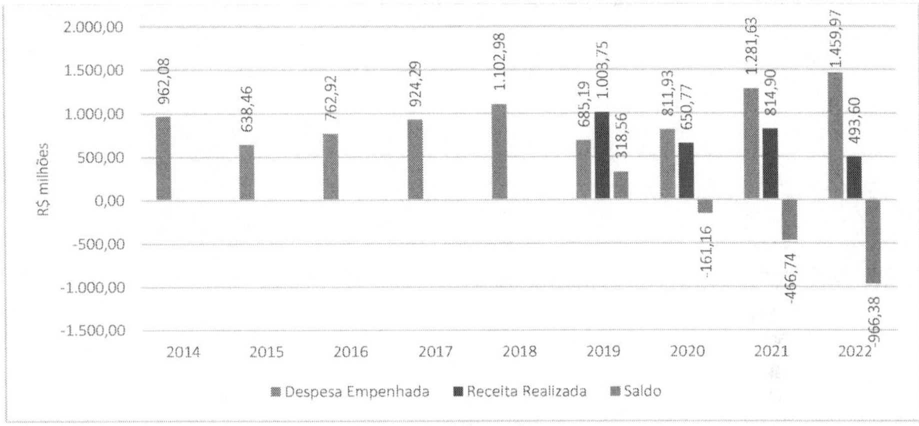

Fonte: elaboração própria.

Representatividade nas despesas estaduais. Além do crescimento do índice de execução orçamentária, pode-se identificar um crescimento substancial da despesa empenhada pela AGEAC em comparação com a despesa empenhada pelo Acre. No caso do Estado, a despesa empenhada cresceu de 100 para cerca de 170 pontos entre 2014 e 2022. Já a despesa empenhada pela agência reguladora cresceu de 100 pontos para cerca de 250 pontos no mesmo período. Uma consequência do maior crescimento relativo da despesa empenhada pela AGEAC em comparação com a empenhada pelo governo estadual foi o aumento do percentual gasto com a agência reguladora. Em 2014, a despesa com a AGEAC representava menos do que 0.007% da despesa total. No entanto, em 2022, esse percentual atingiu 0.015%, ou seja, dobrou em oito anos.

Figura 18. Percentual da despesa estadual relativa à AGEAC (2007-2022)

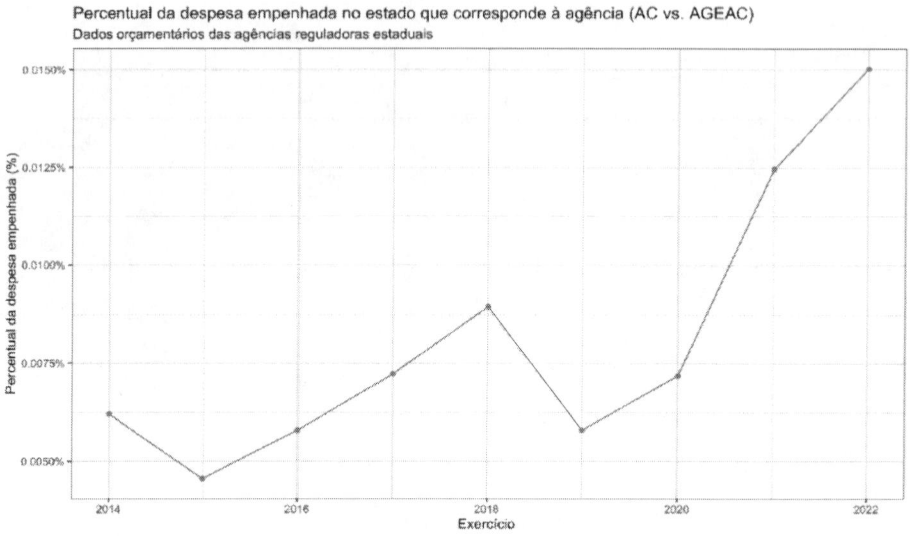

Fonte: elaboração própria

4.1.3. ARSEPAM (AM)

Breve contextualização da agência. A Agência Reguladora de Serviços Públicos Concedidos do Estado do Amazonas (ARSAM) criada pela Lei n. 2.568, de 25 de novembro de 1999[22]. A Lei nº 5.060, de 27 de dezembro de 2019 transformou a ARSAM em Agência Reguladora de Serviços Públicos Delegados e Contratados do Estado do Amazonas (ARSEPAM). A ARSEPAM é uma autarquia de regime especial, integrante da administração indireta do Poder Executivo e tem sede em Manaus, capital do estado. A agência é a entidade responsável pela regulação e fiscalização dos serviços públicos concedidos no estado do Amazonas. Ela tem a finalidade de regular a qualidade dos serviços de transporte coletivo rodoviário intermunicipal de passageiros e gás natural canalizado. A ARSEPAM, agência multissetorial criada por lei em 2019, nasceu como resultado da

22. Com alterações promovidas pela Lei n. 2.597, de 31 de janeiro de 2000, e pela Lei n. 2.715, de 2 de janeiro de 2002.

transformação da então Agência Reguladora dos Serviços Públicos Concedidos do Estado do Amazonas (ARSAM).

Período dos dados de receitas e despesas. Os dados obtidos mostram o histórico orçamentário da agência desde 2010 e, portanto, fornecem informações desde antes a sua fundação oficial, abrangendo também o período de funcionamento da ARSAM. Portanto, a análise feita aqui contemplará todo o período disponibilizado, com um enfoque especial ao período pós-2019.

Execução orçamentária. A ***Figura 19*** mostra a execução orçamentária da ARSEPAM entre 2010 e 2022. É possível observar que a despesa empenhada pela ARSAM/ARSEPAM diminuiu gradativamente entre 2010, quando foi de cerca de R$ 13 milhões, até 2020, quando foi de cerca de R$ 7,8 milhões, com exceção de 2016. Esse padrão foi revertido em 2021, quando a despesa empenhada praticamente dobrou em relação ao ano anterior, atingindo cerca de R$ 13,5 milhões. Em 2022, a tendência de crescimento permaneceu, com a ARSEPAM empenhando a despesa recorde de cerca de R$ 21 milhões. Já o índice de execução orçamentária da agência reguladora permaneceu acima de 90% durante todo o período, com exceção de 2015.

Figura 19. Execução Orçamentária (ARSAM/ARSEPAM – AM)

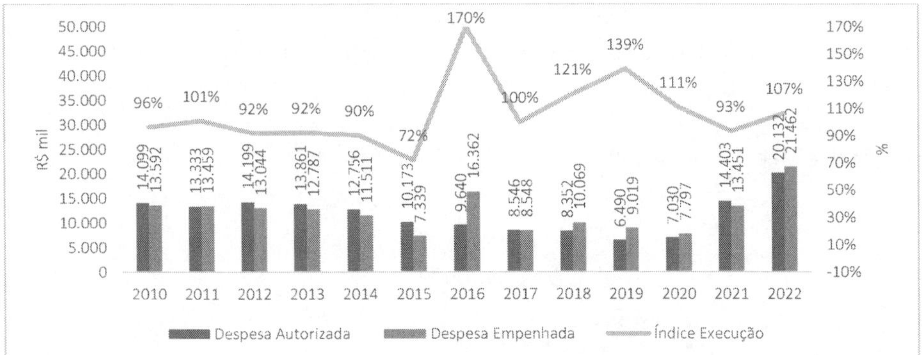

Fonte: elaboração própria.

Receitas e saldo orçamentário. Considerando a série histórica a partir de 2010, a ARSAM/ARSEPAM pode ser caracterizada como uma agência deficitária, com exceção do ano de 2015. Além disso, pode-se notar uma queda brusca na receita realizada pela ARSAM/ARSEPAM após

2017, chegando mínimo da série histórica em 2021. Esse processo, associado ao aumento da despesa empenhada em 2021 e 2022, aprofundou o déficit orçamentário da agência, que atingiu seu maior patamar em 2022.

Figura 20. Saldo Orçamentário (ARSAM/ARSEPAM - AM)

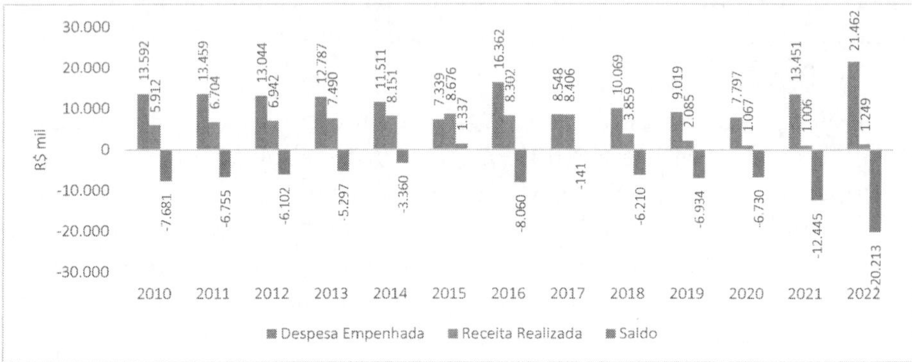

Fonte: elaboração própria.

Índice de execução orçamentária e comparação estadual. A Figura 21 demonstra que tanto o governo estadual quanto a agência reguladora costumam ter um índice de execução orçamentária acima de 90%, com exceção do ano de 2015 da ARSAM. Além disso, considerando que, em muitos anos, a execução ficou acima de 100%, pode-se inferir que o orçamento autorizado inicial costuma refletir pouco a despesa efetivamente empenhada tanto pelo governo estadual quanto pela agência reguladora.

Figura 21. Execução Orçamentária (AM x ARSAM/ARSEPAM)

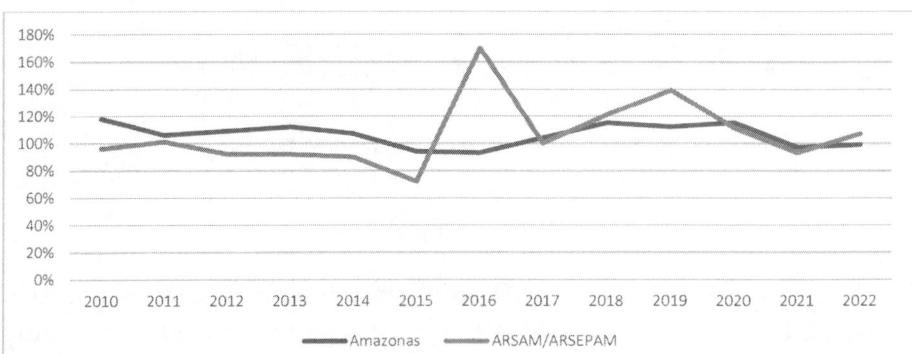

Fonte: elaboração própria.

Representatividade nas despesas estaduais. Entre 2010 e 2019 as despesas do governo estadual no general aumentaram, enquanto as despesas da agência diminuíram em termos reais. Assim, o percentual de despesas do estado do Amazonas com a agência diminuiu de 0,07% para 0,03%. Entre 2019 e 2022 o movimento foi o contrário, tendo as despesas da agência aumentado em ritmo superior às despesas do estado, em especial entre 2021 e 2022.

Figura 22. Percentual da despesa estadual relativa à ARSEPAM (2010-2022)

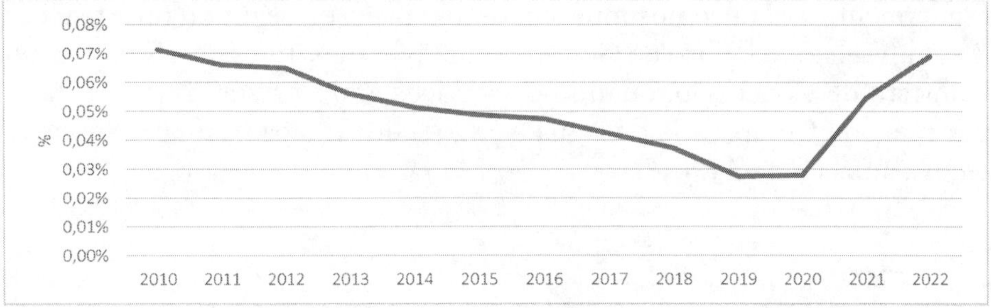

Fonte: elaboração própria.

4.1.4. ARSAP (AP)

Breve contextualização da agência. A Agência Reguladora de Serviços Públicos Delegados do Estado do Amapá (ARSAP), agência reguladora multissetorial, foi criada em 2001 por meio da Lei nº 625, de 31/10/2001[23].

Inexistência de série de dados de receitas e despesas. Entretanto, apesar de ter sido formalmente instituída, a agência amapaense, na prática, não executa despesas. Em resposta a pedido de acesso à informação enviada em 22 de maio de 2023, o Estado informou que, desde 2008,[24] a ARSAP empenhou somente R$ 247.936,44 em 2022. Nos outros anos, apesar de ter sido prevista dotação orçamentária para a agência, não houve

23. https://sigdoc.ap.gov.br/public/verArquivo.jsf?token=2af355bf52d4a2329763fdf58b-438d3f.

24. O Amapá afirmou não dispor dos dados solicitados para o período anterior a 2008.

efetivo empenho de despesa. Os relatórios de gestão da ARSAP, disponíveis desde 2017,[25] corroboram as informações fornecidas via pedido de acesso à informação sobre a ausência de empenho de despesas anteriores a 2022. Informam, ainda, que a ARSAP não executou suas atividades nesses anos por ausência de regulamentação da legislação que criou a agência. Segundo o Relatório de Gestão de 2021, em 2021 houve a reestruturação da agência, por meio da Lei Estadual nº 2.548/2021, e do Decreto nº 4759/2021.[26] A reestruturação da agência e início de sua efetiva atuação estão relacionadas à assinatura do Contrato de Concessão nº 001/2021, para prestação regionalizada dos serviços públicos de abastecimento de água e esgotamento sanitário nos municípios amapaenses, segundo informações disponíveis no Relatório de Gestão de 2022.[27] Logo, antes da assinatura do Contrato de Concessão, quando os serviços eram prestados pelo Estado por meio da Companhia de Água e Esgoto do Amapá (Caesa), não havia efetiva atuação da ARSAP.

4.1.5. ARCON (PA)

Breve contextualização da agência. A ARCON é uma agência reguladora multissetorial criada por lei em 1997 e é sediada em Belém. Na área de transporte, a ARCON desempenha papéis cruciais, incluindo a regulamentação, padronização e fixação de tarifas para serviços públicos, bem como a análise do desempenho econômico e eficiência dos serviços. O governo estadual do Pará é responsável pela exploração do transporte público intermunicipal e pela formulação de políticas nesse setor, enquanto a ARCON-PA promove licitações para concessões e permissões, além de emitir autorizações temporárias. No saneamento, a agência regula, controla e fiscaliza os serviços, seguindo diretrizes da Lei Federal Nº 11.445, promovendo melhorias na qualidade de vida e preservação do meio ambiente. Na energia elétrica, a ARCON-PA redimensionou suas atividades devido a restrições orçamentárias da ANEEL, concentrando-se no Programa de Interesse Social e no marco regulatório do gás, enquanto atividades tradicionais de fiscalização foram interrompidas. A agência

25. Disponíveis em: https://arsap.portal.ap.gov.br/conteudo/institucional/relatorio-de-gestao.
26. Relatório de Gestão da ARSAP de 2021, p. 31.
27. Relatório de Gestão da ARSAP de 2022, p. 7.

também fiscaliza a CELPA e trabalha no desenvolvimento do marco regulatório do gás no estado[28].

Período dos dados de receitas e despesas. Os dados de despesas da ARCON estão disponíveis desde 1998, um ano após sua fundação. Já os dados de receitas iniciam apenas em 2008.

Execução orçamentária da despesa. A ***Figura 23*** mostra a execução orçamentária da ARCON entre 1998 e 2022. Houve um aumento gradativo no montante da despesa empenhada pela ARCON nos seus primeiros 10 anos de funcionamento. No período, a despesa empenhada saltou de cerca de R$ 2,5 milhões em 1998 para cerca de 20 milhões em 2008. No entanto, após esse crescimento inicial, é possível observar uma relativa estagnação na despesa empenhada até 2022. O índice de execução orçamentária teve comportamento semelhante entre 2008 e 2022, mantendo-se na casa de 90%.

Figura 23. Execução Orçamentária (ARCON – PA)

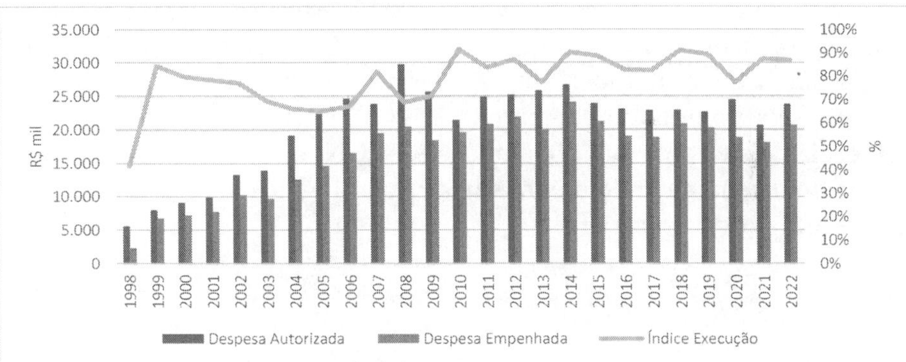

Fonte: elaboração própria.

Receitas e Saldo Orçamentário. A Figura 24 mostra informações sobre despesas da ARCON e dados de receitas e partir de 2008. Nota-se que, historicamente, a ARCON não arrecada recursos suficientes para arcar com suas despesas. O saldo orçamentário foi negativo entre 2008 e 2022, período para o qual há dados disponíveis.

28. Disponível em: https://www.arcon.pa.gov.br/quem-somos-0.

Figura 24. Saldo Orçamentário (ARCON – PA)

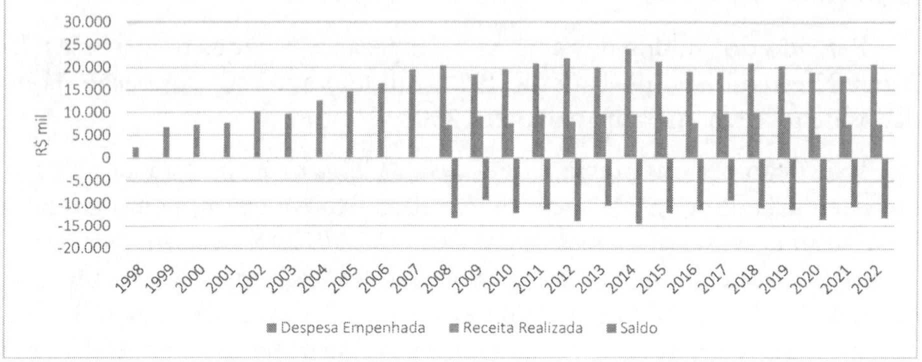

Fonte: elaboração própria.

Índice de Execução Orçamentária e comparação estadual. Em seus primeiros anos de atuação, o percentual de execução orçamentária da agência era, em geral, muito menor do que a execução orçamentária do Estado. Nota-se que, entre 1998 e 2009, a execução orçamentária da ARCON só ficou acima de 80% em 3 anos (1999, 2000 e 2007) (***Figura 25***). A partir de 2010, o percentual de execução orçamentária da agência estadual se aproxima do percentual do Pará. Esse cenário pode ser uma evidência de que, ao longo do tempo, a ARCON foi fortalecendo sua autonomia financeira, ficando menos sujeita a contingenciamentos e restrições na execução orçamentária.

Figura 25. Execução Orçamentária (PA x ARCON)

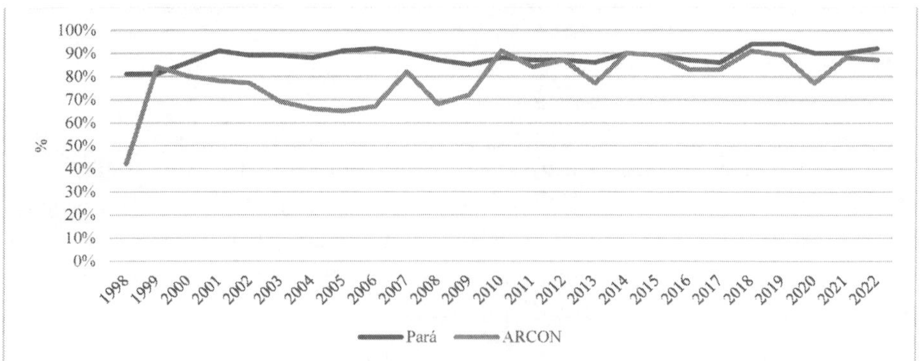

Fonte: elaboração própria.

Representatividade nas despesas estaduais. O crescimento da despesa empenhada pela ARCON ao longo da série histórica se deu em patamar muito superior ao crescimento da despesa empenhada pelo Pará, comportamento praticamente constante no período. Como esperado, essa tendência se refletiu no aumento da participação da despesa empenhada pelo Pará com a ARCON em comparação com o total de despesas empenhadas, que era inferior a 0,01% em 1998, primeiro ano da série histórica, e se aproximou de 0,06% em 2022.

Figura 26. Percentual da despesa estadual relativa à ARCON (1998-2022)

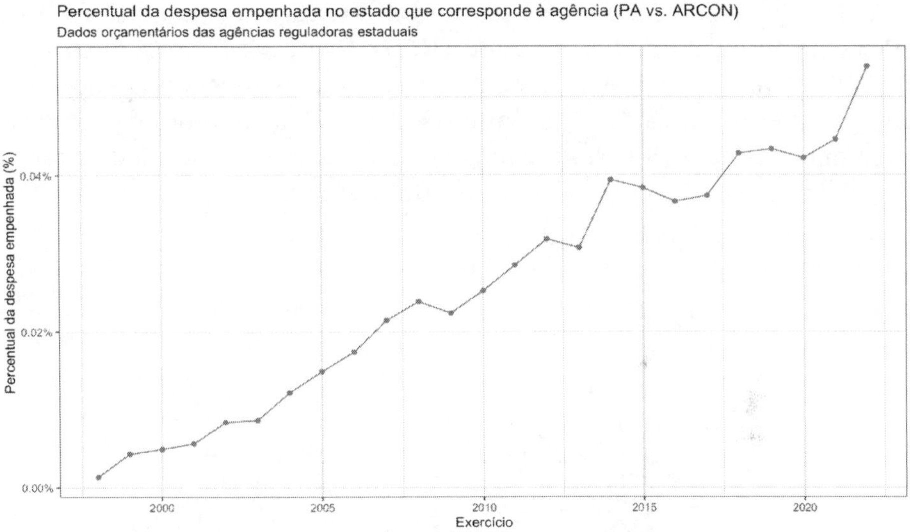

4.1.6. ATR (TO)

Breve contextualização da agência. A ATR é uma agência reguladora multissetorial criada por lei em 2007. Foi possível obter dados sobre a despesa desde o ano de criação da agência[29]. A ATR tem o objetivo de regular,

29. Em 2000, por meio da Lei nº 1.198, de 14/12/2000, o estado do Tocantins criou a Agência de Serviços Públicos Delegados do Tocantins (ASTINS).
Em 2001, por meio do Decreto 1.223, de 22 de junho de 2001, a ASTINS passou a ser denominada Agência Reguladora de Serviços Públicos Delegados do Estado do Tocantins (ARESTO).

controlar e fiscalizar os serviços públicos de saneamento compreendendo o abastecimento de água e esgotamento sanitário, o transporte intermunicipal rodoviário e aquaviário de passageiros, os terminais rodoviários e demais serviços delegados por outros entes da Federação, assegurando ao cidadão a continuidade, eficiência, segurança, cortesia e modicidade tarifária na prestação dos serviços.

Período de dados. Os dados de despesas da ATR compreendem o período de 2007 a 2022. Não há informações sobre receitas da agência.

Execução orçamentária. A ***Figura 27*** mostra a evolução das despesas da ATR. Apesar da grande variação no valor da despesa autorizada para a ATR ao longo da série histórica, o valor da despesa empenhada variou pouco no período, mantendo-se entre R$ 5 e 10 milhões. A exceção é o ano de 2007, primeiro de funcionamento da agência, quando a despesa empenhada superou a casa de R$ 15 milhões. Além disso, o índice de execução orçamentária da ATR variou ao longo da série histórica, incluindo anos de execução abaixo de 50% (como 2013, 2019 e 2022).

Figura 27. Execução Orçamentária (ATR – TO)

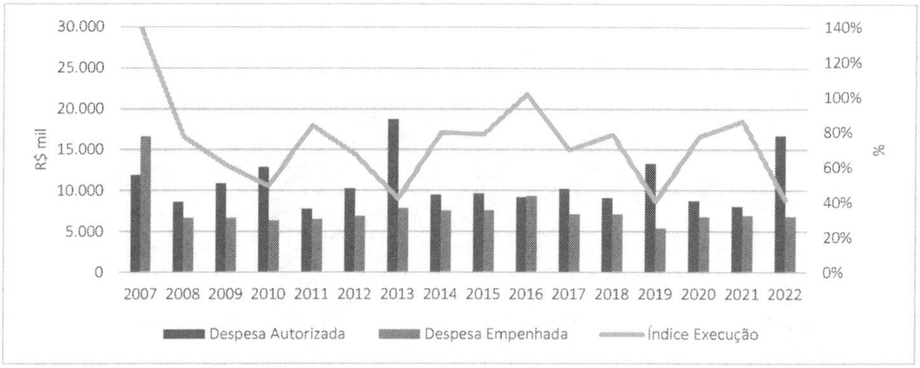

Fonte: elaboração própria.

Em 2007, por meio da Lei nº 1.758, de 2/01/2007, passou a denominar a antiga ARESTO de Agência Tocantinense de Regulação, Controle e Fiscalização de Serviços Públicos (ATR).

Em 2009, a Lei nº 1.758/2007 foi alterada pelas Leis 2.126, de 12/08/2009, e pela Lei nº 2.159, de 14/10/2009. Em 2013, foi alterada pela Lei n º 2.817, de 30/12/2013. Em 2017, foi novamente alterada pela Lei nº 3.239, de 17/07/2017.

Receitas e Saldo Orçamentário. Não há dados de receitas para a ATR.

Índice de execução orçamentária e comparação estadual. O percentual de execução orçamentária geral do TO ficou abaixo do patamar de 90% durante praticamente todo o período analisado, com exceção do triênio 2020-22, o que sinaliza para um processo de execução do orçamento em que contingenciamentos são comuns em toda a Administração Pública. No caso da ATR, a situação é ainda mais complexa, dado que, ao lado de anos em que a execução orçamentária não chegou nem à metade do autorizado inicialmente (caso de 2010, 2013, 2019 e 2022), há uma grande variação na execução orçamentária entre os anos.

Figura 28. Execução Orçamentária (TO x ATR)[30]

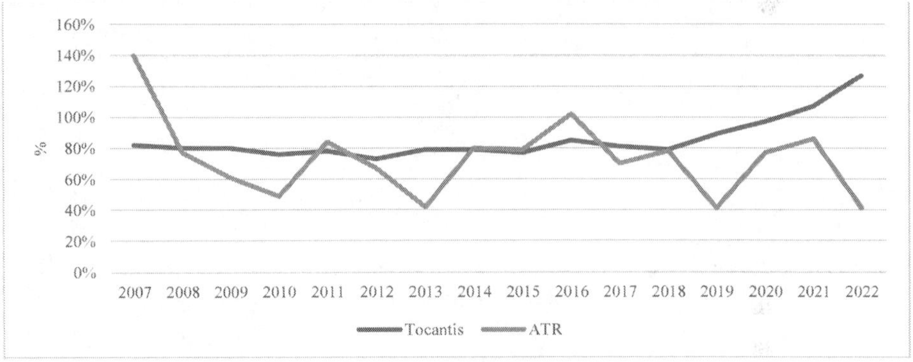

Fonte: elaboração própria.

Representatividade nas despesas estaduais. Em termos de percentual da despesa empenhada com a ATR sobre o total, observa-se que a despesa com a agência, em seu primeiro ano de funcionamento, representou quase 0.06% do total do Estado. No entanto, esse percentual diminui bruscamente de um ano para o outro, o que sugere que a despesa do ano inicial foi destinada a gastos não recorrentes. A partir de então, o percentual da despesa empenhada com a agência cresce progressivamente (com

30. Utilizou-se o orçamento autorizado inicial da ATR e do TO em virtude da impossibilidade de obter o orçamento autorizado final em transparência ativa ou passiva. Por isso, o percentual de execução orçamentária pode superar 100%.

exceção de 2017 e 2019), só voltando ao patamar inicial em 2022, no fim da série histórica.

Figura 29. Percentual da despesa estadual relativa à ATR (2007-2022)

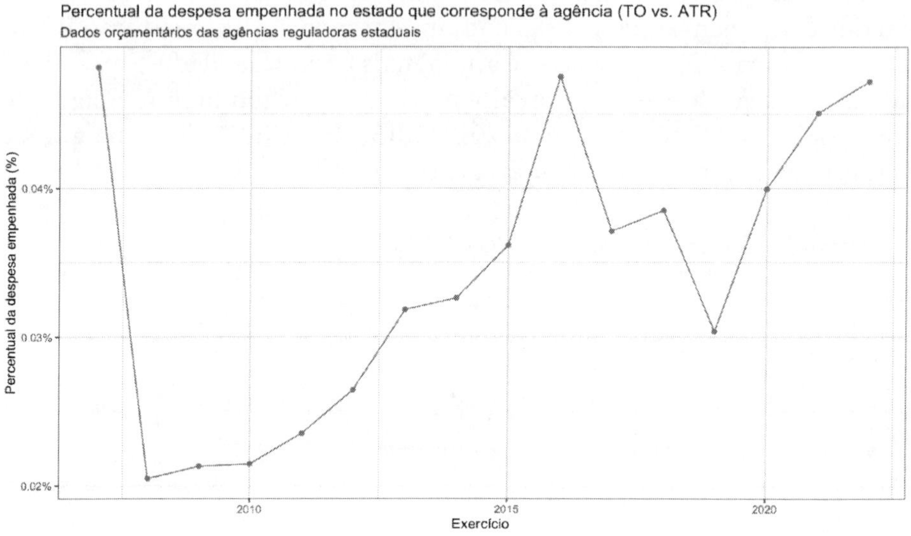

Fonte: elaboração própria.

4.1.7. Roraima (RR)

O Estado de Roraima (RR) não possui agência reguladora estadual.

4.2. Nordeste

Esta seção apresenta informações abrangentes sobre as agências reguladoras estaduais localizadas na Região Nordeste do Brasil. A Região Nordeste é composta pelos estados de Alagoas, Bahia, Ceará, Maranhão, Paraíba, Pernambuco, Piauí, Rio Grande do Norte e Sergipe.

4.2.1. ARSEMA/MOB (MA)

Breve contextualização da agência. A Agência Estadual de Mobilidade Urbana e Serviços Públicos (MOB) é uma autarquia especial, criada em 2015[31], com o objetivo de regular e fiscalizar os serviços de transporte público, gás canalizado e saneamento básico no estado do Maranhão[32]. A MOB é responsável por: a) Estabelecer regras e normas para a prestação dos serviços; b) Fiscalizar o cumprimento das regras e normas estabelecidas; c) Proteger os direitos dos usuários dos serviços; d) Promover a melhoria da qualidade dos serviços prestados[33]. A MOB é financiada por meio de recursos do Estado do Maranhão e de contribuições dos prestadores de serviços.

Período dos dados de receitas e despesas. Foi possível obter dados sobre receita e despesa desde 2013, de maneira que será analisado parte do período de funcionamento da ARSEMA[34] e todo período de funcionamento da MOB.

Execução orçamentária. A Figura 30 mostra a evolução das despesas autorizadas e empenhadas pela ARSEMA/MOB entre 2013 e 2022, bem como do índice de execução orçamentária (razão entre despesas empenhadas e autorizadas). Os resultados mostram que entre 2013 e 2016 os recursos disponíveis para a ARSEMA/MOB foram baixos, em torno de R$ 2 milhões ao ano. A partir de 2017 houve um aumento dos recursos para a agência, que passou a gastar R$ 19 milhões em 2017, R$ 24 milhões em 2018 e entre 2019 e 2022 foram em média de R$ 60 milhões ao ano, indicando um aumento da prioridade do Estado do Maranhão com as atividades da agência reguladora.

31. Lei nº 10.213, de 9 de março de 2015.

32. Em 2017, a Medida Provisória nº 229/2017 transferiu as competências e recursos, antes da extinta Agência Reguladora de Serviços Públicos do Maranhão - ARSEMA, à MOB.

33. A Lei 10.225/2015 dispõe sobre as atribuições da MOB.

34. A ARSEMA foi criada em 2008 com o nome de ARSEP. A sigla foi alterada em 2013.

Figura 30. Execução Orçamentária (ARSEMA/MOB - MA)

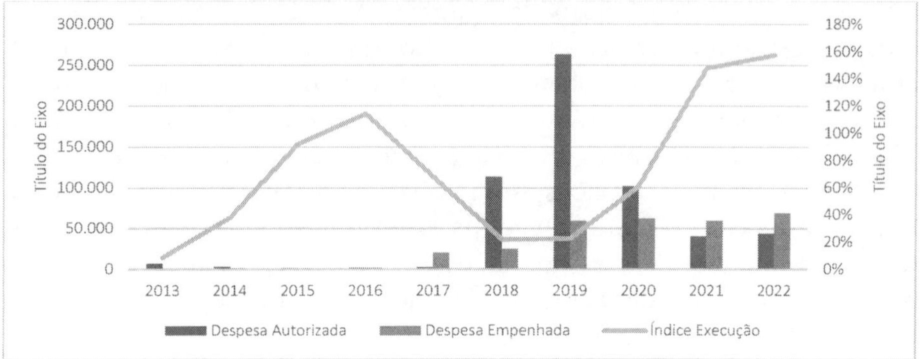

Fonte: elaboração própria.[35]

Receitas e saldo orçamentário. A Figura 31, por sua vez, mostra a evolução das despesas e das receitas da ARSEMA/MOB no período de análise, bem como do saldo orçamentário (diferença entre as receitas e as despesas). Já foi demonstrado o expressivo crescimento da despesa empenhada pela MOB a partir de 2017. Sob a perspectiva da receita realizada, também é possível observar um crescimento em relação ao período da ARSEMA. Entretanto, esse crescimento se deu em magnitude muito inferior ao crescimento da despesa desde 2017. Isso pode demonstrar que o governo estadual passou a priorização o fortalecimento da agência reguladora. Esse saldo negativo foi relativamente pequeno entre 2013 e 2016 e passou a ser mais significativo a partir de 2017, quando as despesas da agência passaram para outro patamar. Em 2022, quando a agência registrou o maior nível de despesas da série (R$ 68 milhões), o saldo orçamentário foi negativo em R$ 62 milhões, dado a arrecadação de apenas R$ 6 milhões da agência no exercício. Portanto, a agência registra *déficit* orçamentário crescente, sinal de preocupação em termos de autonomia financeira.

35. Em 2017 não foi registrado o valor de quase 900% na figura para fins didáticos.

Figura 31. Saldo Orçamentário (ARSEMA/MOB – MA)

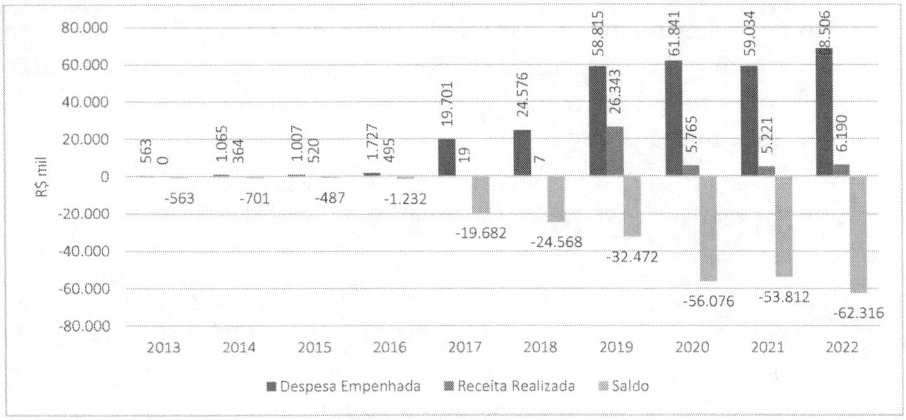

Fonte: elaboração própria.

Índice de Execução Orçamentária e comparação estadual. O índice de execução orçamentária da ARSEMA/MOB pode ser caracterizado pela irregularidade, com a alternância de anos de baixa execução (como 2013, 2014, 2018 e 2019) com anos de execução em patamar muito acima do inicialmente autorizado. Em comparação, o governo estadual tem um padrão mais estável de execução orçamentária, que ficou na casa de 90% no período analisado. Esse quadro pode ser interpretado como um indício de fragilidade da autonomia financeira da MOB, tendência que pode estar sendo revertida, considerando os elevados índices de execução orçamentária dos anos de 2021 e 2022.

Figura 32. Execução Orçamentária (ARSEMA/MOB x Maranhão)

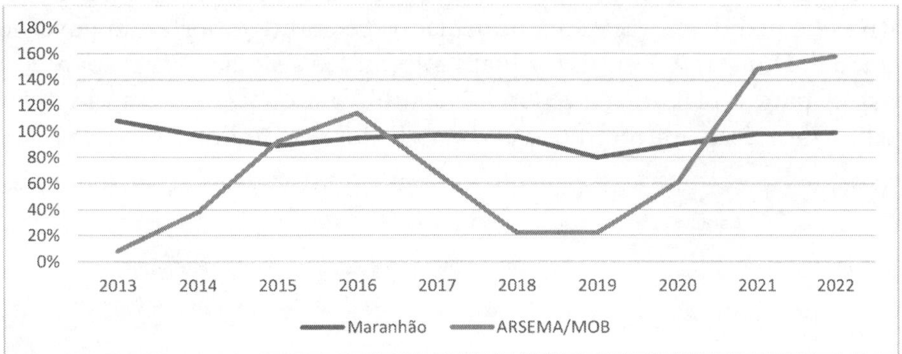

Fonte: elaboração própria.

Representatividade das despesas. Houve um aumento da participação das despesas da ARSEMA no orçamento do Maranhão nos últimos anos. Nota-se claramente um aumento contínuo entre 2016 e 2019, em razão do aumento das despesas da agência e uma estagnação desde então. Isso releva que entre 2019 e 2022 as despesas da agência cresceram praticamente na mesma proporção que as despesas do estado como um todo.

Figura 33. Percentual da despesa estadual relativa à ARSEMA (2013-2022)

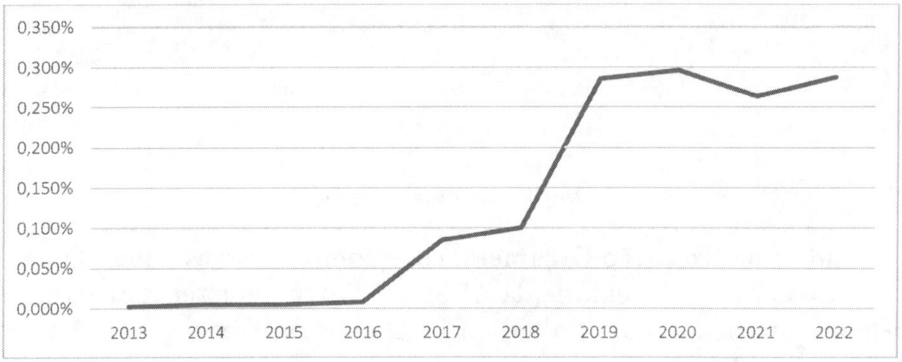

Fonte: elaboração própria.

4.2.2. AGRESPI (PI)

Não há dados disponíveis para esta agência. O Piauí não divulga dados específicos de todas as entidades da Administração Pública, inclusive da AGRESPI, em transparência ativa. Além disso, foram realizadas tentativas de pedidos de acesso à informação pelo antigo portal do governo estadual. Durante a pesquisa, o Piauí migrou seu sistema de transparência passiva para a plataforma federal "Fala.BR", na qual foi possível enviar pedido de acesso. Entretanto, o pedido não foi respondido.

4.2.3. ARCE (CE)

Breve contextualização da agência. A Agência Reguladora de Serviços Públicos Delegados do Estado do Ceará (ARCE) é uma autarquia especial, dotada de autonomia orçamentária, financeira, funcional e administrativa, criada em 1997 por meio da Lei nº 12.786. A ARCE parece ter passado por um progressivo processo de fortalecimento da autonomia financeira, ao menos sob a perspectiva da execução orçamentária.

Execução orçamentária. A ***Figura 34*** mostra a evolução das despesas autorizadas e empenhadas pela ARCE entre 1998 e 2022, bem como do índice de execução orçamentária (razão entre despesas empenhadas e autorizadas). É possível observar oscilações no montante empenhado pela agência no período, com a intercalação de anos de aumento na despesa com anos de redução. No mesmo sentido, o índice de execução orçamentária oscilou, embora tenha crescido significativamente desde a criação da agência.

Figura 34. Execução Orçamentária (ARCE – CE)

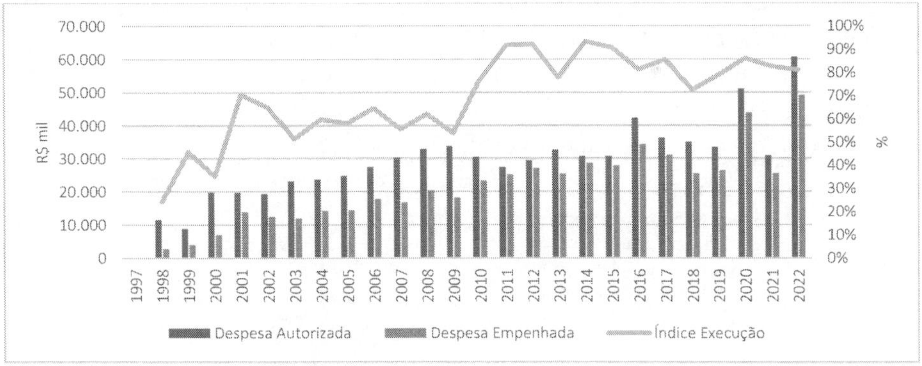

Fonte: elaboração própria.

Receitas e saldo orçamentário. A ***Figura 35***, por sua vez, mostra a evolução das despesas e das receitas da ARCE no período de análise, bem como do saldo orçamentário (diferença entre as receitas e as despesas). Os dados disponíveis de receitas remontam a 2013. Entre este ano e 2021, houve déficit orçamentário na ARCE, enquanto em 2022 as receitas registraram mais de R$ 50 milhões e provocaram superávit orçamentário na agência, o que é um sinal positivo em termos de autonomia.

Figura 35. Saldo Orçamentário (ARCE – CE)

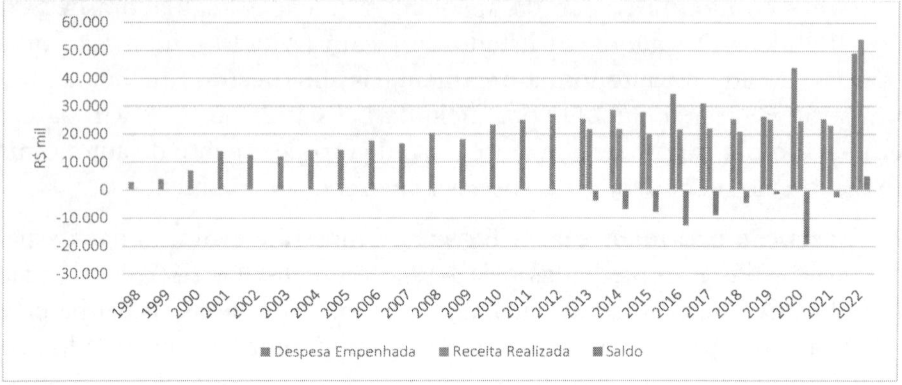

Fonte: elaboração própria.

Índice de execução orçamentária e comparação estadual. Até 2010, a ARCE nunca tinha executado mais do que 70% da despesa autorizada. A partir 2011, o percentual de execução orçamentária da ARCE se aproxima do percentual estadual, superando-o, inclusive, em 5 dos 12 anos desse período. A semelhança entre o percentual de execução orçamentária da ARCE e o estadual é um indício de que, em contextos em que há contingenciamento de recursos, a agência estadual não costuma ser mais sacrificada do que o Estado de forma geral.

Figura 36. Execução Orçamentária (CE x ARCE)

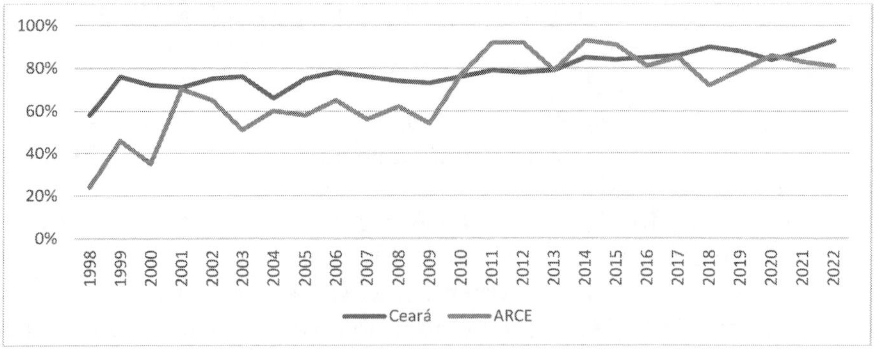

Fonte: elaboração própria.

Representatividade nas despesas estaduais. Sob a perspectiva do crescimento comparativo da despesa empenhada, a ARCE também pode ser vista como um caso de destaque. Afinal, entre 1998, ano base da série histórica, e 2022, a despesa empenhada chegou a 7715 pontos, ou seja, um crescimento de quase 80 vezes. No mesmo período, a despesa empenhada pelo Ceará chegou a 744 pontos, ou seja, cresceu cerca de 7 vezes. Esses números são indícios de que a ARCE foi progressivamente ganhando destaque dentre as prioridades orçamentárias do Ceará. Naturalmente, esse crescimento acelerado na despesa empenhada pela ARCE em comparação com o Estado significou um aumento da participação da agência reguladora sobre o total da despesa empenhada em âmbito estadual. Em sua primeira década de atuação, a ARCE representou menos de 0.05% da despesa total do Estado. No entanto, em 2022, a agência representou 0.14% da despesa total empenhada pelo Ceará.

Figura 37. Percentual da despesa estadual relativa à ARCE (1998-2022)

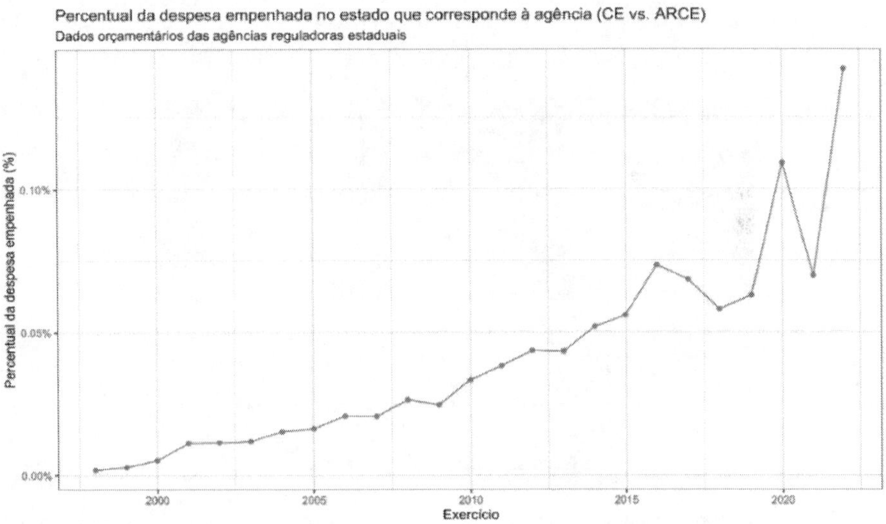

Fonte: elaboração própria.

4.2.4. ARSEP (RN)

Breve contextualização da agência. A ARSEP é uma agência reguladora multissetorial criada por lei em 1999[36].

Período dos dados de despesas e receitas. No entanto, só foi possível obter dados sobre despesa empenhada e sobre receita desde 2019, de maneira que a série histórica abrangerá apenas os últimos 4 anos. É possível observar na série histórica que a despesa empenhada pela ARSEP saltou de cerca de R$ 3,5 milhões em 2019 para cerca de R$ 4 milhões em 2020, manteve-se praticamente constante nos últimos 3 anos. Por outro lado, o índice de execução orçamentária da agência diminuiu de 85% em 2019 para 69% em 2020, mantendo-se nesse patamar nos anos subsequentes, indicando que a ARSEP pode estar se tornando mais suscetível a contingenciamentos.

Figura 38. Execução Orçamentária (ARSEP-RN)

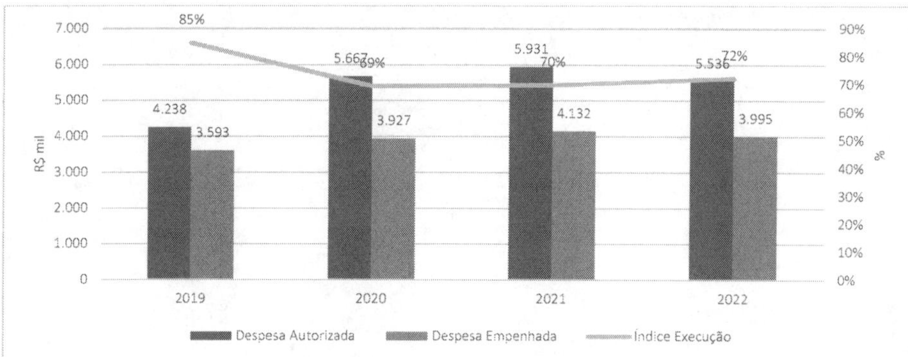

Fonte: elaboração própria.

Receitas e Saldo Orçamentário. Ao contrário da despesa empenhada, que se manteve praticamente constante ao longo da série histórica, a receita realizada pela ARSEP variou significativamente de um ano para outro. Entre 2020 e 2021, a receita realizada caiu cerca de R$ 1,5 milhões.

36. A Agência Reguladora de Serviços Públicos do Estado do Rio Grande do Norte (ASEP-RN), criada pela Lei nº 7.463, de 02 de março de 1999, passa a denominar-se Agência Reguladora de Serviços Públicos do Rio Grande do Norte (ARSEP).

No entanto, entre 2021 e 2022, a receita realizada saltou para cerca de R$ 8,5 milhões. Com isso, houve significativo crescimento do saldo orçamentário da ARSEP no mesmo período, saltando de cerca de R$ 1 milhão em 2021 para cerca de R$ 4,5 milhões em 2022.

Figura 39. Saldo Orçamentário (ARSEP-RN)

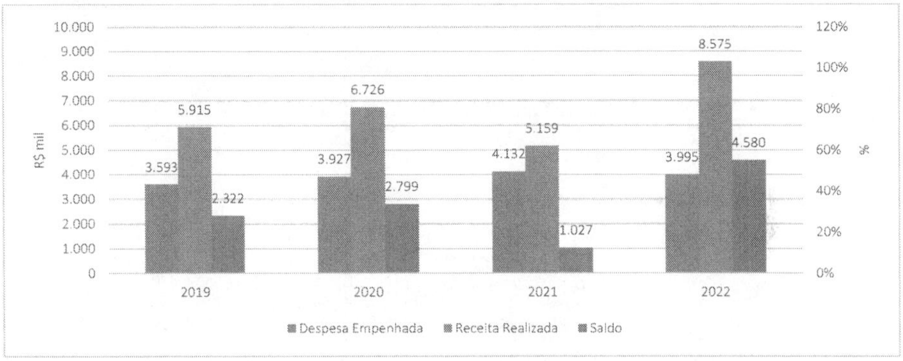

Fonte: elaboração própria.

Índice de Execução orçamentária e comparação estadual. É possível notar na tabela acima que a execução orçamentária da ARSEP entre 2020 e 2022 ficou em cerca de 70%, em patamar muito inferior do governo estadual, que ficou em cerca de 90%. Esse quadro fortalece a hipótese de que a agência esteja sofrendo mais intensamente com contingenciamentos orçamentários nos últimos anos.

Figura 40. Execução Orçamentária (RN x ARSEP)

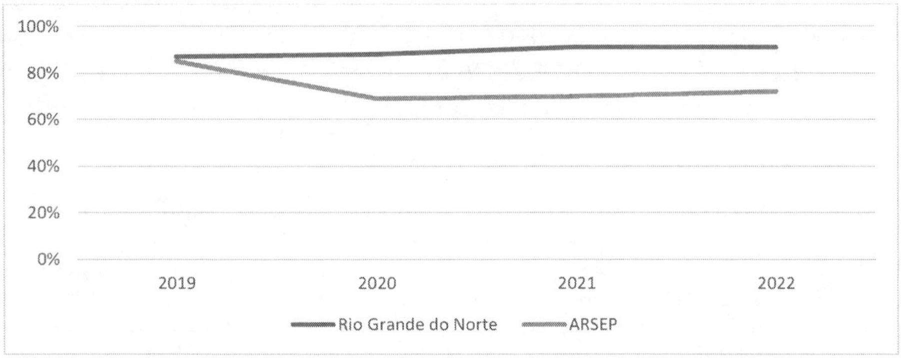

Fonte: elaboração própria.

Representatividade nas despesas do estado. Entre 2019 e 2021, as despesas da ARSEP cresceram mais rapidamente que as despesas estaduais como um todo, fazendo com que a representatividade da agência no orçamento estadual passasse de 0,025% para 0,03% aproximadamente no período. Entre 2021 e 2022, as despesas da ARSEP se mantiveram praticamente constantes enquanto as despesas agregadas do estado aumentaram, de modo que houve redução na participação das despesas da agência no agregado estadual.

Figura 41. Percentual da despesa estadual relativa à ARSEP (2019-2022)

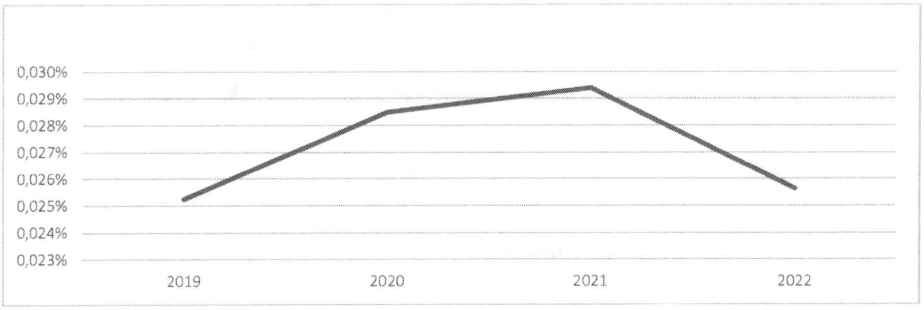

Fonte: elaboração própria.

4.2.5. ARPB (PB)

Breve contextualização da agência. A Agência de Regulação do Estado da Paraíba – ARPB – é uma autarquia de regime especial, criada pela Lei Estadual n.º 7.843, de 02 de novembro de 2005[37], regulamentada pelo decreto Lei n.º 26.884 de 26 de fevereiro de 2006[38]. A ARPB tem como principal finalidade regular, controlar e fiscalizar diversos serviços

37. Dispõe sobre a Estrutura e o Funcionamento da ARPB. Disponível em: https://arpb.pb.gov.br/legislacao/leis/lei_7843_021105_reestrutura.pdf/view. O marco inicial da agência foi estabelecido por meio de um convênio de cooperação entre a ANEEL e a AGEEL (posteriormente transformada em ARPB pela Lei Complementar nº 67 de 2005) em junho de 2005.

38. https://arpb.pb.gov.br/legislacao/decretos/dec_26884_240206-1.pdf/view.

públicos, incluindo o fornecimento de energia elétrica[39], distribuição de gás canalizado, saneamento e outros serviços públicos sob competência do Estado da Paraíba, que sejam atribuídos pelo Poder Executivo ou delegados à ARPB.

Período de dados. Os dados da ARPB compreendem todo seu período de funcionamento, desde sua criação em 2005 até 2022.

Execução orçamentária. As despesas da ARPB foram de pouco mais de R$ 5 milhões ao ano, em valores atuais, durante os cinco primeiros anos de sua criação, entre 2006 e 2010. Entre 2010 e 2015 houve queda em termos reais das despesas, que desde então oscilam em torno de R$ 3 milhões ao ano. Em termos de execução orçamentária, nota-se um baixo índice em quase todo o período analisado, com aumento no período recente em razão da diminuição dos valores autorizados, que historicamente não eram totalmente executados.

Figura 42. Execução Orçamentária (ARPB – PB)

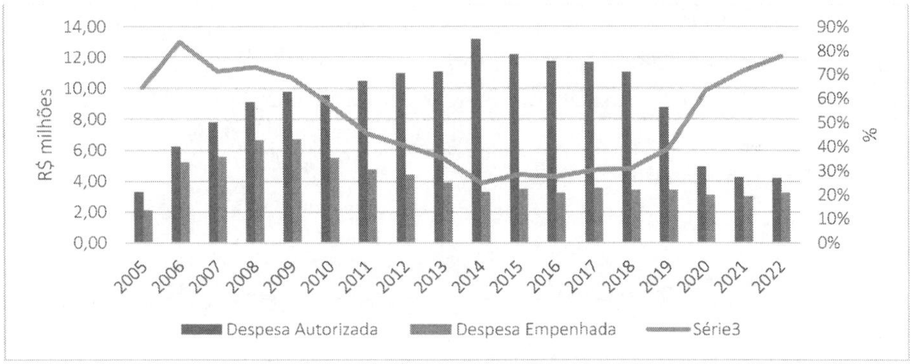

Fonte: elaboração própria.

Receitas e Saldo Orçamentário. A ARPB registrou déficit orçamentário em todo o período de análise, com exceção de 2022, quando houve superávit.

39. A fiscalização dos serviços de energia elétrica ocorre mediante um convênio de cooperação entre a ARPB e a Agência Nacional de Energia Elétrica (ANEEL), estabelecido de acordo com a diretriz de descentralização dessa atividade, conforme previsto na Lei Federal nº 9.427, de 1996.

Figura 43. Saldo Orçamentário (ARPB)

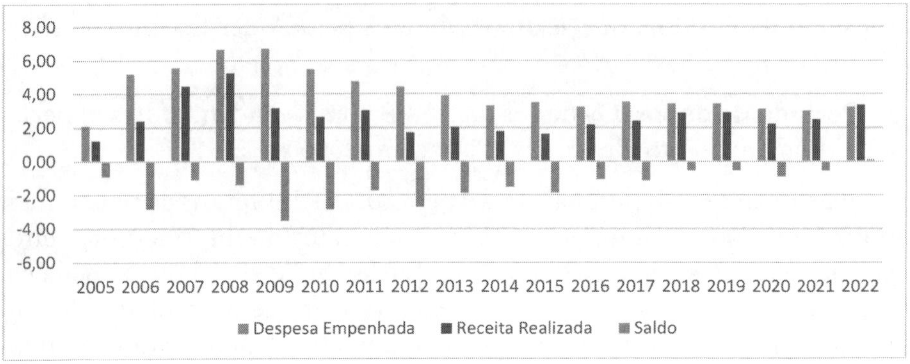

Fonte: elaboração própria.

Índice de Execução Orçamentária e comparação estadual. O estado da Paraíba historicamente executa cerca de 80% do orçamento. A ARPB, apresentou índices de execução próximos aos do estado entre 2005 e 2008 e entre 2020 e 2022, quando executou próximo de 80% das despesas. Nos demais períodos houve discrepância, explicado principalmente pelo alto percentual de despesas autorizadas, porém não executadas pela agência.

Figura 44. Execução Orçamentária (PB x ARPB)

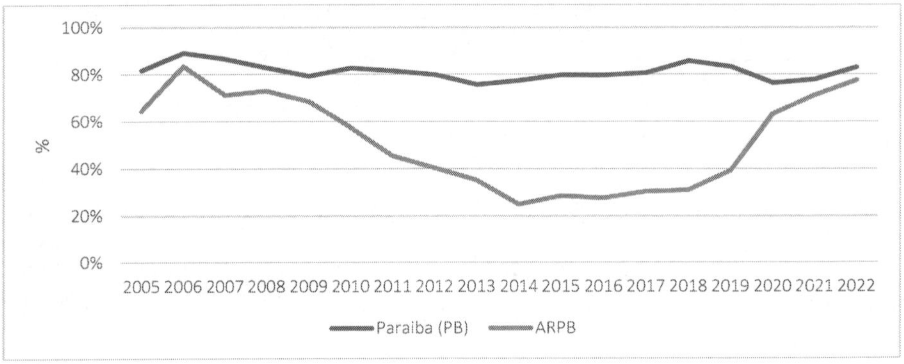

Fonte: elaboração própria.

Representatividade nas despesas estaduais. Entre 2005 e 2009 as despesas da ARPB cresceram mais rapidamente que as despesas estaduais, portanto, houve aumento do peso do orçamento da agência no orçamento geral do estado, passando de 0,02% para 0,06%, praticamente. Entre 2009 e 2014 o movimento foi no sentido inverso, tendo a agência perdido representatividade no orçamento e retornando para cerca de 0,02%, patamar que permaneceu neste nível até 2022.

Figura 45. Percentual da despesa estadual relativa à ARPB (2005-2022)

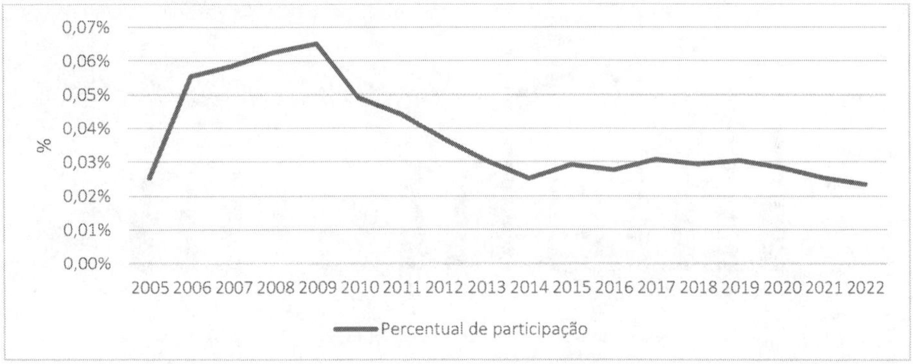

Fonte: elaboração própria.

4.2.6. ARPE (PE)

Breve contextualização da agência. A Agência de Regulação de Pernambuco (ARPE) foi criada em 14 de janeiro de 2000. É uma instituição que regula, fiscaliza e zela pela qualidade dos serviços públicos delegados pelo Estado, ou por ele diretamente prestados: energia elétrica, água e esgoto e gás natural canalizado. A Arpe atua como mediadora entre as empresas de serviços, seus usuários e o Estado como poder concedente, no encaminhamento de soluções para os problemas identificados. A ARPE é uma autarquia especial, vinculada ao Gabinete do Governador e dotada de autonomia financeira, orçamentária, funcional e administrativa. Com sede em Recife, atua em todo o território estadual.

Período dos dados. Embora a ARPE tenha sido criada em 2000, os dados de despesas e receitas da agência compreendem o período de 2008 a 2022.

Execução Orçamentária. As despesas da ARPE entre 2008 e 2022 oscilaram entre R$ 10 e R$ 15 milhões ao ano, em valores atuais. O índice de execução orçamentária da ARPE oscilou entre 50% e 80%. Assim, embora tenha ocorrido variação nas autorizações, as despesas empenhadas não apresentaram grandes variações no período.

Figura 46. Execução Orçamentária (ARPE-PE)

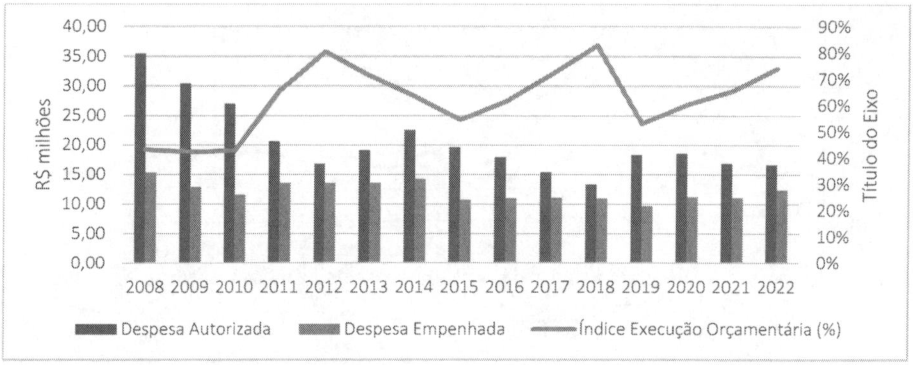

Fonte: elaboração própria.

Receitas e Saldo Orçamentário. A ARPE é uma agência com saldo orçamentário favorável, tendo registrado superávit em todos os anos analisados. Em 2022 foram registrados os maiores valores de receita da agência, aproximadamente R$ 25 milhões, assim como o maior saldo do período (R$ 12 milhões).

Figura 47. Saldo Orçamentário (ARPE-PE)

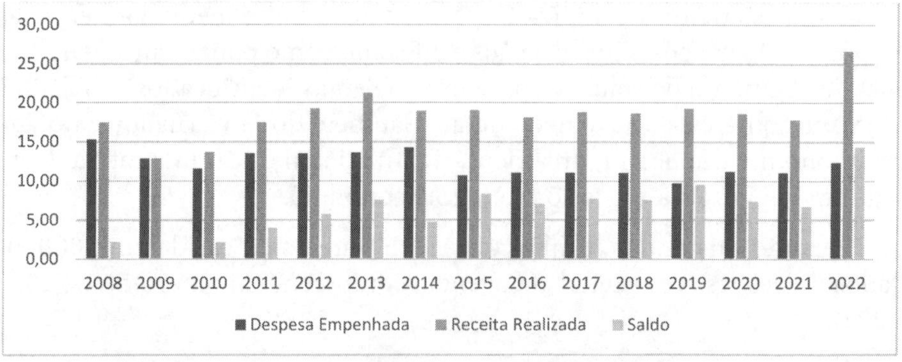

Fonte: elaboração própria.

Índice de execução orçamentária e comparação estadual. A análise comparativa dos índices de execução orçamentária entre o estado de Pernambuco e a ARPE revela que o índice de execução da agência foi inferior ao do estado em todos os anos analisados. O estado de Pernambuco como um todo executou entre 80 e 100% do orçamento no período, apresentando melhor desempenho do que a agência.

Figura 48. Execução Orçamentária (PE x ARPE)

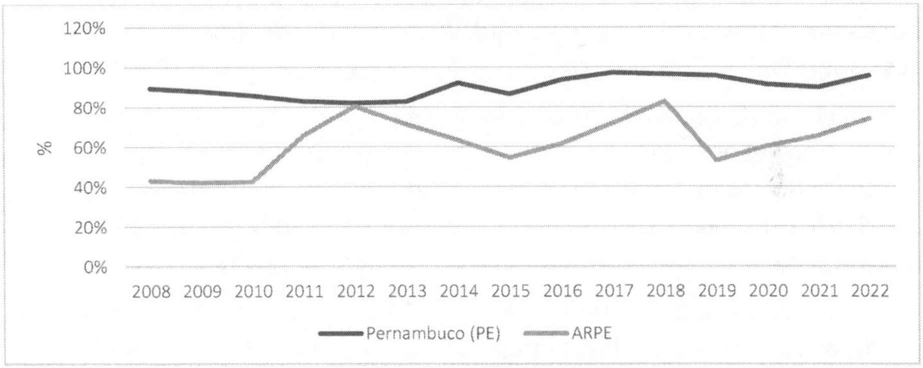

Fonte: elaboração própria.

Representatividade nas despesas estaduais. Em termos de representatividade nas despesas do Estado de Pernambuco, a ARPE teve sua participação gradualmente reduzida entre 2010 e 2022, passando de um patamar de 0,03% para 0,02% mais recentemente, o que significa que as despesas do estado cresceram mais rapidamente que as despesas da agência no período analisado.

Figura 49. Percentual da despesa estadual relativa à ARPE (2008-2022)

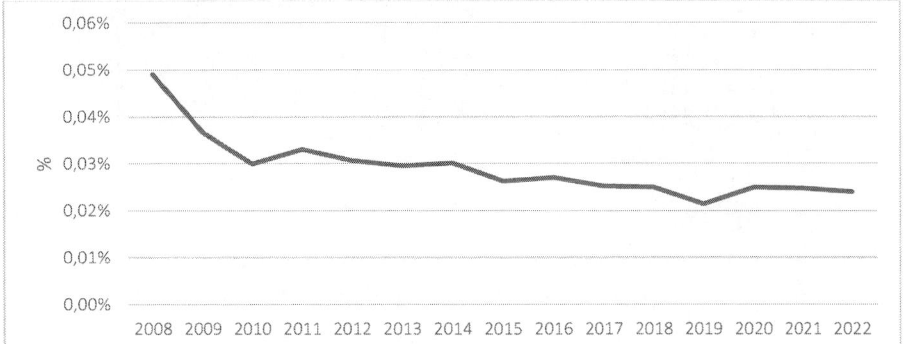

Fonte: elaboração própria.

4.2.7. ARSAL (AL)

Breve contextualização da agência. A Agência Reguladora de Serviços Públicos do Estado de Alagoas (ARSAL), agência reguladora multissetorial do Alagoas, foi criada por lei em 2001, por meio da Lei nº 6.267/01. A ARSAL atual nas áreas de Energia Elétrica, Gás Canalizado, Transporte Intermunicipal e Saneamento, e tem como principal missão institucional ser um instrumento em favor dos direitos e interesses dos consumidores, fiscalizando as concessionárias, garantindo a qualidade dos serviços públicos prestados e zelando pelo equilíbrio econômico-financeiro das concessionárias e permissionários.

Período de dados. Como só foi possível obter dados sobre a receita e despesa da agência desde 2007, os 6 primeiros anos de funcionamento da ARSAL não foram analisados neste relatório. Mesmo assim, foi possível construir uma série histórica que acompanha grande parte da trajetória institucional

Execução orçamentária. A ***Figura 50*** mostra a evolução das despesas autorizadas e empenhadas pela ARSAL entre 2007 e 2022, bem como do índice de execução orçamentária (razão entre despesas empenhadas e autorizadas). Nota-se um aumento progressivo das despesas empenhadas entre 2010 e 2022. Houve um valor significativo de despesas autorizadas em 2014, porém não executadas.

Figura 50. Execução Orçamentária (ARSAL – AL)

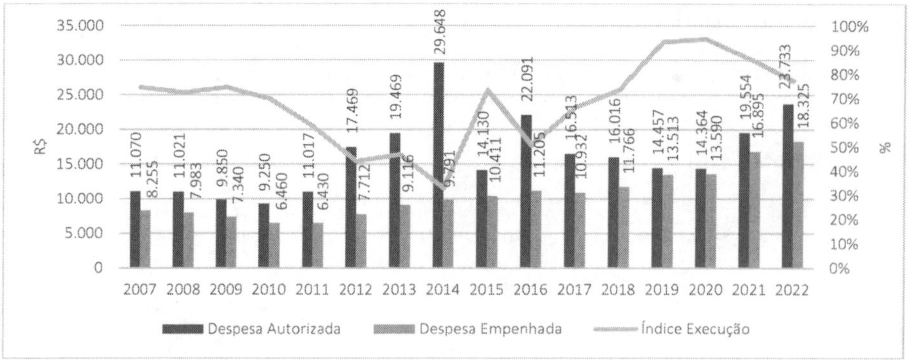

Fonte: elaboração própria.

Receitas e Saldo Orçamentário. A ***Figura 51***, por sua vez, mostra a evolução das despesas e das receitas da ARSAL no período de análise, bem como do saldo orçamentário (diferença entre as receitas e as despesas). O saldo orçamentário da ARSAL passou por mudanças expressivas ao longo da série histórica. Entre 2007 e 2010, houve um saldo negativo em todos os anos, mesmo com redução da despesa empenhada no período. A partir de 2011 até 2014, a ARSAL começou a experimentar um saldo positivo, motivado em grande medida pelo aumento expressivo da receita realizada. A partir de 2018, teve início um novo ciclo de seguidos saldos orçamentários negativos, o que decorreu do aumento da despesa empenhada no período.

Figura 51. Saldo Orçamentário (ARSAL – AL)

Fonte: elaboração própria.

Índice de Execução Orçamentária e comparação estadual. O padrão de execução orçamentária do AL na série histórica ficou entre 70% e 90%, com exceção dos anos de 2016 e 2021. No caso da ARSAL, não é possível observar um padrão tão claro. Há períodos em que a execução orçamentária ficou na casa dos 70% a 80% (2007 a 2010), próxima do total estadual; períodos em que a execução não ultrapassou 60%, chegando até 33% (2011 a 2014); e períodos de uma execução consistentemente mais próxima da casa de 90% (2019 a 2022). Chama atenção que esses períodos correspondem exatamente ao período do mandato do governador, o que pode significar alguma relação entre a execução orçamentária da ARSAL e mudanças na composição política estadual.

Figura 52. ARSAL x Alagoas (Execução Orçamentária)

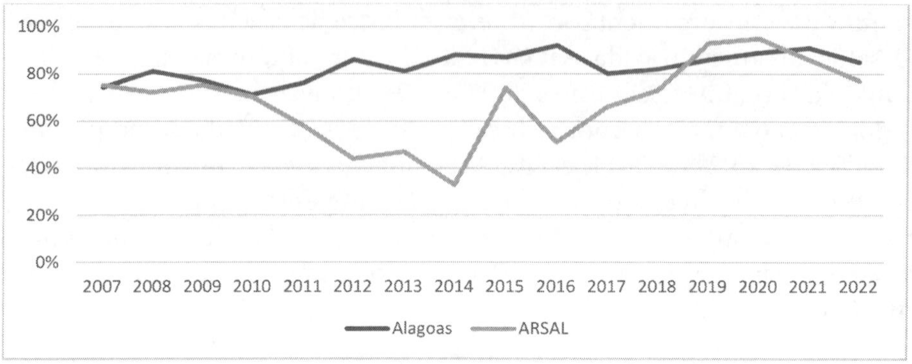

Fonte: elaboração própria.

Representatividade nas despesas estaduais. Historicamente, a despesa empenhada pela ARSAL cresceu em patamar inferior à despesa empenhada pelo Estado. A partir de 2018, houve um crescimento mais acelerado da despesa da ARSAL do que de Alagoas. Essa mudança de cenário pode ser indício a partir de 2018 de que a atividade reguladora por meio da agência estadual independente assumiu maior protagonismo político no Estado, o que justificaria o crescimento relativo da despesa empenhada pela ARSAL. A Figura a seguir fortalece a hipótese de que a atividade reguladora passou ganhou posições dentre as prioridades de política orçamentária em Alagoas. Como se vê, a ARSAL representou, entre 2007 e 2011, menos de 0.025% da despesa empenhada no Estado. Essa proporção foi subindo gradativamente, chegando a 0.125% em 2022, ou seja, cresceu quase 5 vezes em pouco mais de uma década.

Figura 53. Percentual da despesa estadual relativa à ARSAL (2007-2022)

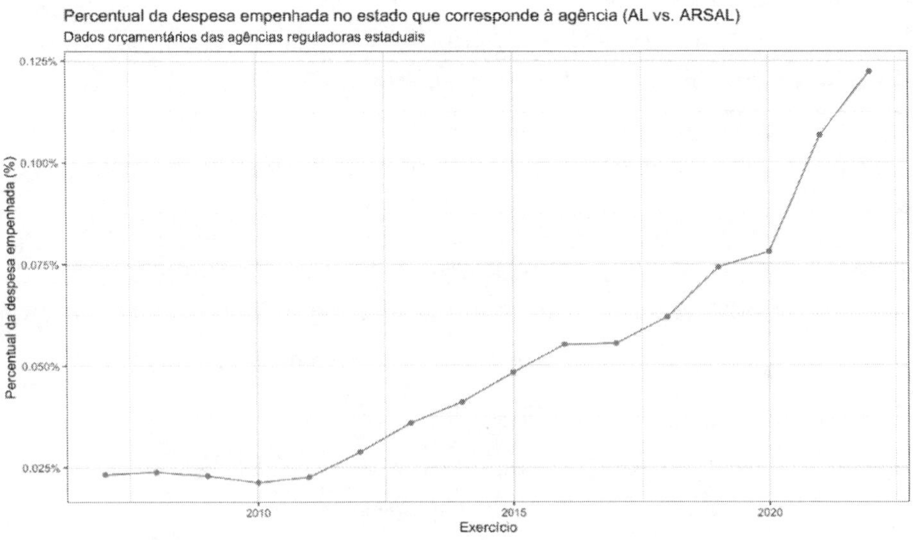

Fonte: elaboração própria.

4.2.8. AGRESE (SE)

Breve contextualização da agência. A Agência Reguladora de Serviços Públicos do Estado de Sergipe (AGRESE) é uma autarquia estadual, vinculada à Secretaria de Estado da Casa Civil – SECC, responsável pela regulação dos serviços públicos delegados no estado de Sergipe.[40] Ela é dotada de personalidade jurídica de direito público, com autonomia técnica, funcional, decisória, administrativa e financeira, dotada de patrimônio e receitas próprias, com sede na cidade de Aracaju/SE. A AGRESE foi criada pela Lei Estadual nº 6.493, de 28 de dezembro de 2003, e tem sede em Aracaju, capital do estado. A atividade reguladora da AGRESE deverá ser exercida nas áreas de saneamento, energia elétrica, rodovias, telecomunicações, portos e hidrovias, irrigação, transportes intermunicipais de passageiros, combustíveis, distribuição de gás canalizado, inspeção de

40. https://agrese.se.gov.br/institucional/.

segurança veicular, coleta e tratamento de resíduos sólidos e outras atividades, resultantes de delegação do poder público.

Período de dados. Embora tenha sido criada em 2003, os dados de despesas da AGRESE iniciam-se apenas em 2017.

Execução orçamentária. As despesas executadas pela AGRESE em 2017 foram praticamente nulas, enquanto em 2018 registraram cerca de R$ 2 milhões. Houve um aumento contínuo das despesas executadas pela agência até 2022, quanto as despesas atingiram praticamente R$ 4 milhões. O índice de execução orçamentária também melhorou, passando de cerca de 60% em 2018 para patamares superiores a 80% no período recente.

Figura 54. Execução Orçamentária (AGRESE-SE)

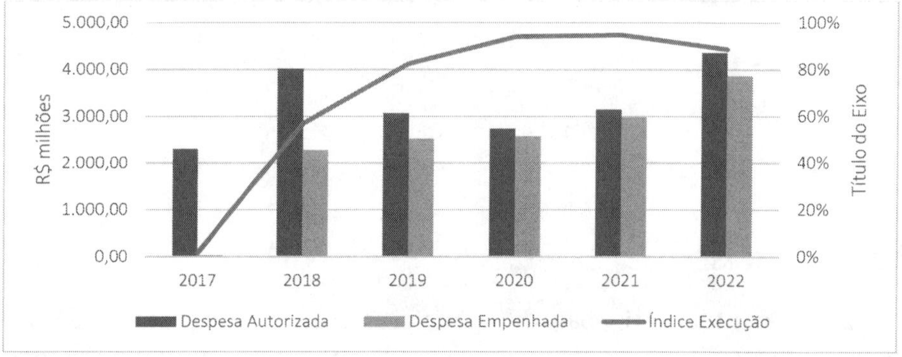

Fonte: elaboração própria.

Receitas e Saldo Orçamentário. As receitas arrecadadas pela AGRESE superaram as despesas nos últimos cinco anos, em todos os períodos. Assim como houve crescimento das despesas, no período também houve crescimento das receitas.

Figura 55. Saldo Orçamentário (AGRESE-SE)

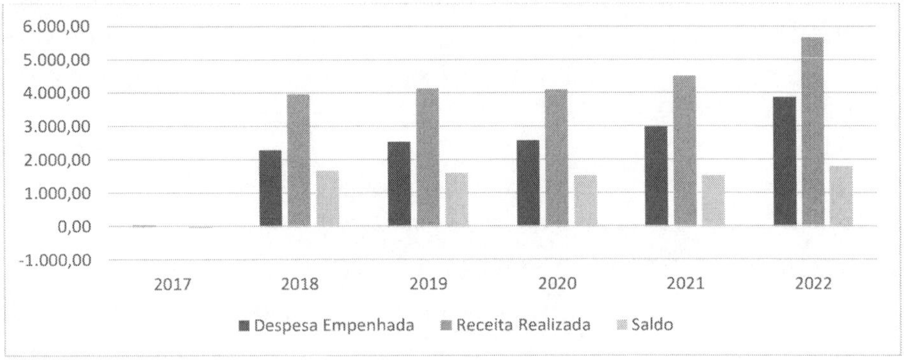

Fonte: elaboração própria.

Índice de Execução Orçamentária e comparação estadual. Embora entre 2018 e 2019 o índice de execução orçamentária da AGRESE tenha sido inferior ao do estado no agregado, tal situação amenizou-se a partir de 2020. Nos últimos três anos, a execução orçamentária da AGRESE superou os 90%, mostrando bom desempenho, inclusive melhor que a média do estado em 2022.

Figura 56. Execução Orçamentária (SE x AGRESE)

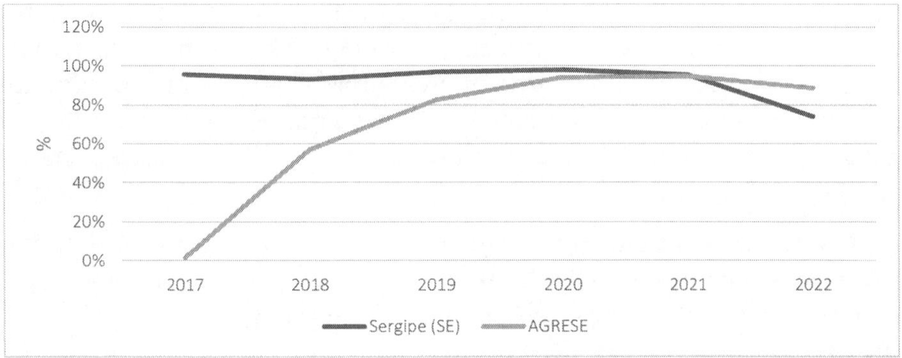

Fonte: elaboração própria.

Representatividade nas despesas estaduais. As despesas da AGRESE representaram cerca de 0,02% das despesas estaduais de Sergipe entre

2018 e 2021, e aumentaram para 0,04% em 2022, dado que as despesas da agência cresceram mais rapidamente que as despesas agregadas do estado no período.

Figura 57. Percentual da despesa estadual relativa à AGRESE (2017-2022)

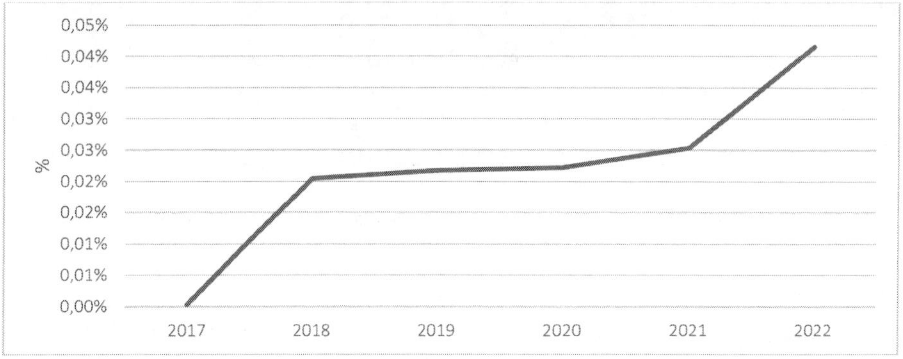

Fonte: elaboração própria.

4.2.9. AGERBA (BA)

Breve contextualização da agência. A Agência Estadual de Regulação de Serviços Públicos de Energia, Transportes e Comunicação da Bahia (AGERBA) é uma autarquia especial, criada em 1998, com o objetivo de regular e fiscalizar os serviços de interesse público de natureza econômica, de competência do Estado da Bahia[41]. A agência é responsável por pela gestão dos serviços públicos delegados no estado da Bahia, através da regulação e fiscalização[42].

Execução orçamentária. A ***Figura 58*** mostra a evolução das despesas autorizadas e empenhadas pela AGERBA entre 1999 e 2022, bem como do índice de execução orçamentária (razão entre despesas empenhadas e autorizadas).

41. Lei n.º 7.314, e regulamentada pelo Decreto n.º 7.426, de 31 de agosto de 1998.
42. http://www.agerba.ba.gov.br/sobre/.

Figura 58. Execução Orçamentária (AGERBA - BA)

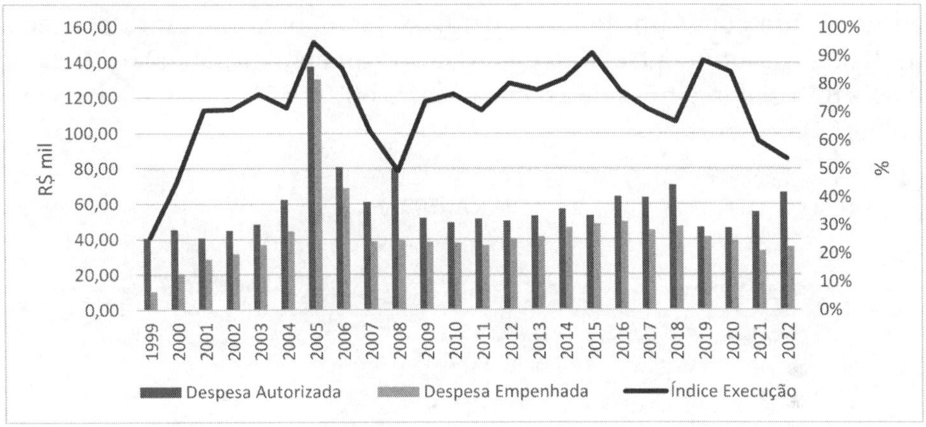

Fonte: elaboração própria.

Receitas e Saldo orçamentário. A ***Figura 59***, por sua vez, mostra a evolução das despesas e das receitas da AGERBA no período de análise, bem como do saldo orçamentário (diferença entre as receitas e as despesas).

Figura 59. Saldo Orçamentário (AGERBA - BA)

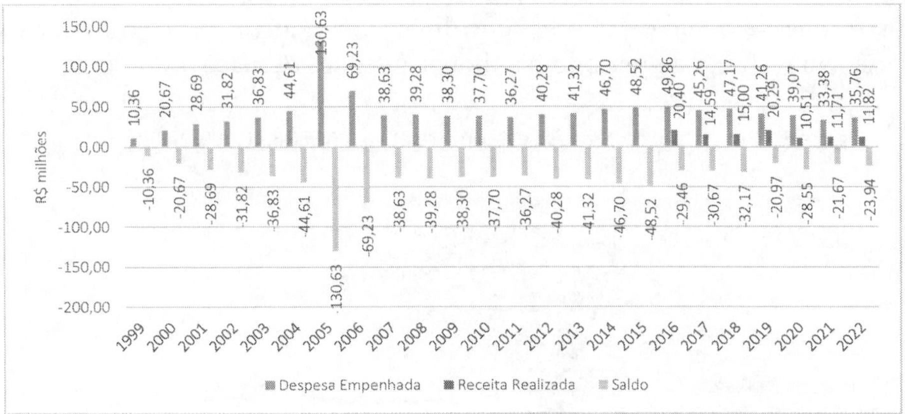

Fonte: elaboração própria.

Índice de Execução Orçamentária e comparação estadual. O nível de execução das despesas da AGERBA, historicamente, tem sido inferior ao do estado como um todo no período de análise. Enquanto o estado da Bahia executou entre 80% e 90% do orçamento entre 2004 e 2022, a AGERBA oscilou o nível de execução entre 60% e 80% aproximadamente no período.

Figura 60. Execução Orçamentária (BA x AGERBA)

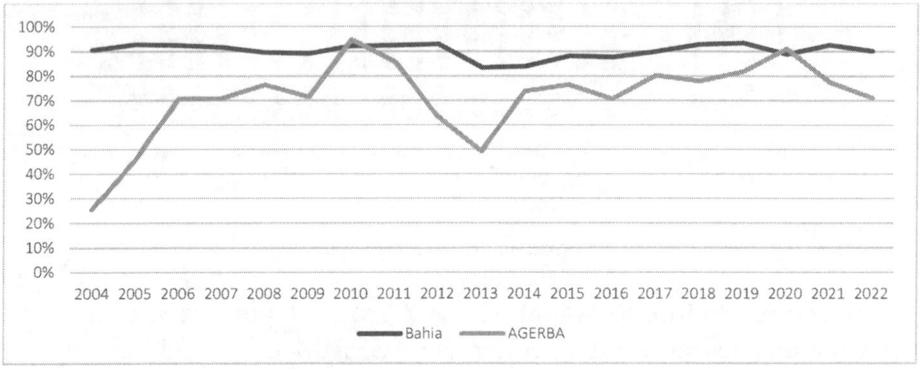

Fonte: elaboração própria.

Representatividade nas despesas estaduais. A participação das despesas da AGERBA no orçamento do estado da Bahia foi de cerca de 0,10% no período analisado, com exceção do ano de 2005, quando a agência registrou despesas de cerca de 120 milhões em valores atuais, o maior da série. No restante do período não houve grandes oscilações.

Figura 61. Percentual da despesa estadual relativa à AGERBA (1999-2022)

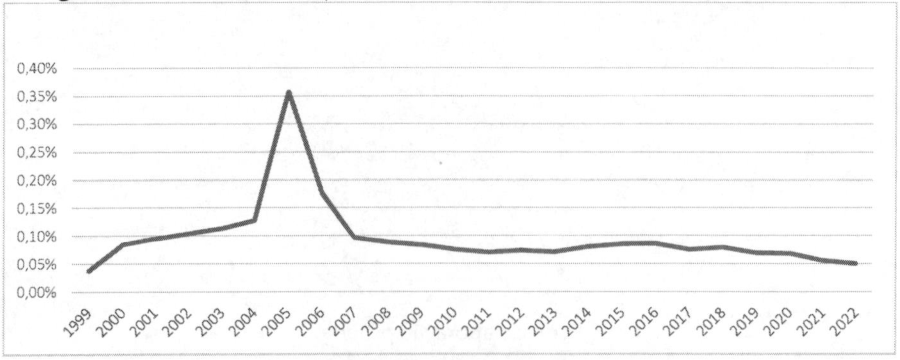

Fonte: elaboração própria.

4.2.10. AGERSA (BA)

Breve contextualização da agência. A Agência Reguladora de Saneamento Básico do Estado da Bahia (AGERSA) é uma autarquia especial, criada em 2012, com o objetivo de regular e fiscalizar os serviços públicos delegados de saneamento básico (água e esgoto) no estado da Bahia.

Execução orçamentária. A ***Figura 62*** mostra a evolução das despesas autorizadas e empenhadas pela AGERSA entre 2013 e 2022, bem como do índice de execução orçamentária (razão entre despesas empenhadas e autorizadas).

Figura 62. Execução Orçamentária (AGERSA – BA)

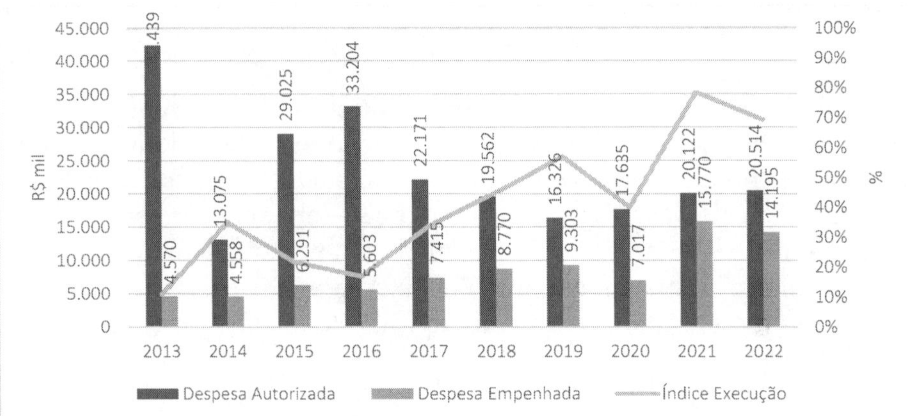

Fonte: elaboração própria.

Receitas e saldo orçamentário. A ***Figura 63***, por sua vez, mostra a evolução das despesas e das receitas da AGERSA no período de análise, bem como do saldo orçamentário (diferença entre as receitas e as despesas). Nota-se que a AGERSA apresentou saldo positivo entre 2013 e 2020, dado que suas receitas superaram as despesas em montante significativo. Nos últimos dois anos houve praticamente um equilíbrio no orçamento da AGERSA, com registro de déficits pequenos.

Figura 63. Saldo Orçamentário (AGERSA – BA)

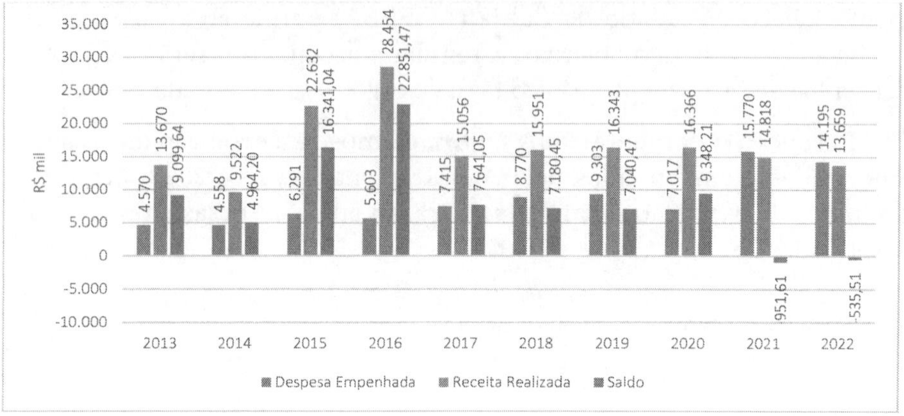

Fonte: elaboração própria.

Índice de Execução Orçamentária e comparação estadual. A AGERSA tem melhorado seu nível de execução orçamentária ao longo do tempo, demonstrando amadurecimento institucional. Enquanto entre 2013 e 2016 executou em média apenas 20% do orçamento previsto, esse patamar ficou em torno de 40% entre 2018 e 2020 e subiu para além dos 60% nos últimos anos. Assim, embora ainda abaixo da média estadual para o orçamento como um todo, o aumento do nível de execução orçamentária é um sinal positivo.

Figura 64. Execução Orçamentária (BA x AGERSA)

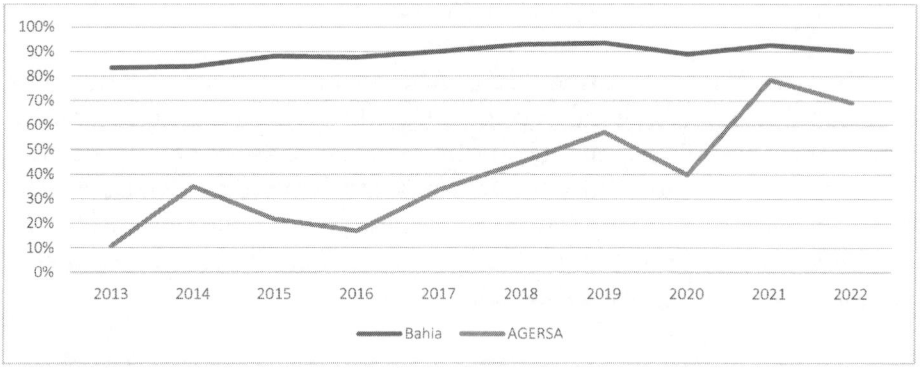

Fonte: elaboração própria.

Representatividade nas despesas do estado. A AGERSA representou cerca de 0,02% das despesas do Estado da Bahia em 2021 e 2022, após ter oscilado entre 0,01% e 0,015% nos anos anteriores. Portanto, nota-se ganho de relevância da agência no orçamento estadual.

Figura 65. Percentual da despesa estadual relativa à AGERSA (2013-2022)

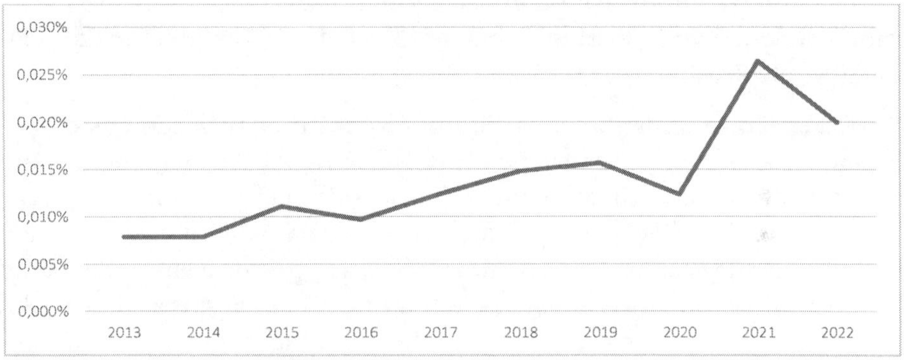

Fonte: elaboração própria.

4.3. Sudeste

Esta seção apresenta informações detalhadas sobre as agências reguladoras estaduais da região Sudeste do Brasil, que engloba os estados de São Paulo, Rio de Janeiro, Minas Gerais e Espírito Santo.

4.3.1. ARSAE (MG)

Breve contextualização da agência. A Agência Reguladora de Serviços de Abastecimento de Água e de Esgotamento Sanitário do Estado de Minas Gerais (ARSAE-MG) é uma autarquia especial, criada em 2009, com o objetivo de normatizar e fiscalizar os serviços de água e esgoto prestados no estado[43]. A ARSAE-MG é responsável por: a) Estabelecer regras e normas para a prestação dos serviços de água e esgoto; b) Fiscalizar o cumprimento das normas e regras estabelecidas; c) Proteger os direitos dos usuários dos serviços de água e esgoto; d) Promover a melhoria da

43. [https://www.arsae.mg.gov.br/sobre/].

qualidade dos serviços prestados. A Agência é responsável por normatizar e fiscalizar os serviços de água e de esgoto prestados por: Copasa (Companhia de Saneamento de Minas Gerais); Copanor (Copasa Serviços de Saneamento Integrado do Norte e Nordeste de Minas Gerais); SANARJ (Concessionária de Saneamento Básico de Araújos-MG); e Samotracia Meio Ambiente e Empreendidos (Alphaville – Lagoa dos Ingleses).

Período de dados. Os dados de receitas e despesas da ARSAE-MG compreendem o período desde o primeiro ano de funcionamento da agência, 2010, até 2022.

Execução orçamentária. A Figura 66 mostra a evolução das despesas autorizadas e empenhadas pela ARSAE entre 2010 e 2022, bem como do índice de execução orçamentária (razão entre despesas empenhadas e autorizadas). Em relação aos gastos, nota-se que a ARSAE dispendeu em 2010, ano de sua criação, cerca de R$ 4 milhões, e passou a gastar em torno de R$ 8 milhões ao ano entre 2011 e 2013. Em 2014 as despesas da ARSAE mudaram de patamar e passaram para R$ 14 milhões. Em 2015 as despesas da agência foram de R$ 18 milhões, maior valor da série. A partir de 2016 essas despesas caíram, e permaneceram na casa de R$ 15 milhões ao ano até 2022, sem grandes oscilações. Em termos de execução orçamentária, nota-se, com exceção do ano de 2014, um índice em torno de 85% ao ano, com oscilações pontuais em determinados exercícios.

Figura 66. Execução Orçamentária (ARSAE – MG)

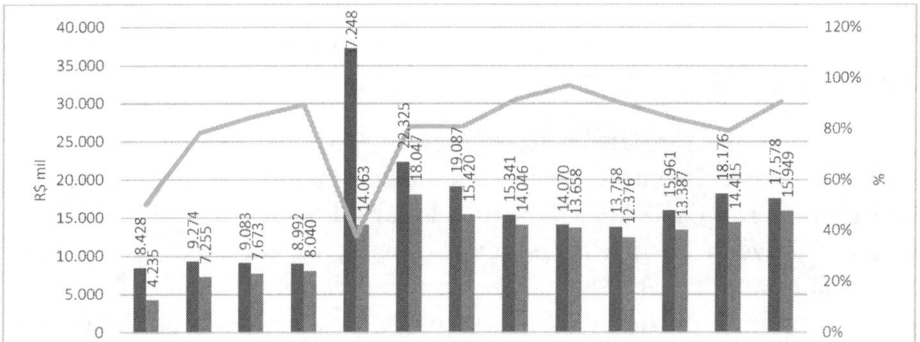

Fonte: elaboração própria.

Receitas e Saldo Orçamentário. A Figura 67, por sua vez, mostra a evolução das despesas e das receitas da ARSAE (MG) no período de análise, bem como do saldo orçamentário (diferença entre as receitas e as despesas). Os resultados mostram que a ARSAE registrou déficit orçamentário entre 2011 e 2013 de cerca de R$ 2 milhões ao ano. A partir de 2014, acompanhando a evolução das despesas, as receitas aumentaram significativamente, fazendo com que a agência registrasse superávit orçamentário em todos os exercícios a partir de 2014. As receitas da agência passaram de R$ 42 milhões em 2014 para cerca de R$ 50 milhões em 2019. Em 2020 e 2021, as receitas foram de cerca de R$ 33 milhões ao ano e passaram para R$ 37 milhões em 2022. Embora as receitas tenham registrado queda nos últimos três anos em comparação com o período anterior, a ARSAE ainda registrou superávits significativos, indicando fola orçamentária relevante.

Figura 67. Saldo Orçamentário (ARSAE – MG)

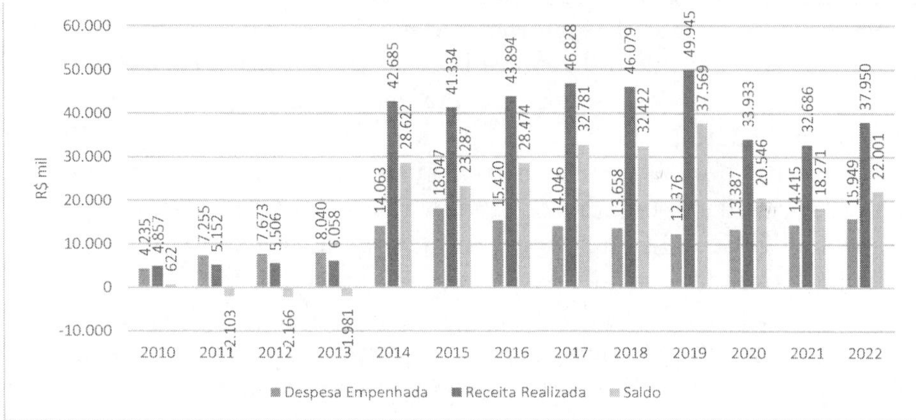

Fonte: elaboração própria.

Índice de Execução Orçamentária e comparação estadual. A ARSAE, agência reguladora do setor de saneamento básico criada por lei em 2009, apresenta um percentual de execução orçamentária historicamente inferior ao de Minas Gerais. A execução orçamentária da ARSAE foi superior à do Estado em apenas em 3 anos (2013, 2018 e 2022) da série histórica. Ou seja, em geral, a agência reguladora sofreu mais restrições financeiras do que a média do Estado. O ano mais notável é 2014, em que a ARSAE executou apenas 38% da despesa autorizada.

Figura 68. Execução Orçamentária (MG x ARSAE)

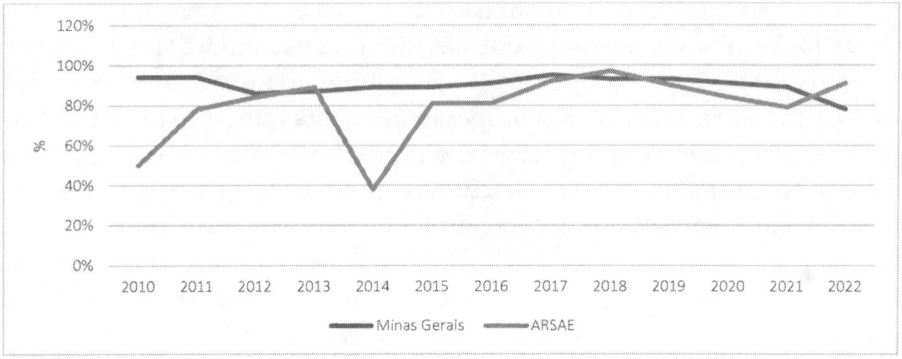

Fonte: elaboração própria.

Representatividade nas despesas estaduais. Por outro lado, o crescimento da despesa empenhada pela ARSAE foi muito maior do que o do Estado desde o início da série história. Entre 2010, ano base da série histórica, e 2022, a despesa empenhada pela ARSAE cresceu quase 7 vezes, enquanto a despesa do Estado, por sua vez, cresceu cerca de 2.5 vezes no mesmo período. Fica evidente, portanto, que a ARSAE ganhou espaço dentre as prioridades orçamentárias de Minas Gerais. Entretanto, esse processo não foi linear. Entre 2013 e 2015, a despesa da ARSAE praticamente triplicou. Em contrapartida, os quatro anos seguintes, marcados por uma forte crise fiscal em Minas Gerais, demonstram uma progressiva redução da despesa empenhada pela agência. A partir desse ano, há novamente um movimento de crescimento da despesa empenhada pela ARSAE até 2022. De todo modo, mesmo com o crescimento da despesa empenhada pela ARSAE entre 2019 e 2022, os gastos com a agência permaneceram representando um percentual menor do 0,03% do gasto público estadual.

Figura 69. Percentual da despesa estadual relativa à ARSAE (2010-2022)

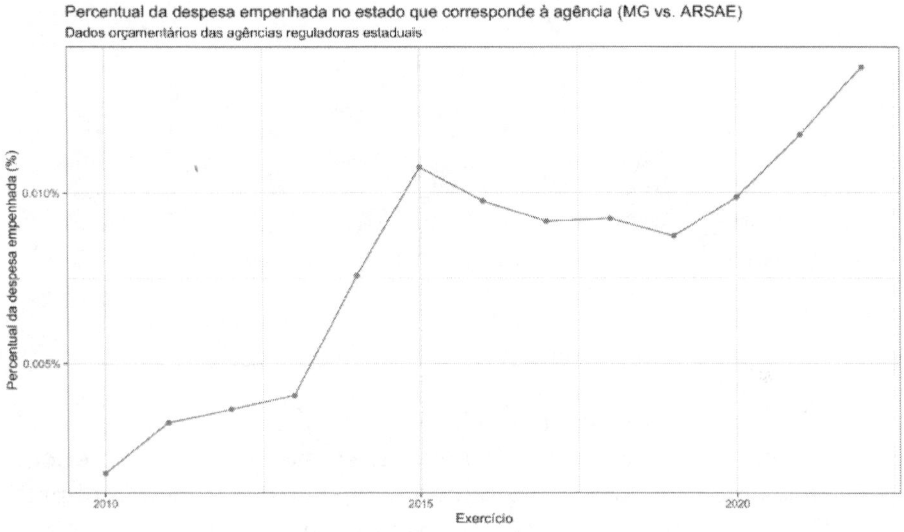

Fonte: elaboração própria.

4.3.2. ARSP (ES)

Breve contextualização da agência. A ARSP, agência reguladora multissetorial foi criada por lei em 2016 e é originada da fusão entre a Agência Reguladora de Saneamento Básico e Infraestrutura Viária do Espírito Santo (ARSI) com a Agência de Serviços Públicos de Energia do Estado do Espírito Santo (ASPE). Os dados obtidos permitem a análise do histórico orçamentário da agência desde o ano de sua criação.

Período dos dados. Os dados da ARSP compreendem todo o ciclo de vida da agência, desde 2016 até 2022.

Execução orçamentária. A ARSP gastou em 2022 cerca de R$ 5 milhões, o menor valor dos últimos seis anos e abaixo apenas do ano de 2016, quando de sua criação. Nota-se uma queda expressiva nas despesas da agência entre 2020, quando superou R$ 10 milhões, e 2022. Em termos de execução orçamentária, nota-se uma melhora entre 2016 e 2020, passando de cerca de 20% para 80%, mas uma redução nos últimos dois anos. Em 2022, por exemplo, apenas 40% do orçamento destinado à ARSP foi executado, relevando problemas em termos de execução orçamentária.

Figura 70. Execução Orçamentária (ARSP – ES)

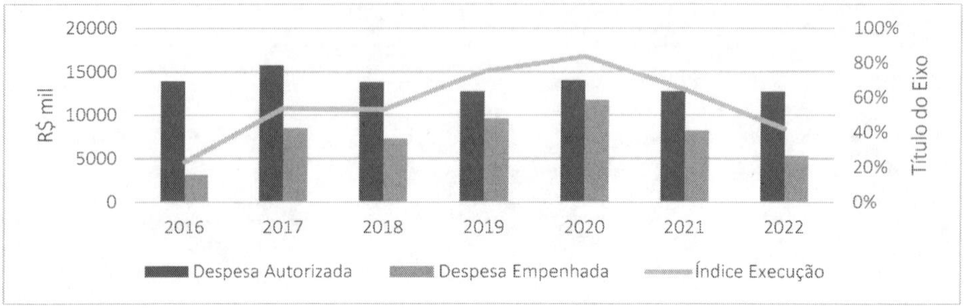

Fonte: elaboração própria.

Receitas e Saldo Orçamentário. A ARSP é uma agência superavitária, ou seja, suas receitas superaram as despesas em todos os períodos analisados, desde sua criação. O saldo orçamentário é variável, foi praticamente nulo entre 2018 e 2021, mas significativamente positivo em 2022. Em conjunto com o comportamento das despesas, nota-se que a queda das despesas entre 2020 e 2022 da ARSP não se deu por restrições de orçamento, dado que suas receitas subiram no período.

Figura 71. Saldo Orçamentário (ARSP – ES)

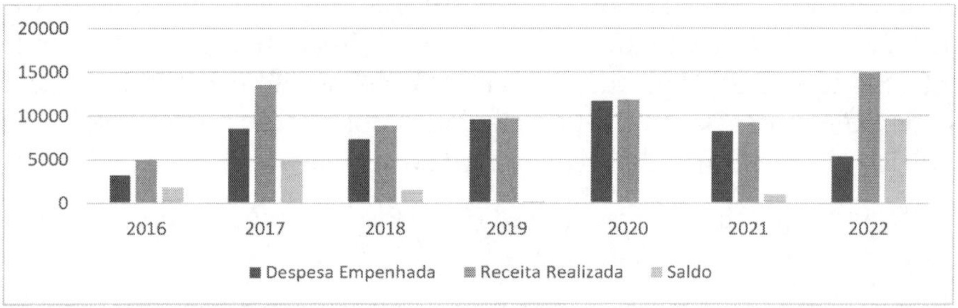

Fonte: elaboração própria.

Índice de Execução Orçamentária e comparação estadual. A ARSP, com exceção do ano de 2020, tem executado suas despesas em nível inferior ao que se observa no estado do Espírito Santo no agregado. Nota-se melhora no nível de execução entre 2016 e 2020, mas uma piora a partir de então, dado que em 2022 apenas 40% das despesas autorizadas no orçamento foram executadas.

Figura 72. Execução Orçamentária (ES x ARSP)

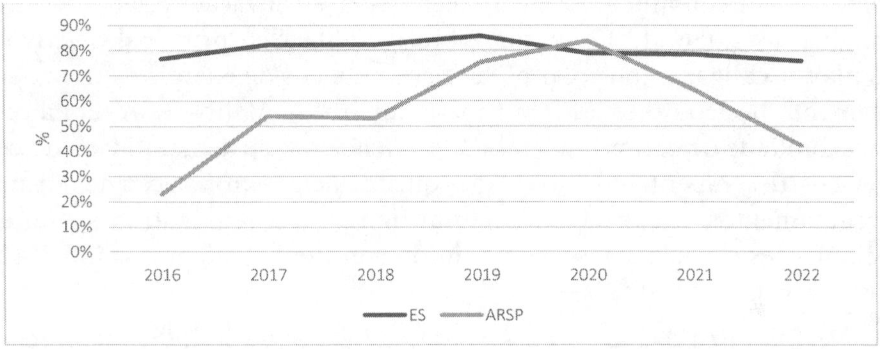

Fonte: elaboração própria.

Representatividade nas despesas. A representatividade das despesas da ARSP no orçamento estadual aumentou entre 2016 e 2020, praticamente triplicando, e caíram desde então. Esse comportamento releva um aumento na prioridade do estado com a ARSP entre 2016 e 2020 e um comportamento contrário desde então, dada a queda das despesas mesmo com aumento da arrecadação da agência.

Figura 73. Percentual da despesa estadual relativa à ARSP (2016-2022)

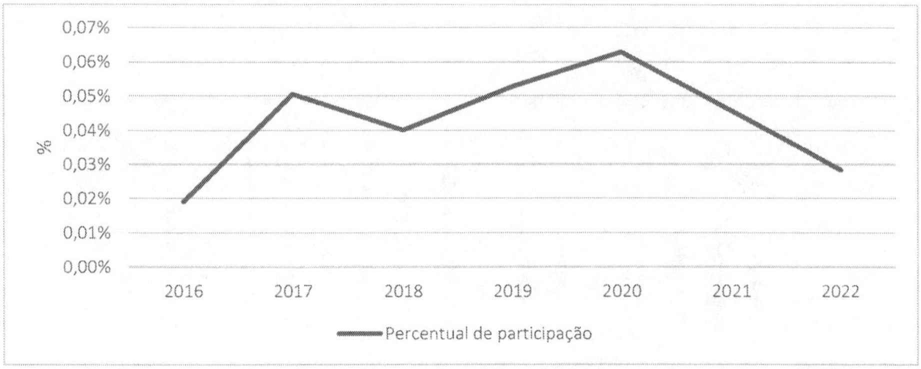

Fonte: elaboração própria.

4.3.3. AGENERSA (RJ)

Breve contextualização da agência. A Agência Reguladora de Energia e Saneamento Básico do Estado do Rio de Janeiro (AGENERSA) é uma autarquia de regime especial vinculada à Secretaria de Estado de Desenvolvimento Econômico, Ciência, Tecnologia e Inovação, criada pela Lei Estadual nº 4.486, de 17 de dezembro de 2004. Seu principal objetivo é regular, fiscalizar e controlar os serviços públicos de energia elétrica e saneamento básico no estado do Rio de Janeiro. A AGENERSA tem a responsabilidade de garantir a qualidade, eficiência e sustentabilidade desses serviços, desempenhando atividades que incluem a proposição de normas e regulamentos, fiscalização do cumprimento das regras, tratamento de reclamações dos usuários, mediação de conflitos e defesa dos interesses dos usuários

Período dos dados. O período de dados da AGENERSA compreende os anos de 2005 a 2022, porém cobre todo o período de existência da agência.

Execução orçamentária. A AGENERSA dispendeu cerca de R$ 25 milhões em 2022, maior valor da série história desde a sua criação. Nota-se que as despesas da agência oscilaram entre R$ 10 e R$ 20 milhões ao ano ao longo do tempo, tendo apresentado uma queda em termos reais entre 2013 e 2021, porém houve recuperação em 2022. Em termos de execução orçamentária, o comportamento é irregular, pois a agência executou apenas metade do seu orçamento entre 2016 e 2021, porém o patamar de execução aumentou em 2022, quanto atingiu cerca de 90%, maior valor da série. Portanto, nota-se melhora em termos de execução orçamentária no tempo.

Figura 74. Execução Orçamentária (ANEGERSA-RJ)

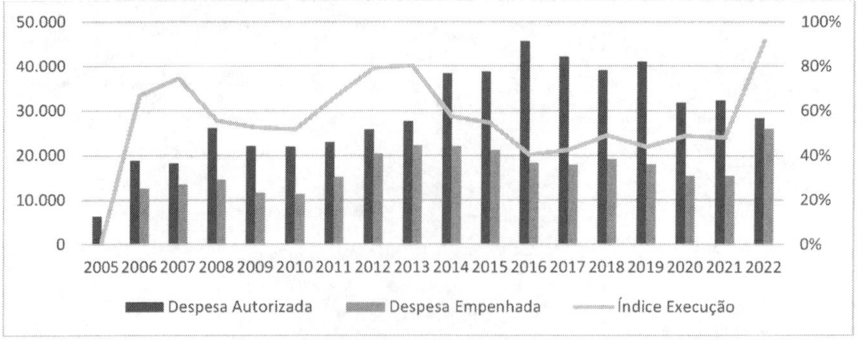

Fonte: elaboração própria.

Receitas e saldo orçamentário. A AGENERSA, assim como a outra agência do Estado do Rio de Janeiro (AGETRANSP), possui saldo orçamentário positivo. Em todos os anos da série houve arrecadação de receitas além das despesas emprenhadas. Nota-se uma entrada irregular de receitas na agência e variável, porém sempre em patamar superior às despesas, o que é um fator positivo em termos de autonomia financeira. Em 2021 e 2022 registraram-se os maiores valores de arrecadação da AGENERSA na série história, mais de R$ 50 milhões ao ano.

Figura 75. Saldo Orçamentário (AGENERSA-RJ)

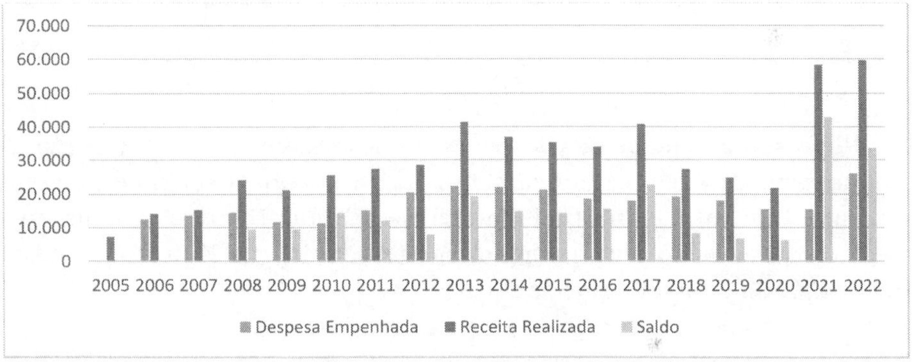

Fonte: elaboração própria.

Índice de Execução Orçamentária e comparação estadual. A AGENERSA tem sistematicamente executado despesas em nível inferior ao estado do Rio de Janeiro. Nota-se que nos últimos anos cerca de 50% das despesas autorizadas foram empenhadas, relevando um baixo índice de execução orçamentária, com exceção do ano de 2022, quanto a execução orçamentária ultrapassou 90%, sendo maior inclusive que a média estadual.

Figura 76. Execução Orçamentária (RJ x AGENERSA)

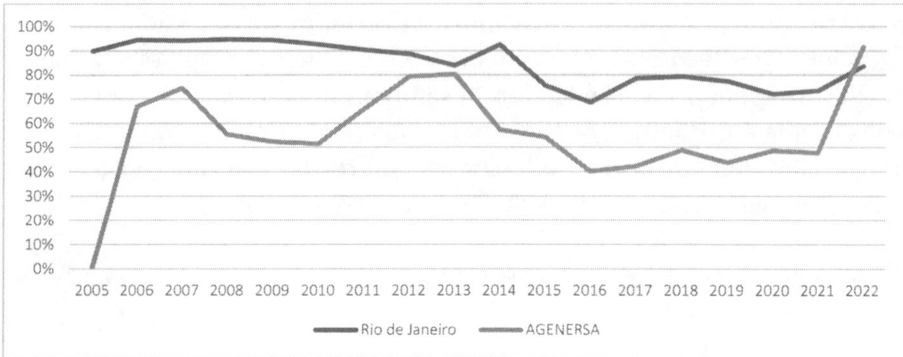

Fonte: elaboração própria.

Representatividade nas despesas. As despesas da AGENERSA representam cerca de 0,025% do orçamento do Estado do Rio de Janeiro e esse percentual foi variável no período analisado. Nota-se que houve um aumento do peso da agência no orçamento estadual entre 2010 e 2022, neste ano atingindo o maior valor da série.

Figura 77. Percentual da despesa estadual relativa à AGENERSA (2005-2022)

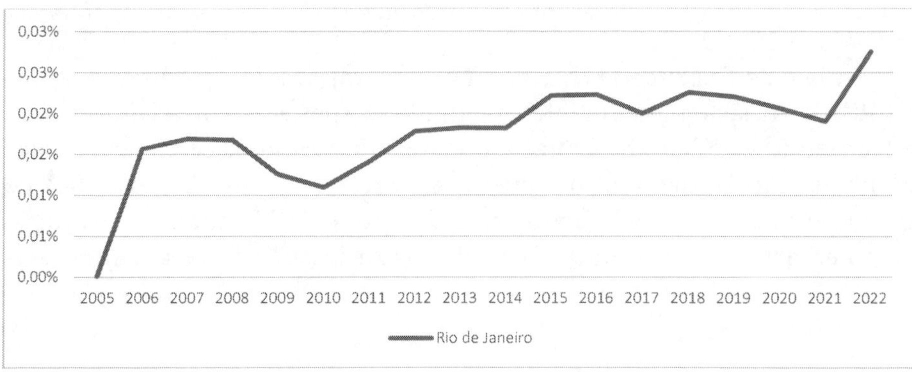

Fonte: elaboração própria.

4.3.4. AGETRANSP (RJ)

Breve contextualização da agência. A Agência Reguladora de Transportes do Estado do Rio de Janeiro (AGETRANSP) é uma autarquia especial da administração indireta, criada pela Lei Estadual nº 2.468, de 28 de dezembro de 1998. Seu principal objetivo é exercer o poder regulatório, acompanhando, controlando e fiscalizando as concessões e permissões de serviços públicos de transporte aquaviário, ferroviário, metroviário e rodoviário no Estado do Rio de Janeiro. A AGETRANSP tem a responsabilidade de assegurar a qualidade, eficiência e sustentabilidade desses serviços, realizando atividades como a proposição de normas e regulamentos, fiscalização do cumprimento das regras, tratamento de reclamações dos usuários, mediação de conflitos e defesa dos interesses dos usuários.

Período de dados. Os dados da AGETRANSP compreendem o período de 2005 a 2022.

Execução Orçamentária. A AGETRANSP tem gastado, em média, entre R$ 15 e R$ 20 milhões ao ano nos últimos anos. Houve uma queda nas despesas da agência do período de 2011-2015 em comparação com 2016-2022, tanto autorizadas quanto empenhadas. Nos últimos anos, não houve grandes variações, relevando certa estagnação na execução orçamentária da agência.

Figura 78. Execução Orçamentária (AGETRANSP-RJ)

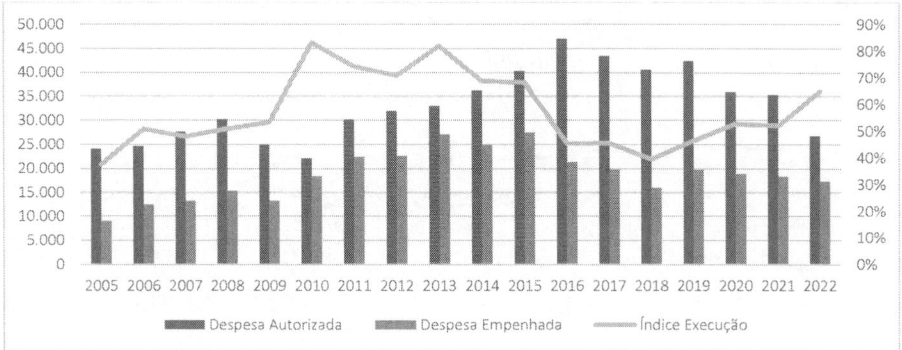

Fonte: elaboração própria.

Receitas e Saldo Orçamentário. Em termos de saldo orçamentário, a AGETRANSP é uma agência superavitária, uma vez que as receitas têm superados as despesas desde 2015. Nota-se uma entrada irregular de receitas na agência e variável, porém sempre em patamar superior às despesas, o que é um fator positivo em termos de autonomia financeira.

Figura 79. Saldo Orçamentário (AGETRANSP-RJ)

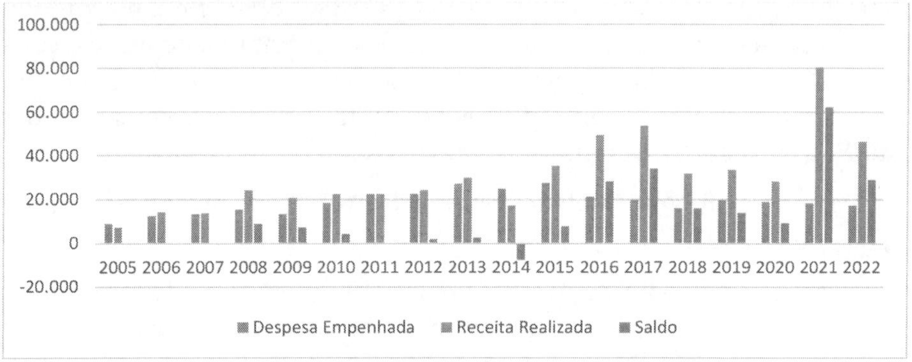

Fonte: elaboração própria.

Índice de Execução Orçamentária e comparação estadual. A AGETRANSP tem sistematicamente executado despesas em nível inferior ao estado do Rio de Janeiro. Nota-se que nos últimos anos cerca de 50% das despesas autorizadas foram empenhadas, relevando um baixo índice de execução orçamentária.

Figura 80. Execução Orçamentária (RJ x AGETRANSP)

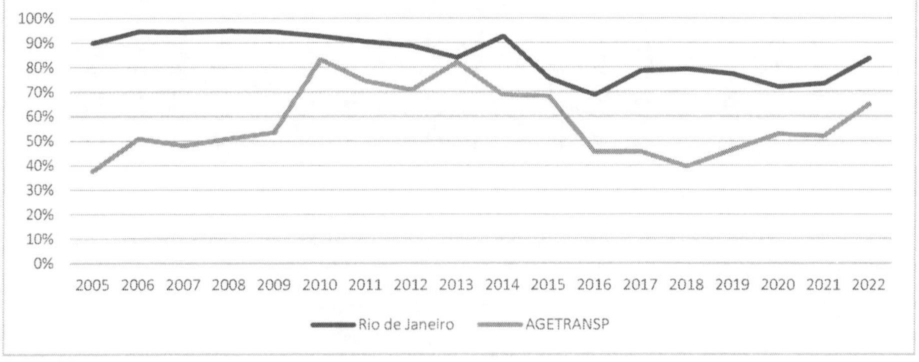

Fonte: elaboração própria.

Representatividade das despesas. As despesas da AGRETRANSP representam cerca de 0,025% do orçamento do Estado do Rio de Janeiro e esse percentual foi variável no período analisado. Nota-se que houve um aumento do peso da agência no orçamento estadual entre 2005 e 2015 e posteriormente uma queda, porém o comportamento é irregular.

Figura 81. Percentual da despesa estadual relativa à AGETRANSPO (2005-2022)

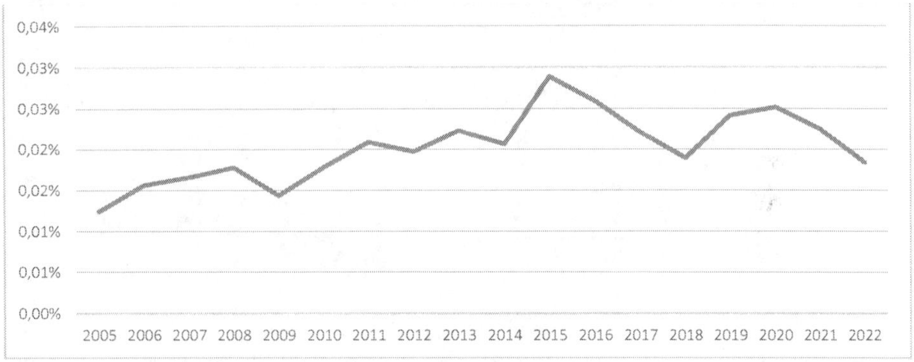

Fonte: elaboração própria.

4.3.5. ARSESP (SP)

Breve contextualização da agência. A Agência Reguladora de Serviços Públicos do Estado de São Paulo (ARSESP) é uma autarquia com autonomia decisória, administrativa, orçamentária e financeira, criada pela Lei Complementar Estadual nº 1.025 e regulamentada pelo Decreto Estadual nº 52.455, ambos de 7 de dezembro de 2007. Sua competência inclui a regulação, controle e fiscalização de serviços de distribuição de gás canalizado, saneamento básico estadual, serviços de energia elétrica em convênio com a Agência Nacional de Energia Elétrica (Aneel), e outros serviços públicos delegados pelo Estado.

Período de dados. Os dados de receitas e despesas da ARSESP correspondem ao período de 2007 a 2022.

Execução orçamentária. As despesas da ARSESP oscilaram entre R$ 50 e R$ 100 milhões no período analisado. Houve um crescimento real significativo entre 2008 e 2017, passando de cerca de R$ 30 milhões para R$ 100 milhões no período analisado. Após uma queda em 2018 e 2019, em que registrou despesas de cerca de R$ 70 milhões, em 2020 as despesas da agência voltaram ao patamar de R$ 100 milhões. Em 2021 e 2022 voltaram a cair, ficando em torno de R$ 75 milhões. O índice de execução orçamentária da agência foi variável no período, mas baixo, oscilando em torno de 50% e 60% recentemente.

Figura 82. Execução Orçamentária (ARSESP)

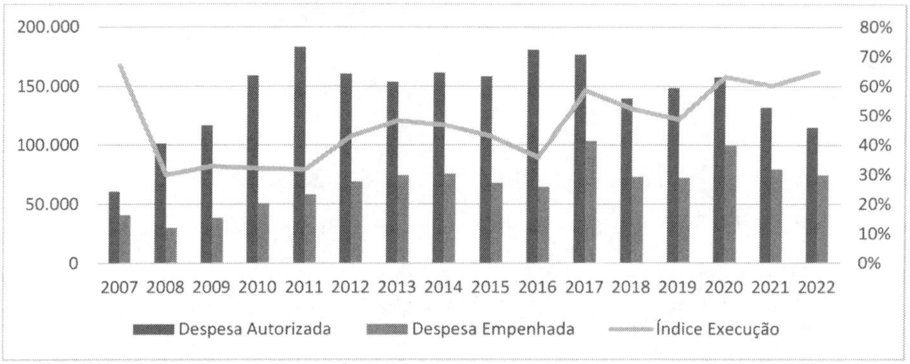

Fonte: elaboração própria.

Saldo Orçamentário. A ARSESP tem apresentado, nos últimos anos, superávits orçamentários sucessivos, demonstrando autonomia financeira. Entre 2017 e 2022, as receitas da agência superaram as despesas de maneira significativa, dado que em 2022 as receitas superaram as despesas em cerca de R$ 80 milhões.

Figura 83. Saldo Orçamentário (ARSESP)

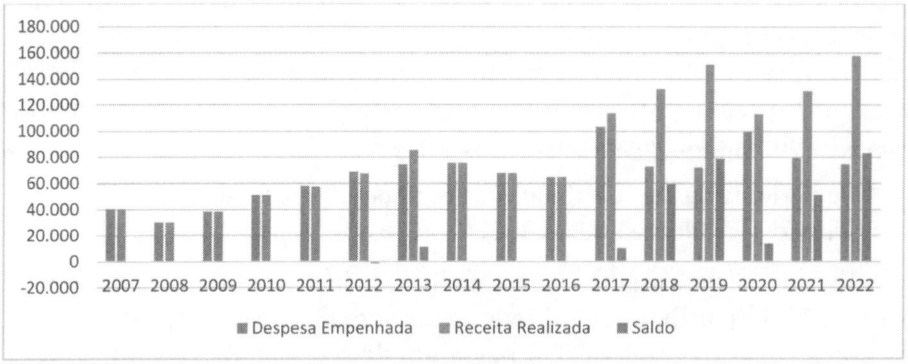

Fonte: elaboração própria.

Índice de Execução Orçamentária e comparação estadual. Nota-se que o nível de execução orçamentária da ARSESP tem sido sistematicamente inferior à execução orçamentária do Estado de São Paulo. Enquanto o Estado tem executado mais de 90% de suas despesas nas últimas duas décadas, a agência tem oscilado em níveis em torno de 60%, com comportamento irregular no período, porém sem grandes variações, mas com avanço executório no período recente.

Figura 84. Execução Orçamentária (SP x ARSESP)

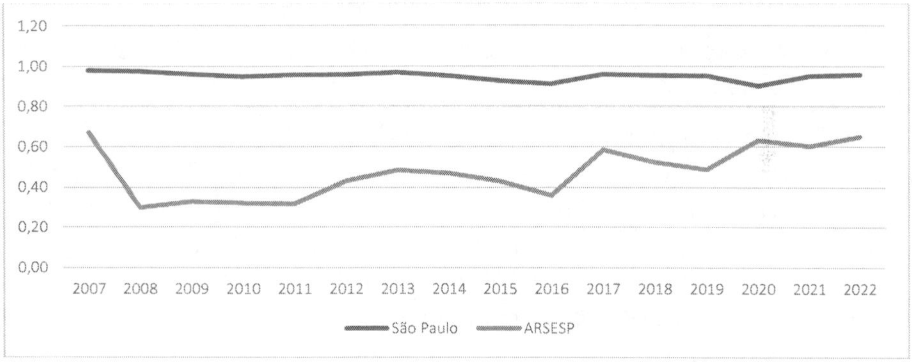

Fonte: elaboração própria.

Representatividade das despesas no estado. As despesas da ARSESP representaram cerca de 0,02% das despesas do Estado de São Paulo nos últimos anos. A relevância foi praticamente constante no tempo, mostrando que as despesas da agência têm caminhado em linha com o comportamento das despesas do estado como um todo.

Figura 85. Percentual da despesa estadual relativa à ARSESP (2007-2022)

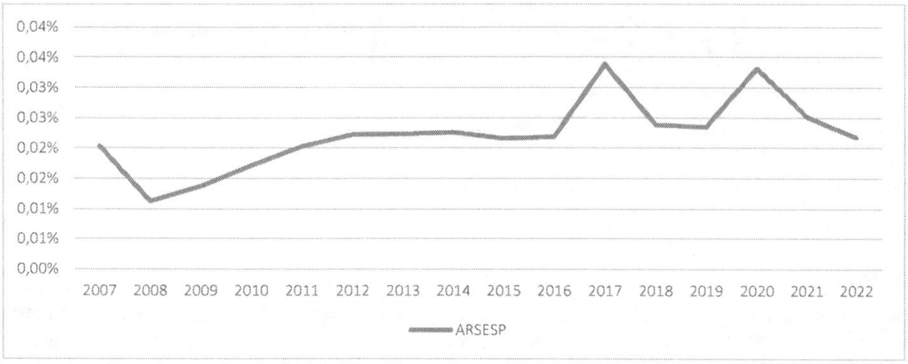

Fonte: elaboração própria.

4.3.6. ARTESP (SP)

Breve contextualização da agência. A ARTESP é a Agência Reguladora de Transportes do Estado de São Paulo, criada em 2000 pela Lei Complementar nº 858. A ARTESP tem como missão regular, fiscalizar e controlar o transporte rodoviário de passageiros e cargas, por meio de rodovias estaduais paulistas, visando à melhoria da qualidade dos serviços prestados aos usuários, à segurança viária e à preservação do meio ambiente[44].A ARTESP tem sede na cidade de São Paulo e uma regional em Campinas.

Período dos dados. Foi possível obter informações de despesas da ARTESP desde 2002.

Execução orçamentária. A ARTESP é uma agência que tem custado para o estado de São Paulo cerca de R$ 200 milhões ao ano no último quadriênio, em média. As despesas da agência foram maiores entre 2012 e 2018 do que nos últimos quatro anos, relevando uma queda no orçamento disponível. Em termos de execução orçamentária, a agência em empenhado em torno de 70% e 80% do orçamento em média nos últimos anos, com comportamento irregular.

Figura 86. Execução Orçamentária (ARTESP)

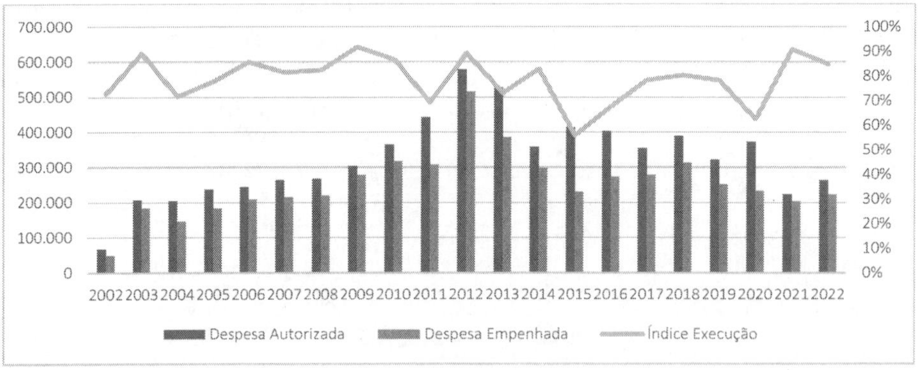

Fonte: elaboração própria.

44. A agência é responsável pela concessão, renovação, fiscalização e controle de contratos de prestação de serviços de transporte rodoviário de passageiros e cargas, por meio de rodovias estaduais paulistas. Também é responsável pela fiscalização do cumprimento das normas de segurança viária e de proteção ao meio ambiente.

Receitas e saldo orçamentário. A ARTESP tem apresentado um saldo orçamentário equilibrado nos últimos anos, tendo as receitas sido suficientes para pagamento das despesas. Os últimos três anos oscilaram entre pequenos déficits e pequenos superávits, porém marginais, relevando um equilíbrio orçamentário.

Figura 87. Saldo Orçamentário (ARTESP)

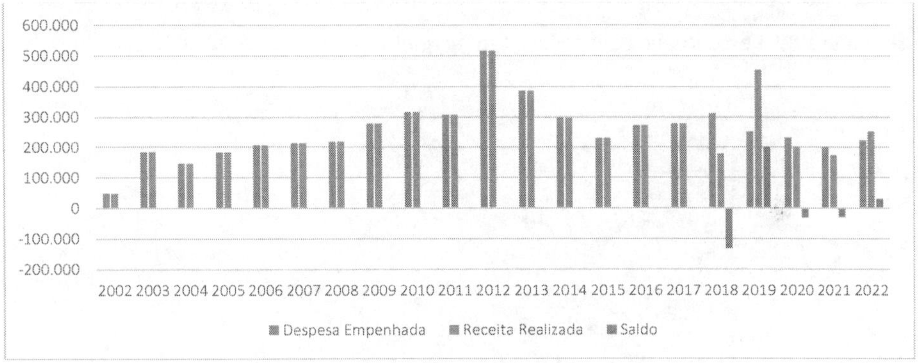

Fonte: elaboração própria.

Índice de Execução Orçamentária e comparação estadual. Nota-se que o nível de execução orçamentária da ARTESP tem sido sistematicamente inferior à execução orçamentária do Estado de São Paulo. Enquanto o Estado tem executado mais de 90% de suas despesas nas últimas duas décadas, a agência tem oscilado em níveis em torno de 80%, com comportamento irregular no período, porém sem grandes variações.

Figura 88. Execução Orçamentária (SP x ARTESP)

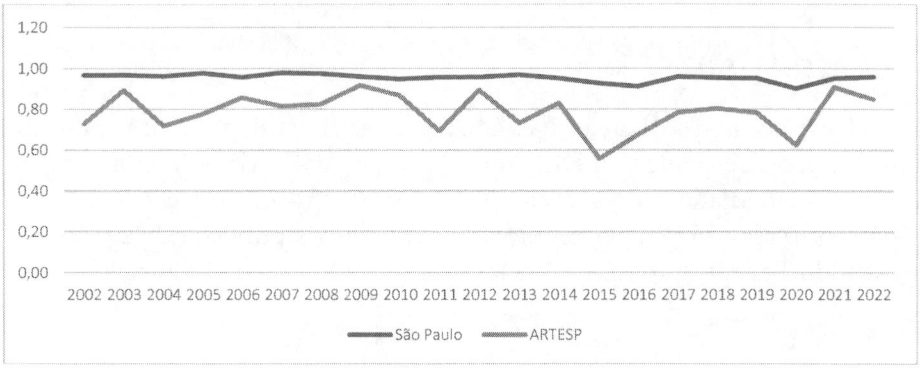

Fonte: elaboração própria.

Representatividade nas despesas estaduais. As despesas da ARTESP representaram cerca de 0,05% das despesas do Estado de São Paulo nos últimos anos. A relevância diminuiu no tempo, uma vez que entre 2003 e 2018 o peso da ARTESP no orçamento estadual foi de cerca de 0,10% ao ano em média, portanto, o dobro do que tem sido observado recentemente. Isso se deve a uma estagnação no crescimento das despesas da agência em comparação com o orçamento do estado, que aumentou no período.

Figura 89. Percentual da despesa estadual relativa à ARTESP (2002-2022)

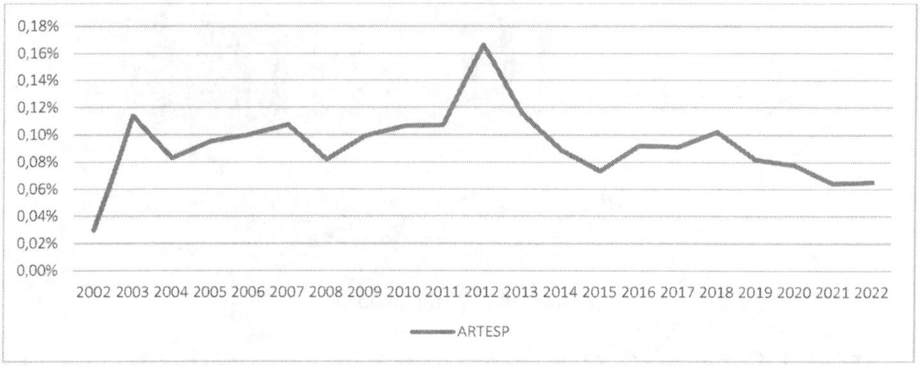

Fonte: elaboração própria.

4.4. Sul

Esta seção apresenta informações detalhadas sobre as agências reguladoras estaduais da região Sul do Brasil, que abrange os estados do Rio Grande do Sul, Santa Catarina e Paraná.

4.4.1. AGEPAR (PR)

Breve contextualização da agência. A Agência Reguladora de Serviços Públicos Delegados do Estado do Paraná (AGEPAR) é uma autarquia estadual, vinculada à Secretaria de Estado da Administração e da Previdência, responsável pela regulação dos serviços públicos delegados no estado do Paraná[45]. A AGEPAR foi estabelecida pela Lei Complementar

45. https://www.agepar.pr.gov.br/Pagina/Sobre-Agencia.

nº 94 em 23 de julho de 2002, contudo somente começou suas atividades em 21 de novembro de 2012. Sua principal responsabilidade é regular e fiscalizar os contratos das rodovias do Anel de Integração do Paraná, que foram concedidas ao setor privado. Também atua na regulação do transporte rodoviário intermunicipal, travessias marítimas, fluviais e lacustres, incluindo o sistema de *ferry boat* na baía de Guaratuba. A lei ainda prevê sua atuação na regulação de ferrovias, terminais de diversos modais de transporte, exploração de vias e inspeção veicular, entre outros serviços delegados pelo Estado[46].

Período de dados. Os dados da AGEPAR compreendem o período de 2012 a 2022, conforme informações disponibilizadas pela agência.

Execução Orçamentária. As despesas emprenhadas pela AGEPAR foram de cerca de R$ 10 milhões ao ano entre 2016 e 2021 e passaram para aproximadamente R$ 20 milhões em 2022, quando registraram o maior valor da série. Nota-se que a execução orçamentária da agência é baixa, em patamar inferior a 50% em todos os anos analisados, com exceção de 2016. Assim, mais da metade das despesas autorizadas para a agência não são

46. Em 2015, a Agepar passou por uma reestruturação significativa com a Lei Complementar nº 190, que criou o plano de cargos e carreiras, reforçando sua parte administrativa. Em 2016, a Lei Complementar nº 191 ampliou o marco legal da agência, orientando a formação do Conselho Consultivo e reforçando seus poderes de fiscalização e sanção. Ainda em 2016, a Lei Complementar nº 202 estendeu as responsabilidades da Agepar para incluir regulação e fiscalização dos serviços de água e saneamento, especialmente aqueles fornecidos pela Sanepar. Em 2017, um novo regulamento para a Agepar foi estabelecido pelo decreto nº 7765, e o Conselho Diretor adotou o Marco de Gestão Estratégica de Pessoas. Pouco depois, a Lei Complementar nº 205 concedeu à Agepar a autoridade para regular e supervisionar os serviços de distribuição de gás, especificamente os da Compagás.

    Em maio de 2020, a Lei Complementar nº 222 promoveu uma reestruturação da Agepar, estabelecendo cinco Diretorias: Presidência, Administrativa Financeira, Regulação Econômica e Normas e Regulamentação. Introduziu ferramentas de participação pública e estabeleceu protocolos decisórios, incluindo a necessidade de Análise de Impacto Regulatório em situações determinadas. A Agepar teve suas competências regulatórias ampliadas, abrangendo setores como rodovias, saneamento, gás, segurança veicular, transportes, centros prisionais e parques estaduais.

    Para dar suporte à nova lei, o Decreto nº 6.265 de novembro de 2020 regulamentou a estrutura da Agepar, criando diversas Coordenadorias, como Orçamentária e Financeira, Administrativa, Recursos Humanos, Energia e Saneamento, entre outras. Além disso, estabeleceu a Análise de Impacto Regulatório e instrumentos de planejamento, como o Plano Anual de Gestão, Contratações, Fiscalização e Medição da Qualidade de Serviços, Agenda Regulatória e Plano Anual de Capacitação.

executadas, de maneira sistemática, relevando uma tendência que merece maiores aprofundamentos.

Figura 90. Execução Orçamentária (AGEPAR - PR)

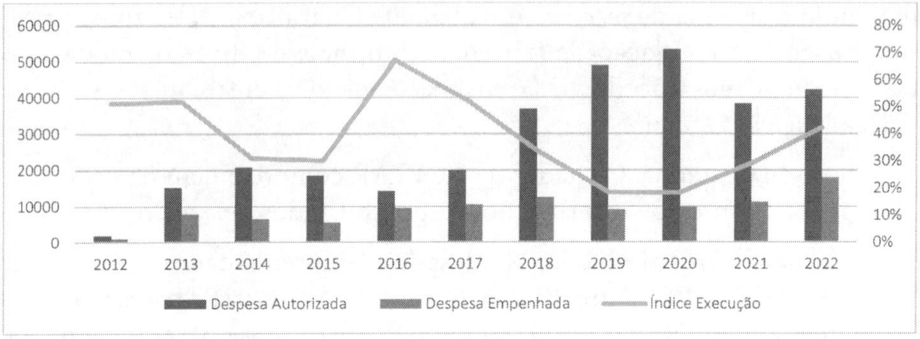

Fonte: elaboração própria.

Saldo Orçamentário. A AGEPAR tem apresentado saldo orçamentário positivo e significativo em quase todos os anos analisados. Nota-se que entre 2019 e 2022, por exemplo, a arrecadação da agência foi muitas vezes maior que as despesas, demostrando uma folga orçamentária relevante e relevando não haver problemas de autonomia financeira para a agência.

Figura 91. Saldo Orçamentário (AGEPAR - PR)

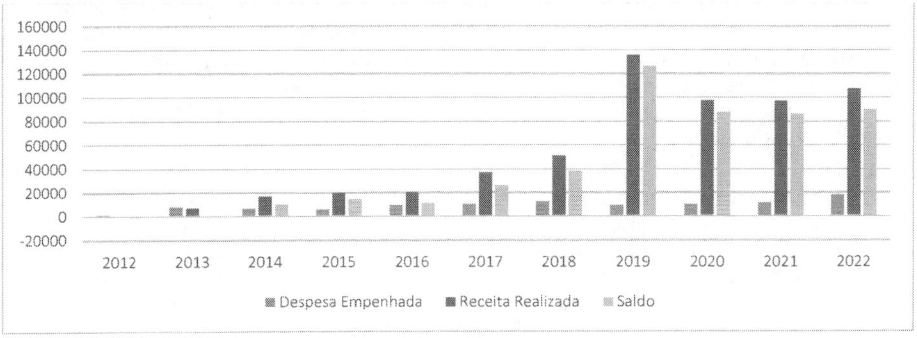

Fonte: elaboração própria.

Índice de Execução Orçamentária e comparação estadual. Nota-se que o índice de execução orçamentária da AGEPAR tem sido sistematicamente inferior ao nível de execução do orçamento estadual em todos os períodos de análise. O nível de execução da agência é baixo, e foi em média cerca de 40% no período, bem abaixo dos mais de 80% de execução estadual observada para o Paraná no período.

Figura 92. Execução Orçamentária (PR x AGEPAR)

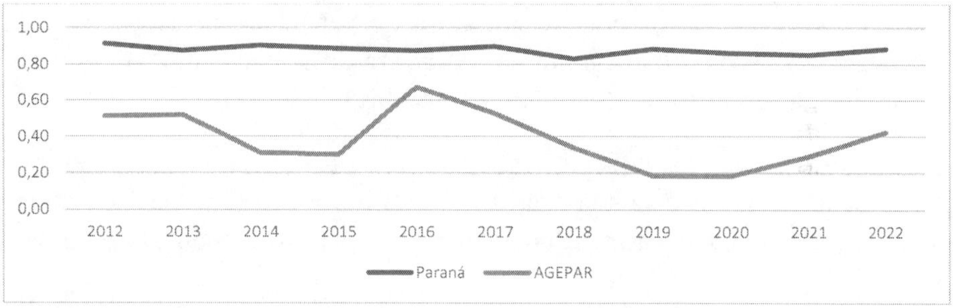

Fonte: elaboração própria.

Representatividade nas despesas estaduais. As despesas da AGEPAR representaram cerca de 0,02% das despesas do Estado do Paraná entre 2016 e 2019, e ganharam relevância nos anos seguintes. Em 2022, as despesas da AGEPAR consumiram cerca de 0,35% do orçamento estadual, o maior patamar da série.

Figura 93. Percentual da despesa estadual relativa à AGEPAR (2012-2022)

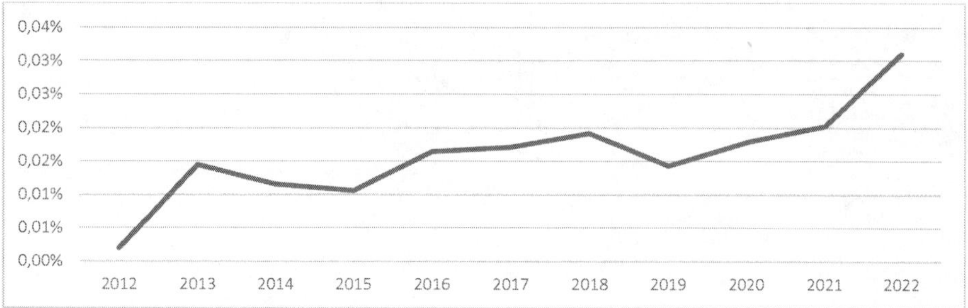

Fonte: elaboração própria.

4.4.2. ARESC (SC)

Breve contextualização da agência. A Agência de Regulação de Serviços Públicos de Santa Catarina (ARESC) é uma autarquia especial, vinculada à Secretaria de Estado da Administração, Planejamento e Governança, responsável pela regulação dos serviços públicos concedidos, bem como editar normas técnicas, econômicas e sociais para a sua regulação, atuando na regulação dos serviços de saneamento básico e de gás natural canalizado[47]. A ARESC foi criada pela Lei Ordinária nº 16.673/2015, a partir da fusão da Agência Reguladora de Serviços Públicos de Santa Catarina (AGESC) com a Agência Reguladora de Serviços de Saneamento Básico do Estado de Santa Catarina (AGESAN)[48].

Período de dados. Foi possível obter os dados sobre a despesa empenhada da agência desde a sua criação. Os dados sobre receita disponíveis em transparência ativa abrangiam apenas o período entre 2018 e 2022.

Execução orçamentária. Em termos de execução orçamentária, há um claro padrão considerando o total estadual, em que a execução fica na casa de 80% a 90%. No entanto, não se pode fazer a mesma observação em relação à ARESC, já que a execução orçamentária da agência variou significativamente entre os anos. Como exemplo, salta de apenas 37% em 2017, pior percentual, para 89% em 2018, segundo melhor percentual da série histórica. Para além da usual hipótese de sujeição da agência a contingenciamentos, pode-se especular que estava ocorrendo um processo de amadurecimento institucional, inclusive sob a dimensão financeira e orçamentária, o que justificaria a variação de um ano para o outro.

---

47. https://dados.sc.gov.br/fa_IR/organization/about/aresc.

48. https://dados.sc.gov.br/fa_IR/organization/about/aresc.

Figura 94. Execução Orçamentária (ARESC)

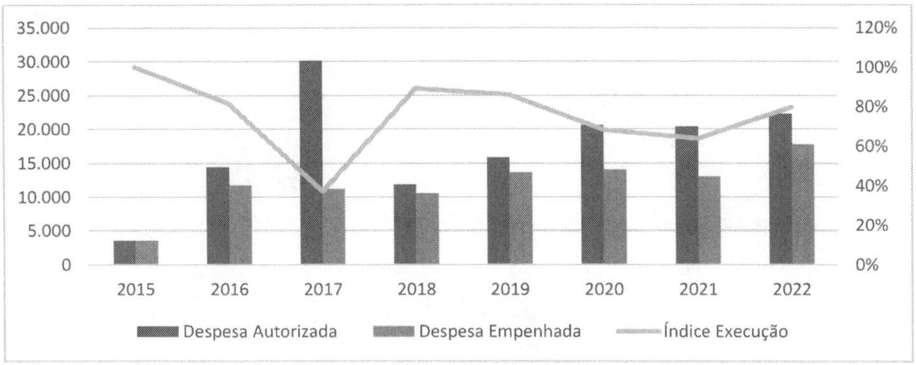

Fonte: elaboração própria.

Receitas e Saldo Orçamentário. Em termos de saldo orçamentário, houve uma melhora notável no período para a ARESC. Enquanto entre 2015 e 2017 a agência apresentou déficit orçamentário (despesas maiores que as receitas), o resultado reverteu em 2018 e foi crescendo até 2022, ou seja, a agência tem arrecadado recursos suficientes para arcar com suas despesas, tendo o saldo orçamentário superado os R$ 10 milhões nos últimos dois anos.

Figura 95. Saldo Orçamentário (ARESC-SC)

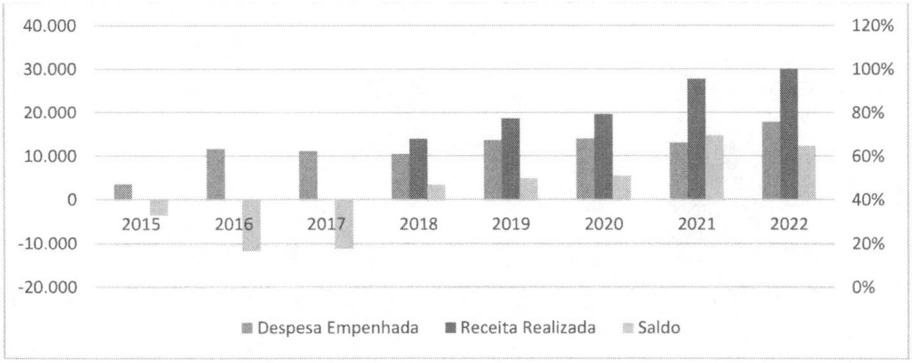

Fonte: elaboração própria.

Figura 96. Percentual da despesa estadual relativa à ARESC (2015-2022)

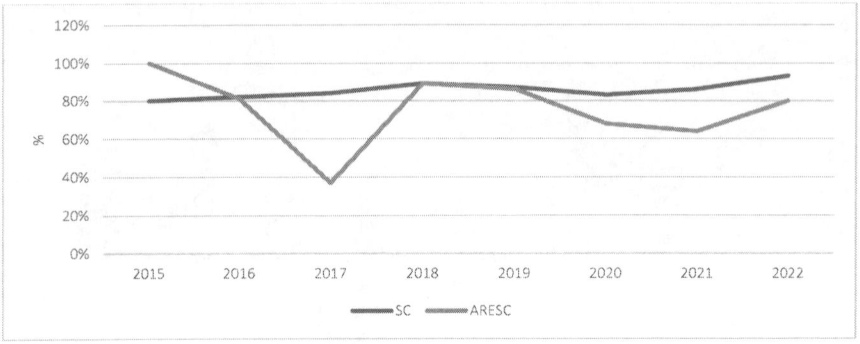

Fonte: elaboração própria.

Representatividade nas despesas estaduais. Houve um progressivo aumento do percentual da despesa empenhada com a ARESC em comparação com o total estadual. Em 2015, ano de criação da agência, a despesa foi inferior a 0.01%. Esse percentual foi aumentando em praticamente todos os anos, com exceção do biênio 2017-18, até superar o patamar de 0.05% em 2022.

Figura 97. Percentual da despesa estadual relativa à ARESC (2015-2022)

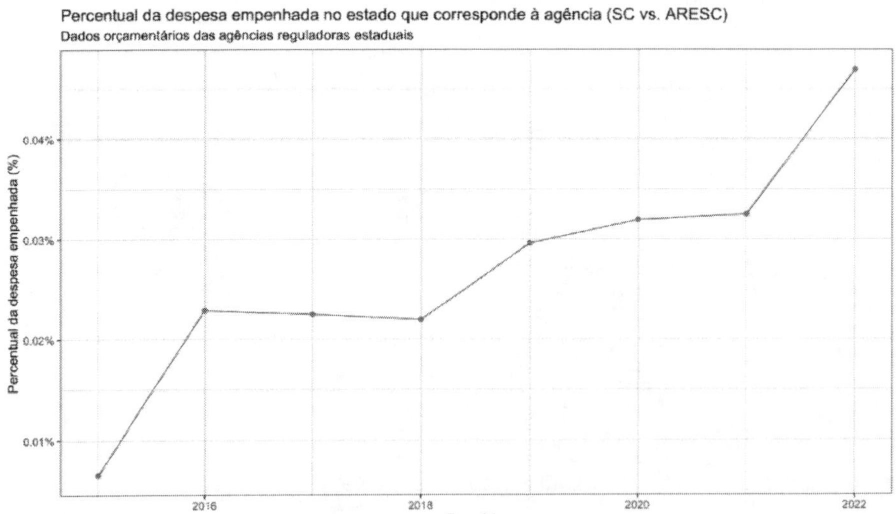

Fonte: elaboração própria.

4.4.3. AGERGS (RS)

Breve contextualização da agência. A Agência Estadual de Regulação dos Serviços Públicos Delegados do Rio Grande do Sul (AGERGS) é uma autarquia estadual, vinculada à Secretaria de Estado de Planejamento, Governança e Gestão, responsável pela regulação dos serviços públicos delegados no estado do Rio Grande do Sul. A AGERGS foi criada pela Lei Estadual nº 10.931, de 9 de janeiro de 1997, e tem sede em Porto Alegre, capital do estado[49]. Os principais objetivos da AGERGS incluem garantir serviços adequados aos cidadãos, assegurar o equilíbrio entre os interesses de todos os envolvidos na prestação de serviços e preservar a estabilidade econômico-financeira desses serviços.[50]

Período de dados. A AGERGS é uma agência reguladora multissetorial criada por lei em 1997. Embora seja uma das mais antigas do país, os dados disponíveis em transparência ativa só iam até 2013 e não foi possível obter os dados em transparência passiva. Por isso, a série histórica cobrirá apenas o período entre 2013 e 2022. Esse período foi caracterizado por uma grave crise fiscal no RS.

Execução orçamentária. A Figura 98 mostra a evolução das despesas autorizadas, empenhadas e da execução orçamentária da agência no período de análise.

Figura 98. Execução Orçamentária (AGERGS – RS)

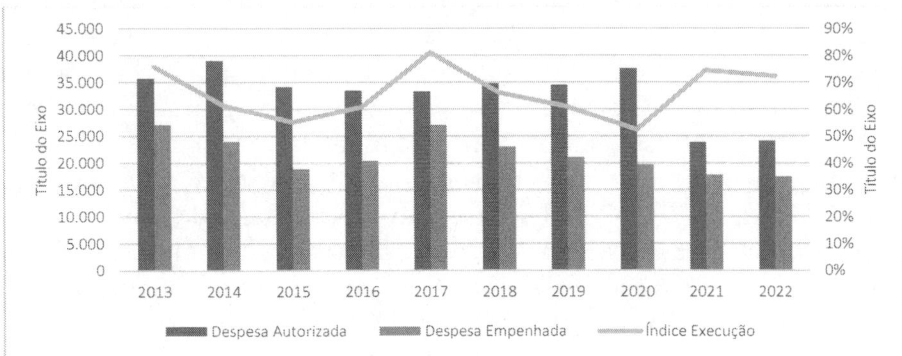

Fonte: elaboração própria.

49. https://www.al.rs.gov.br/FileRepository/repLegisComp/Lei%20n%C2%BA%2010.931.pdf.

50. Art 2º da Lei Estadual nº 10.931, de 9 de janeiro de 1997.

Receitas e saldo orçamentário. A Figura 99 mostra a evolução das despesas empenhadas em comparação com as receitas arrecadadas pela agência no período de análise. Nota-se saldo orçamentário positivo em todos os períodos analisados, em especial no ano de 2004, superando R$ 30 milhões, e também no ano de 2022, quando alcançou cerca de R$ 17,5 milhões. Portanto, nota-se capacidade financeira da agência para arcar com suas despesas.

Figura 99. Saldo Orçamentário (AGERGS - RS)

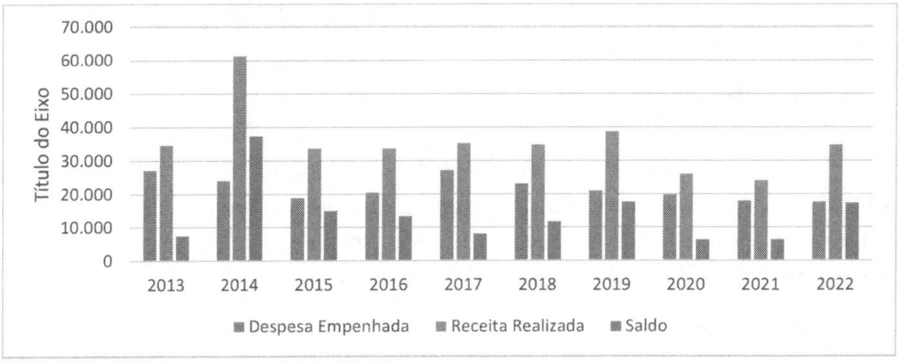

Fonte: elaboração própria.

Índice de Execução Orçamentária e comparação estadual. A Figura 100 mostra a evolução da execução orçamentária da agência em comparação com o estado em que se situa. É possível observar dois padrões muito distintos em termos de percentual de execução orçamentária. Enquanto o Rio Grande do Sul sistematicamente executa mais de 90% da despesa autorizada (com exceção de 2016), o maior percentual atingido pela AGERGS foi de 81%, em 2017. Em geral, a execução orçamentária da agência reguladora ficou na casa dos 65% a 75%, o que demonstra um nível elevado de contingenciamentos, que possivelmente afetam o seu funcionamento.

Figura 100. AGERGS x RS (Execução Orçamentária) – %

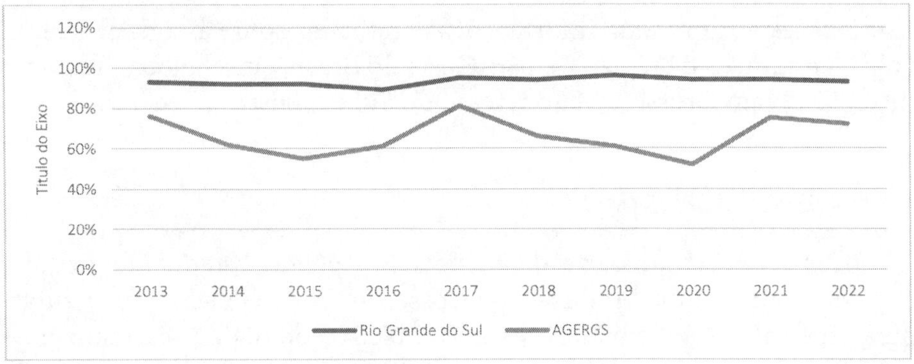

Fonte: elaboração própria.

Representatividade nas despesas estaduais. Além do patamar mais baixo de execução orçamentária, outro descompasso entre os dados financeiros do RS e da AGERGS está na evolução da despesa empenhada. O quadro de estagnação no valor da despesa empenhada pela agência reguladora entre 2013 e 2022 também pode ser observado em termos do percentual da despesa empenhada, que não ultrapassou o patamar de 0,03% em nenhum momento da última década (***Figura 101***).

Figura 101. Percentual da despesa estadual relativa à AGERGS (2013-2022)

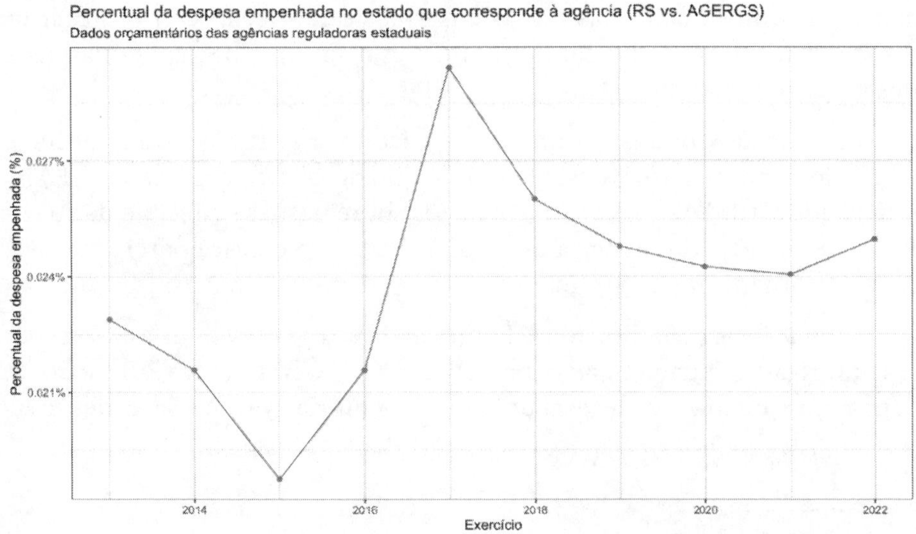

Fonte: elaboração própria.

4.5. Centro-Oeste

Esta seção apresenta informações detalhadas sobre as agências reguladoras estaduais da região Centro-Oeste do Brasil, que engloba os estados de Goiás, Mato Grosso e Mato Grosso do Sul e o Distrito Federal.

4.5.1. AGEPAN/AGEMS (MS)

Breve contextualização da agência. A Agência Estadual de Regulação de Serviços Públicos de Mato Grosso do Sul (AGEMS) é uma autarquia especial, criada em 2001[51], com o objetivo de regular e fiscalizar os serviços de interesse público de natureza econômica, de competência do Estado de Mato Grosso do Sul[52]. A AGEMS é vinculada à Secretaria de Estado de Governo e Gestão Estratégica e foi conhecida pela sigla AGEPAN até a publicação da Lei 5.800, de 16 de dezembro de 2022, quando foi adotada a nova sigla AGEMS. A AGEMS é uma agência multissetorial e atua nos seguintes serviços públicos: Energia Elétrica (competência federal, por delegação da ANEEL); Transporte Rodoviário Intermunicipal de Passageiros (competência estadual); Gás canalizado (competência estadual); Saneamento Básico (competência municipal – por delegação dos municípios); Rodovias concedidas (competência estadual); e Inspeção de Segurança Veicular (em convênio com o Detran/MS). Ela é responsável por: a) Estabelecer regras e normas para a prestação dos serviços; b) Fiscalizar o cumprimento das regras e normas estabelecidas; c) Proteger os direitos dos usuários dos serviços; d) Promover a melhoria da qualidade dos serviços prestados.

Período dos dados. Conforme explicado, a AGEMS é uma agência reguladora multissetorial criada em 2022, como sucessora da AGEPAN, criada em 2001. Foi possível obter dados sobre despesa e receita da AGEPAN desde 2012, de maneira que a série histórica cobrirá parcialmente a trajetória financeira da agência.

Execução orçamentária. A Figura 102 mostra a evolução das despesas autorizadas e empenhadas pela AGEPAN/AGEMS entre 2012 e 2022, bem como do índice de execução orçamentária (razão entre despesas

51. Lei nº 2.363 de 19/12/2001.

52. https://www.agems.ms.gov.br/institucional/sobre-a-agems/.

empenhadas e autorizadas). Os resultados mostram que as despesas gastas pela AGEPAN/AGEMS oscilaram em torno de R$ 8 milhões entre 2012 e 2013, aumentando para R$ 11 milhões ao ano entre 2014 e 2020, e aumentaram para R$ 14 milhões em 2021 e R$ 19 milhões em 2022, maior valor da série histórica. A execução orçamentária da AGEPAN/AGEMS é positiva, ficando em torno de 90% entre 2012 e 2021 e superando os 100% em 2022, indicando inclusive gastos maiores do que os previstos inicialmente nas leis orçamentárias. Portanto, nota-se um esforço do Estado do Mato Grosso do Sul para aumentar os recursos disponíveis para a agência.

Figura 102. Execução Orçamentária (AGEPAN/AGEMS – MS)

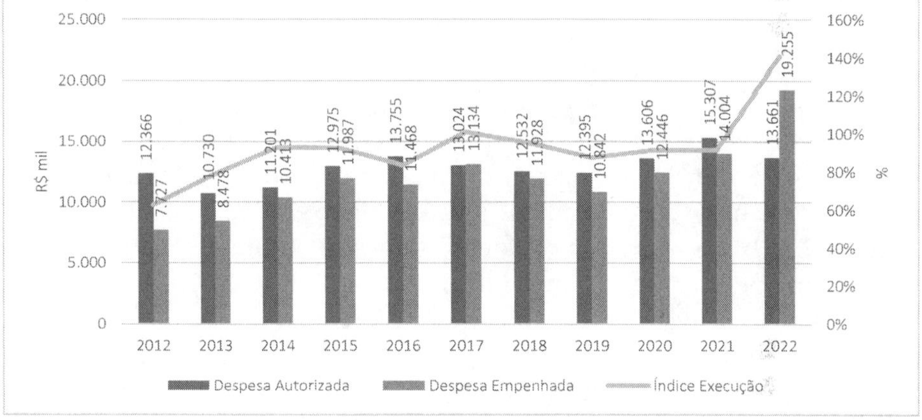

Fonte: elaboração própria.

Receitas e Saldo Orçamentário. A Figura 103, por sua vez, mostra a evolução das despesas e das receitas da AGEPAN/AGEMS no período de análise, bem como do saldo orçamentário (diferença entre as receitas e as despesas). Em relação ao saldo orçamentário, nota-se que a AGEPAN/AGEMS registrou déficit orçamentário significativo em 2012 e 2012, mas essa situação se reverteu a partir de 2014. Embora tenha registrado déficit em 2015 e 2016, a partir de 2017 a AGEPAN/AGEMS vem registrando superávits orçamentários, ou seja, as receitas superaram as despesas em todos os exercícios nos últimos seis anos. Entre 2020 e 2022, as receitas superaram as despesas em cerca de R$ 1,5 milhão ao ano, o que indica suficiência de recursos para arcar com as despesas, mesmo com aumento dos gastos registrados no período recente, indicando uma boa gestão orçamentária.

Figura 103. Saldo Orçamentário (AGEPAN/AGEMS – MS)

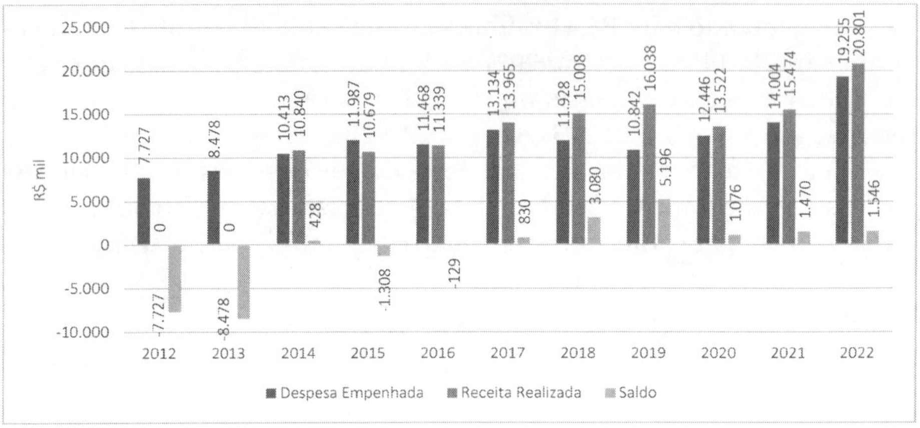

Fonte: elaboração própria.

Índice de Execução Orçamentária e comparação estadual. Em comparação com o governo estadual, o índice de execução orçamentária da AGEPAN/AGEMS pode ser considerado elevado. A tabela acima demonstra que em apenas 3 dos 11 anos (2012, 2013 e 2019) o índice de execução orçamentária da agência reguladora foi inferior ao do Estado. O índice, aliás, ficou em patamar superior a 90% em parte expressiva do período. Esse quadro pode representar que a AGEPAN/AGEMS foi pouco afetada por contingenciamentos orçamentários na última década.

Figura 104. Execução Orçamentária (MS x AGEPAN/AGEMS)

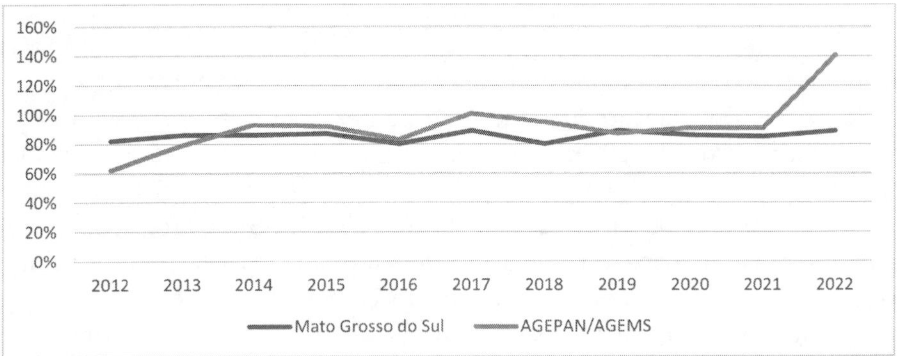

Fonte: elaboração própria.

Representatividade nas despesas estaduais. Nota-se que houve um aumento da representatividade das despesas da AGEMS no orçamento do Estado do Mato Grosso do Sul entre 2013 e 2022, demonstrando relevância da agência para as políticas estaduais. Em 2013, o percentual foi de 0,04%, enquanto em 2022 esse valor passou para 0,08%. Ou seja, no período, as despesas da AGEMS cresceram em ritmo praticamente duas vezes superior à variação das receitas do estado como um todo.

Figura 105. Percentual da despesa estadual relativa à AGEMS (2012-2022)

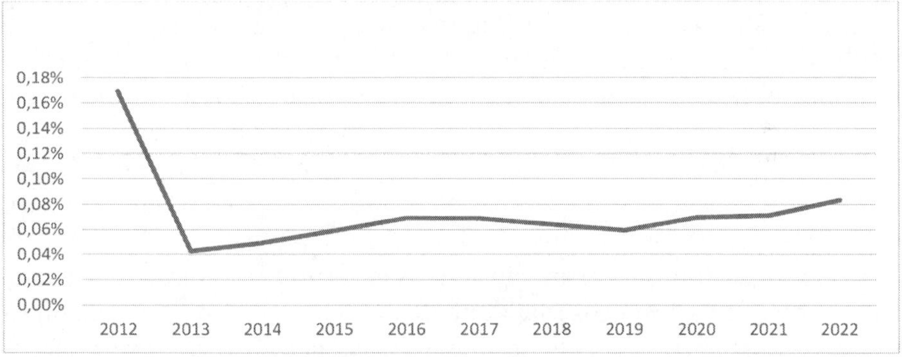

Fonte: elaboração própria.

4.5.2. AGER (MT)

Breve contextualização da agência. A Agência Estadual de Regulação dos Serviços Públicos Delegados de Mato Grosso (AGER/MT) é uma autarquia especial, criada em 1999[53], com o objetivo de regular e fiscalizar os serviços de interesse público de natureza econômica, de competência do Estado de Mato Grosso[54]. Entretanto, só foi possível obter dados orçamentários sobre a agência a partir de 2013, que será o ano inicial da série histórica em análise. A AGER/MT é responsável por: a) Estabelecer regras e normas para a prestação dos serviços; b) Fiscalizar o cumprimento das regras e normas estabelecidas; c) Proteger os direitos dos usuários dos serviços; d) Promover a melhoria da qualidade dos serviços prestados. Assim, compete à AGER/MT regular, normatizar, controlar e fiscalizar,

53. Lei Nº 7.101, de 14 de janeiro de 1999 e alterada pela Lei Complementar Nº 66, de 22 de dezembro de 1999.

54. https://www.ager.mt.gov.br/sobre.

nos limites da lei, os serviços públicos e suas respectivas tarifas, prestados diretamente pelo Estado de Mato Grosso ou prestados indiretamente por meio de delegação à iniciativa privada por meio de concessão, permissão ou autorização, referentes a[55]: saneamento; rodovias; portos e hidrovias; transporte coletivo intermunicipal de passageiros e seus terminais rodoviários; distribuição de gás canalizado; energia elétrica; telecomunicações; e transporte ferroviário de bens e passageiros.

Período dos dados. A análise da AGER compreende o período de 2013 a 2022.

Execução orçamentária. A Figura 106 mostra a evolução das despesas autorizadas e empenhadas pela AGER entre 2013 e 2022, bem como do índice de execução orçamentária (razão entre despesas empenhadas e autorizadas). Os resultados mostram que as despesas gastas pela AGER oscilaram em torno de R$ 20 milhões entre 2013 e 2020, aumentando para R$ 32 milhões em 2021 e R$ 40 milhões em 2022, maior valor da série histórica. A execução orçamentária da AGER é positiva, superando os 100% em quase todos os exercícios analisados, indicando inclusive gastos maiores do que os previstos inicialmente nas leis orçamentárias. Portanto, nota-se um esforço do Estado do Mato Grosso para aumentar os recursos disponíveis para a agência, que em 2022 foram praticamente duas vezes maiores do que a média registrada entre 2013 e 2020.

Figura 106. Execução Orçamentária (AGER – MT)

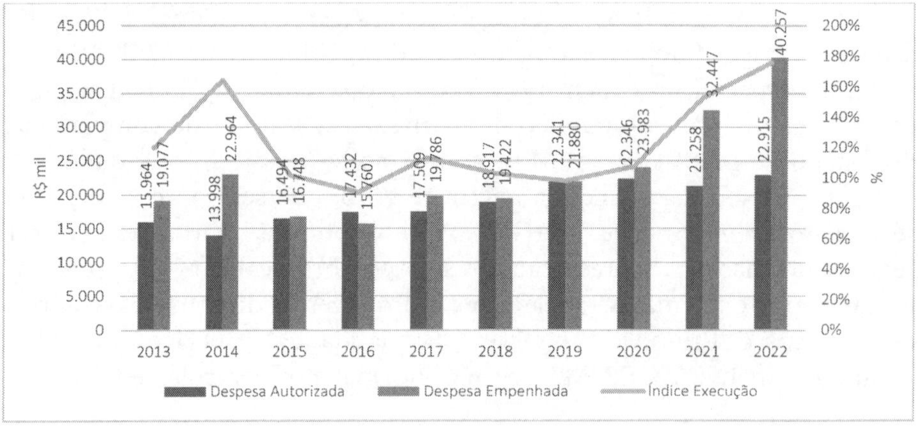

Fonte: elaboração própria.

55. Nova redação dada ao *caput* pela LC 685/2021.

Receitas e Saldo Orçamentário. A Figura 107, por sua vez, mostra a evolução das despesas e das receitas da AGER no período de análise, bem como do saldo orçamentário (diferença entre as receitas e as despesas). Em relação ao saldo orçamentário, nota-se que a AGER registrou déficit orçamentário em todos os períodos analisados. Além disso, o déficit é crescente e registrou o maior valor em 2022, de aproximadamente R$ 30 milhões. Portanto, embora as despesas da AGER tenham aumentado no período recente, esse aumento das despesas não foi acompanhado por um crescimento das receitas, dado a evolução do déficit no período recente.

Figura 107. Saldo Orçamentário (AGER – MT)

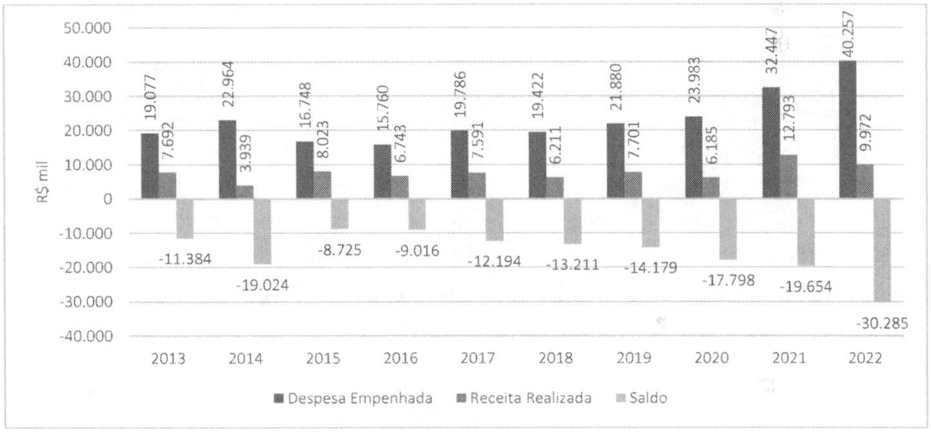

Fonte: elaboração própria.

Índice de Execução Orçamentária e comparação estadual. A análise da execução orçamentária da AGER (dificultada pela impossibilidade de obter o orçamento autorizado final) demonstra que, recorrentemente, a agência executa despesas significativamente superiores às autorizadas originalmente na Lei Orçamentária Anual e relativamente muito superiores ao Estado. Por um lado, isso indica que a agência sofre pouco com contingenciamentos do seu orçamento. Por outro lado, também pode representar dificuldade de planejamento, já que o orçamento parece ser constantemente alterado ao longo do exercício.

Figura 108. Execução Orçamentária (MT x AGER)[56]

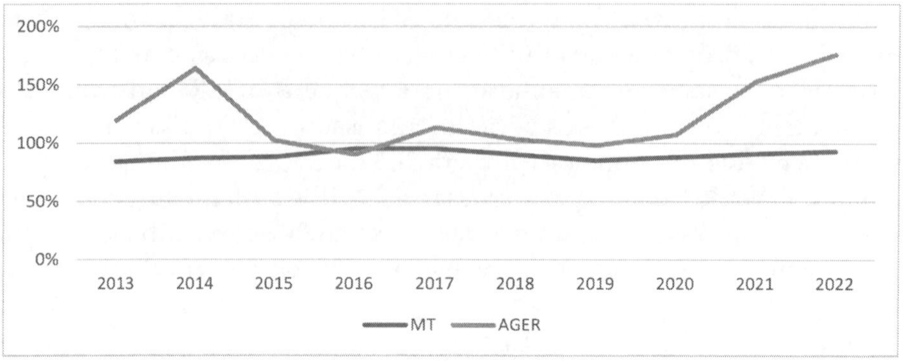

Fonte: elaboração própria.

Representatividade nas despesas estaduais. A trajetória do crescimento da despesa empenhada pela AGER é parecida com a do MT entre 2013 e 2019. No entanto, há uma aceleração no crescimento da despesa empenhada a partir de 2020 até 2022. Uma consequência do maior crescimento relativo da despesa empenhada pela AGER foi o aumento da participação da despesa da agência na despesa estadual. Em 2013, início da série histórica, a despesa empenhada pela AGER não representava nem 0.025% da despesa total do Mato Grosso. Esse percentual cresceu praticamente 6 vezes em 10 anos, atingindo 0.125% em 2022.

Figura 109. Percentual despesa estadual relativa à AGER (%)

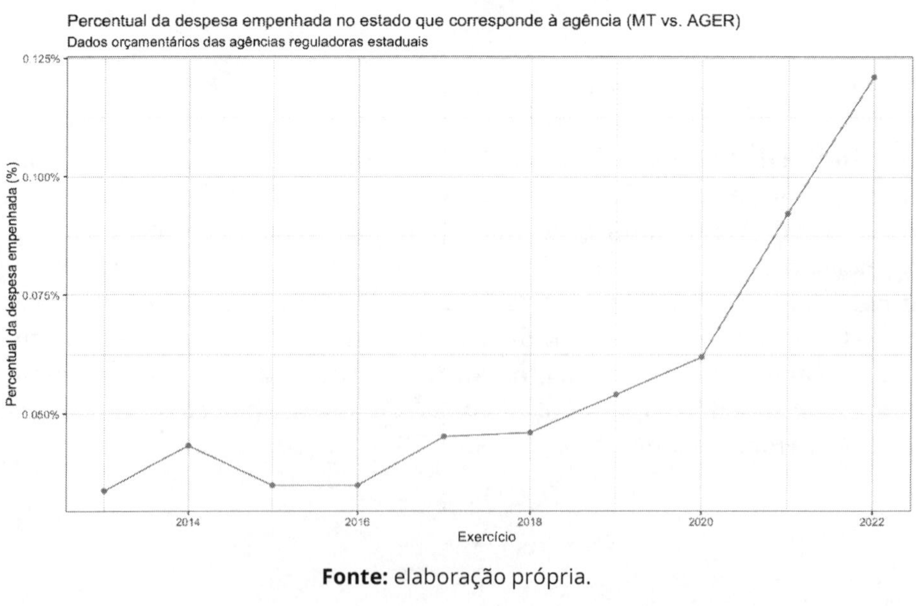

Fonte: elaboração própria.

4.5.3. AGR (GO)

Breve contextualização da agência. A Agência Goiana de Regulação, Controle e Fiscalização dos Serviços Públicos Delegados (AGR) é uma autarquia especial, criada em 1999[57], com o objetivo de regular e fiscalizar os serviços de interesse público de natureza econômica, de competência do Estado de Goiás. A AGR é uma autarquia estadual sob regime especial, que possui personalidade de direito público e está jurisdicionada à Secretaria de Estado de Administração. A AGR é responsável por: a) Estabelecer regras e normas para a prestação dos serviços; b) Fiscalizar o cumprimento das regras e normas estabelecidas; c) Proteger os direitos dos usuários dos serviços; d) Promover a melhoria da qualidade dos serviços prestados.

Período dos dados. A AGR é uma agência reguladora multissetorial, para a qual foi possível obter dados orçamentários desde o primeiro ano de funcionamento. Por isso, a série histórica acompanhará todo tempo de existência da agência reguladora.

Execução orçamentária. A Figura 110 mostra a evolução das despesas autorizadas e empenhadas pela AGR entre 2000 e 2022, bem como do índice de execução orçamentária (razão entre despesas empenhadas e autorizadas). Os resultados mostram uma evolução das despesas empenhadas pela agência entre 2000 (ano de criação) e 2004, que passaram de R$ 14 milhões para cerca de R$ 50 milhões no período. Entre 2004 e 2018, as despesas empenhadas pela agência oscilaram em torno de R$ 45 milhões, e nota-se uma redução nos últimos quatro anos, período em que as despesas da agência reduziram para um patamar em torno de R$ 35 milhões ao ano. O índice médio de execução orçamentária da AGR no período analisado foi de cerca de 75%, com destaque para os anos de 2017 e 2018, quando superaram 90%.

56. Utilizou-se o orçamento autorizado inicial da AGER e do MT em virtude da impossibilidade de obter o orçamento autorizado final em transparência ativa ou passiva. Por isso, o percentual de execução orçamentária pode superar 100%.

57. Lei 13.569/1999.

Figura 110. Execução Orçamentária (AGR - GO)

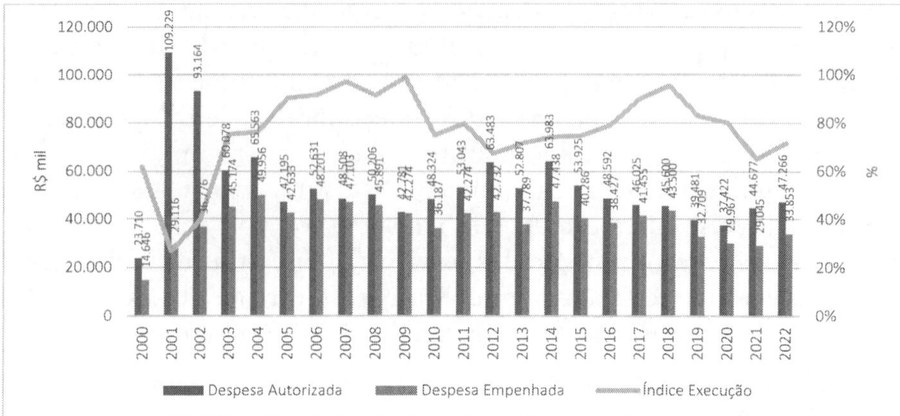

Fonte: elaboração própria.

Receitas e Saldo Orçamentário. A Figura 111, por sua vez, mostra a evolução das despesas e das receitas da AGR no período de análise, bem como do saldo orçamentário (diferença entre as receitas e as despesas). Os resultados mostram que, com exceção do ano de 2003, em todos os demais exercícios as receitas da AGR não foram suficientes para cobrir suas despesas. Ou seja, a agência operou com déficit em quase todos os anos observados. Entre 2003 e 2008 o saldo foi negativo em mais de R$ 30 milhões ao ano. Entre 2009 e 2015, o saldo negativo oscilou em torno de R$ 25 milhões. No período mais recente, nos últimos quatro anos, embora ainda continue negativo, o saldo orçamentário da agência tem se situado em torno de R$ 10 milhões ao ano. O fato de o saldo negativo ter diminuído para cerca de R$ 10 milhões anualmente nos últimos quatro anos é um sinal positivo, contudo ocorreu principalmente em razão da redução de despesas, e não aumento das receitas. No entanto, como um déficit ainda persiste, é preciso atentar para o equilíbrio orçamentário da agência.

Figura 111. Saldo Orçamentário (AGR - GO)

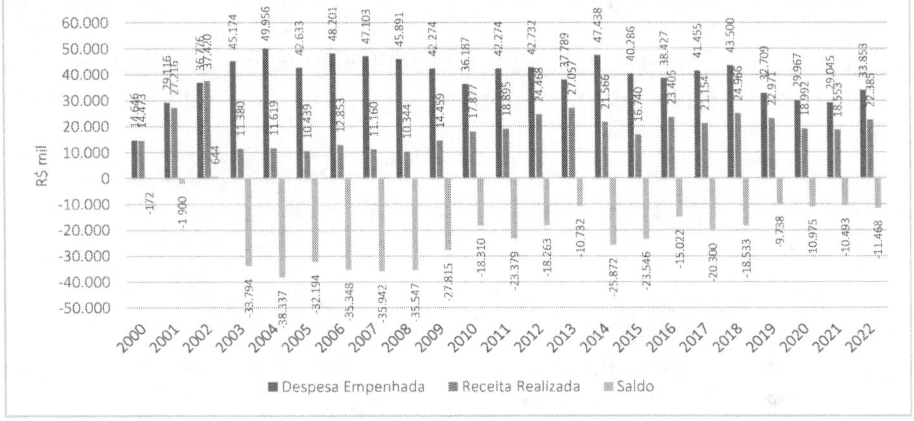

Fonte: elaboração própria.

Índice de Execução Orçamentária e comparação estadual. Quando comparada a execução orçamentária da AGR com a do governo estadual, não é possível identificar um padrão claro, seja pela agência reguladora, seja considerando todas as despesas estaduais. Além do percentual de execução orçamentária variar seguidamente de um ano para o outro em ambas as esferas, há diversos anos em que a execução da agência foi superior à do Estado e vice-versa. Por isso, é possível que a baixa execução orçamentária relativa da agência em determinados anos seja fruto de um processo orçamentário menos organizado, e não das características institucionais da agência.

Figura 112. Execução Orçamentária (GO x AGR)

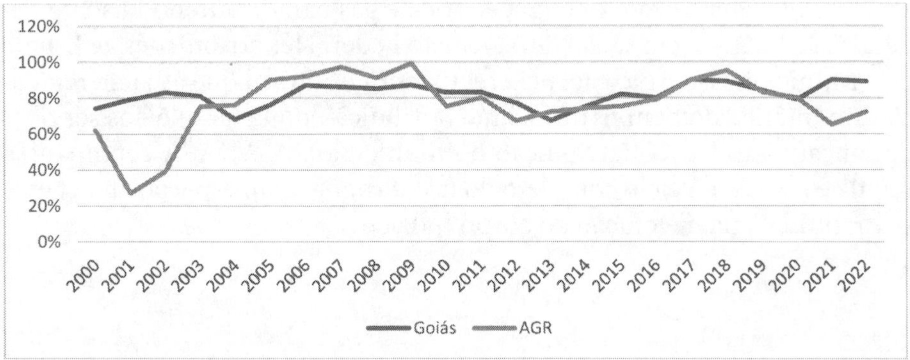

Fonte: elaboração própria.

Representatividade no orçamento estadual. A Figura 113 mostra a evolução da representatividade das despesas da AGR em comparação com as despesas do Estado de Goiás. Nota-se que houve um aumento do peso da agência no orçamento estatual entre 2000 e 2006, e posteriormente um declínio até 2022. Nos últimos anos, as despesas da AGR têm representado cerca de 0,10% das despesas do Estado.

Figura 113. Percentual despesa estadual relativa à AGR (%)

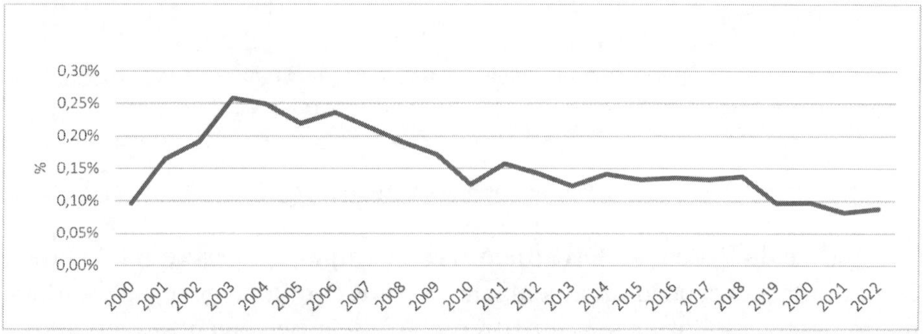

Fonte: elaboração própria.

4.5.4. ADASA (DF)

Breve contextualização da agência. A Agência Reguladora de Águas, Energia e Saneamento Básico do Distrito Federal (ADASA) é uma autarquia especial, criada em 2004[58], com o objetivo de regular e fiscalizar os serviços de água, esgoto, energia elétrica e gás canalizado no Distrito Federal[59]. A ADASA, em razão de o Distrito Federal ter atribuições de Estado e de Município, é a única agência reguladora do Brasil que atua na regulação simultânea do bem natural água (atribuição do Estado) e dos serviços de saneamento básico (atribuição do município). A ADASA acompanha, regula e fiscaliza o ciclo completo do uso da água, com especial atenção na sua retirada e na devolução ao corpo hídrico.

58. Lei 3.365/04.

59. A ADASA (DF) teve suas competências ampliadas pela Lei 4.285/08.

Período dos dados. A ADASA é uma agência reguladora multissetorial criada por lei em 2004. Entretanto, somente foi possível obter dados financeiros sobre a agência a partir de 2009, de maneira que os 5 primeiros anos ficarão de fora desta análise.

Execução orçamentária. A Figura 114 mostra a evolução das despesas autorizadas e empenhadas pela ADASA entre 2009 e 2022, bem como do índice de execução orçamentária (razão entre despesas empenhadas e autorizadas). A análise da evolução das despesas autorizadas e empenhadas pela ADASA no período de 2009 a 2022 mostra algumas tendências. Inicialmente, destaca-se o crescimento significativo nas despesas autorizadas entre 2009 e 2014, com um pico em 2014, quando as despesas autorizadas atingiram R$ 182,8 milhões, porém não acompanhado pelo crescimento das despesas empenhadas, fazendo com que o índice de execução orçamentária da ADASA caísse no período. Após esse período, as despesas autorizadas ficaram em torno de R$ 80 milhões entre 2014 e 2020, e em 2021 e 2022 as despesas autorizadas para a agência foram da ordem de R$ 60 milhões. O índice de execução orçamentária da ADASA, nos últimos anos, tem se situado em torno de 90%.

Figura 114. Execução Orçamentária (ADASA – DF)

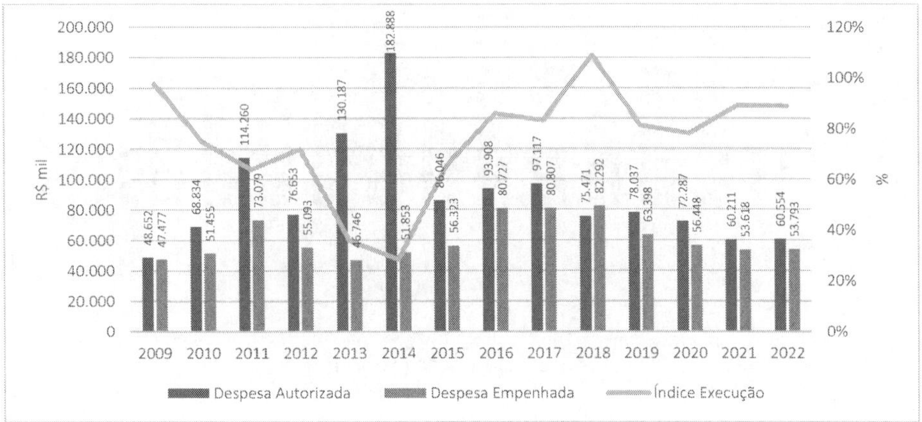

Fonte: elaboração própria.

Receitas e Saldo Orçamentário. A Figura 115, por sua vez, mostra a evolução das despesas e das receitas da ADASA no período de análise, bem como do saldo orçamentário (diferença entre as receitas e as despesas). A análise dos dados das despesas, receitas e saldo orçamentário da ADASA entre 2009 e 2022 revela algumas tendências. Em primeiro lugar, as despesas empenhadas oscilaram entre R$ 45 milhões e R$ 80 milhões ao longo desse período. Em 2016, 2017 e 2018 as despesas da ADASA foram da ordem de R$ 80 milhões, depois passaram para R$ 63 milhões em 2019, e oscilaram em torno de R$ 55 milhões nos últimos três anos. Nota-se que em todos os períodos analisados as receitas da agência superaram as despesas, e de maneira significativa. Ademais, em todos os exercícios analisados o saldo orçamentário da ADASA foi superior às despesas, ou seja, em todos os anos a receita da ADASA foi mais do que o dobro das despesas incorridas pela agência, indicando uma folga orçamentária significativa.

Figura 115. Saldo Orçamentário (ADASA – DF)

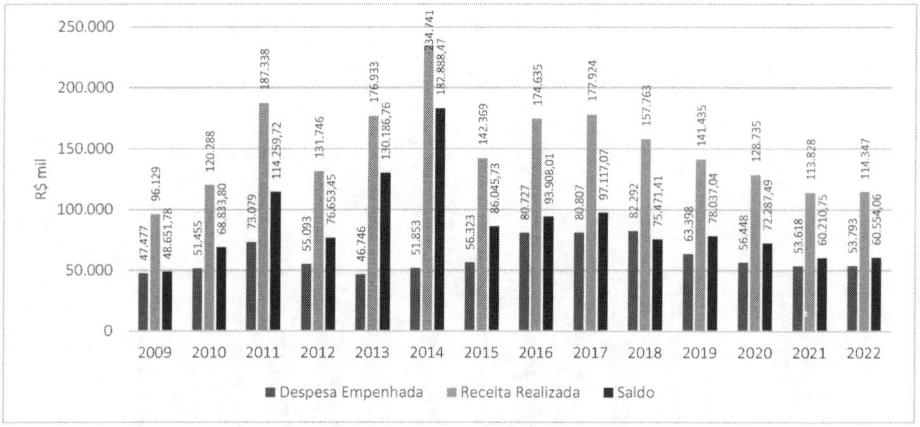

Fonte: elaboração própria.

Índice de execução orçamentária e comparação estadual. A Figura 116 mostra a evolução do índice de execução orçamentária da ADASA e do DF entre 2009 e 2022. Observa-se que, na maior parte dos anos, o percentual de execução orçamentária da ADASA foi inferior ao do DF, com exceção de 2009, 2016 e 2018. Além disso, é possível identificar que o percentual de execução orçamentária da ADASA vem se aproximando do percentual do DF, especialmente a partir de 2016. Isso pode ser um indício do fortalecimento institucional da agência, deixando-a menos vulnerável a contingenciamentos.

Figura 116. Execução Orçamentária (DF x ADASA)[60]

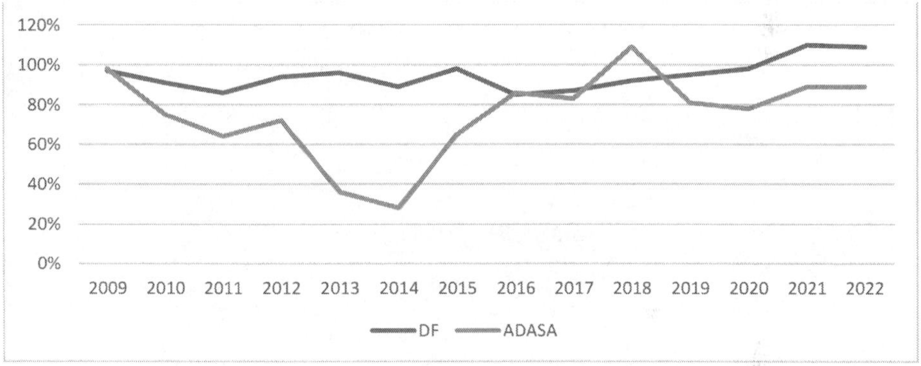

Fonte: elaboração própria.

Representatividade da despesa. Em termos de crescimento comparativo da despesa empenhada, a ADASA apresenta-se como um caso singular em que há claros ciclos de crescimento acelerado seguidos de queda igualmente acelerada. Seguindo a tendência, o percentual da despesa empenhada com a ADASA sobre o total do DF também passou por ciclos de crescimento e declínio. Há proximidade entre os ciclos e anos pós-eleições (2011, 2015 e 2019), o que pode significar que fatores políticos impactaram na despesa destinada à agência reguladora. Pesquisas futuras podem aprofundar quais fatores produziram esse comportamento.

60. Utilizou-se o orçamento autorizado inicial da ADASA e do DF em virtude da impossibilidade de obter o orçamento autorizado final em transparência ativa ou passiva. Por isso, eventualmente a despesa empenhada pode superar 100%.

Figura 117. Percentual da despesa estadual relativa à ADASA (2009-2022)

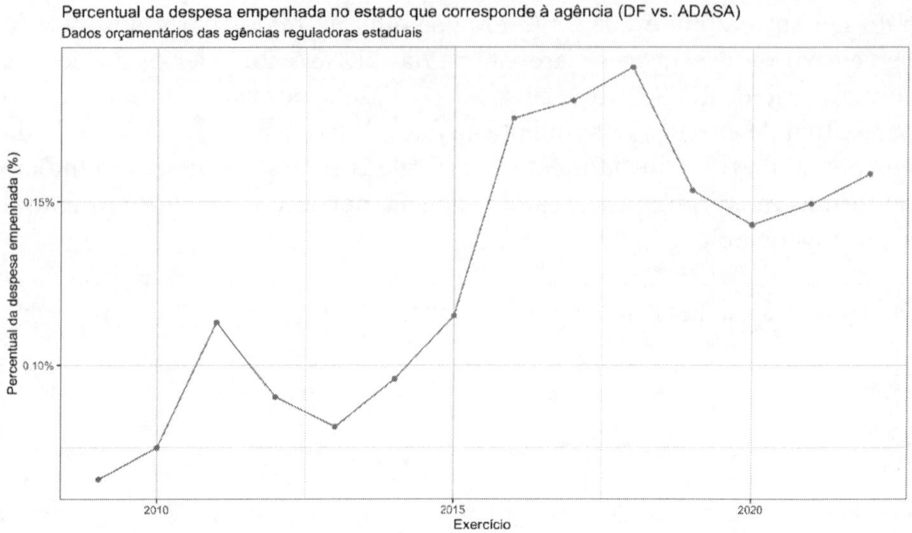

Fonte: elaboração própria.

EDITORA *Jus*PODIVM | MALHEIROS EDITORES
www.editorajuspodivm.com.br

JMA0097